英米企業法

田島 裕 著作集
6

英米企業法

田島 裕著

著作集 6

信山社

はしがき

　本書の表題が示すとおり、この著作集第6巻は「企業法学」に関する著作物を集めて編纂した本である。しかし、そもそも「企業法学」とは何かは大問題であり、本書に収録されたものが厳密な意味において、「企業法学」に関する著作物であるとは言いがたいものも含まれている。他の巻に含めることが困難であったために本巻に収録したものもある。また、それとは逆に、本巻に収録した「契約と約款」比較法研究第49巻（1987年）などは、第4巻に入れる方がより適切であるかもしれないが、本巻でもその問題にふれておきたかったのと、第4巻に収録した場合、若干の重複が見られるようになるので、便宜上本巻**5**として入れた。

　筆者が「企業法学」について執筆したのは、ほとんどの場合、故竹内昭夫教授との共同研究にかかわっている。同教授は1990年4月に筑波大学に大学院「企業法学」専攻を創設され、そのときからわたくしも創設者の1人として、「企業法学」の講義を担当してきた。この講義がいかなるものであるかについては、本巻1として収録した「企業法学とは何か」『法の支配』第115号（1999年）の中で詳しく説明しておいた。ちなみに、筆者は、企業法学会の機関誌『企業法学』第2巻（1993年）3-41頁に掲載したシンポジューム「企業法学とは何か」を主催し、その法領域を明確にする作業を試みた。

　「企業法学」は会社法を意味するものではない。企業にかかわりのある法学の諸分野を企業の観点に立って整理し、企業活動の健全な発展に寄与する目的のために、法改革を究明するものである。企業法務担当のスペシャリストや法律問題を含めて総合的な経営判断をなしうるジェネラリストを養成することが企業法学教育の目的となっている。この学問は、企業の短期的な利益の追求に資する戦略的な知識を与えることを目的とするものではない。広い視野に立ち、文化的にも経済的にも高い社会を形成するために、企業活動

はしがき

の促進を図り、究極的に個人の幸福な生活を保障することを目指すものである。その意味で、筆者がはじめた「企業倫理と法」（本巻11参照）という講義科目は、今後ますます発展されるべきものであろう。

本編には銀行法の論文として6に"The Impact of Globalisation on Japanese Banking Law"と題する英文の論文も収録したが、この論文は基本的には共著者である稲垣美沙子氏の学問業績である。大きな構想は筆者が示したが、実際に執筆したのは稲垣氏であり、詳細については稲垣氏に筆責がある。しかし、筆者も多くの部分に改訂の手を入れ、論文の形に仕上げたもので、内容についても共同責任を負っている。著作集という性格上、同氏の名前を筆頭にあげなかったけれども、その功績は稲垣氏のものであることを明記しておきたい。ちなみに、矢崎幸生編『現代先端法学の展開』（信山社、2001年）には、Tajima and Takahashi, "Japanese Banking Law in an International Perspective", in INTERNATIONAL JOUURNAL OF BANKING REGULATIONS, vol. 1, no. 1, pp. 150-156（1999）も筆者の業績目録の中にリストされているが、これはむしろ高橋氏の構想による論文であり、本巻には収録しなかった。

最後に、本巻に収録できなかった文献で「企業法学」に関係するものについて、多少言及しておこう。第一に、アーサ・フライシャー, jr.（矢沢惇訳）「連邦会社法：一つの評価」アメリカ法1966-1号（1966年）9-47ページは、筆者が東京大学大学院修士課程の学生であったときに翻訳の草稿を作成したもので、この研究が筆者の「企業法学」に一つの視点を与え、全体にわたり影響を与えている。第二に、本巻に収めた統一商事法典および消費者保護に関する研究以外にも、故竹内昭夫教授と共同で行なった研究が数多くある。『消費者信用の新たな課題』（経済企画庁国民生活局、1985年）や『無店舗販売と消費者』（経済企画庁国民生活局、1984年）などがそれである。その共同作業には翻訳も含まれるが、今日でも意味があると思われるものを編纂して（株）商事法務から訳書を出版することにした。2002年にとりあえず『統一商事法典』の全訳を完成した。

私事ながら本巻は故竹内昭夫教授に捧げることにしたい。上述の記述から

はしがき

ご理解いただけるように、本巻に収録した研究のほとんどが、同教授との思い出につながるものだからである。浅学の筆者を叱咤激励し、育ててくださったことに感謝し、改めて先生のご冥福を心よりお祈りしたい。そして、本巻についても、信山社の袖山貴氏のご協力がなければ、出版はできなかったわけであり、同氏に対し改めて感謝の意を著しておきたい。

2005年9月10日

乃木坂の自宅にて

田島　裕

―――― 〈初出一覧〉 ――――

本書は、その基になった出典があるので、所在を明らかに示しておきたい。各章の初出の出典は以下のとおりである。

1 企業法学とは何か
……法の支配 115 号（日本法律家協会、1999 年）39-43 頁

2 会社法・証券取引法
一 イギリス会社法の起源
……証券研究年報 1 号（大阪市立大学、1986 年）65-86 頁
二 ロンドンの証券取引慣行の改革
……証券経済 155 号（日本証券経済研究所、1986 年）145-162 頁
三 取締役の責任
……Tajima, "Directors' Liability", in Rider, Tajima and Mcmillan (ed.), Commercial Law in a Global Context (Kluwer International, 1997)

3 統一商事法典
……「訳者解題」『統一商事法典』（商事法務研究会、2002 年）

4 担保付取引
……「統一商事法典第 9 編の改正」NBL 727 号（商事法務研究会、2001 年）30-35 頁

5 契約約款の規制
……「契約と約款」比較法研究 49 号（1987 年）33-45 頁

6 銀行法
……Tajima and Inagaki, "The Impact of Globalisation on Japanese Banking Law", in Rider, Tajima and Mcmillan (ed.), Commercial Law in a Global Context (Kluwer International, 1997)

7 アメリカの連邦企業法
……「州際通商条項について」筑波法政 18 号（筑波大学社会科学系、1995 年）101-127 頁

〈初出一覧〉

8 消費者保護法
 一 わが国の消費者信用法制の問題点
  ……国民生活 1987 年 12 月号（1987 年）22-28 頁
 二 諸外国における消費者保護法（イギリス）［イギリスの消費者保護法と改題］
  ……『消費者法講座』1 巻（日本評論社、1984 年）149-181 頁
 三 アメリカの信用統制法 ── カーター大統領の消費者信用規制が意味するもの
  ……月刊クレジット 283 号（1980 年）10-15 号；284 号（1980 年）14-17 頁
 四 訪問販売法 ── イギリス・アメリカ
  ……ジュリスト 808 号（1984 年）21-29 頁
 五 マルチまがい取引の法規制
  ……国民生活 1988 年 7 月号（1988 年）28-32 頁
 六 消費者信用情報の取扱いとプライヴァシー保護
  ……ジュリスト 841 号（1985 年）27-30 頁

9 アメリカ著作権法の歴史的発展
 ……『小野昌延記念論文集』（青林書院、2002 年）

10 租税法 ── 法人税上のノーハウの資産性
 ……『判例不正競業法』（日本発明協会、1992 年）863-896 頁

11 企業倫理と法
 ……『現代企業法学の研究』（信山社、2001 年）425-453 頁

凡　　例

　1　本著作集第6巻は、論文を寄せ集めたものであり、各章の間の関連はない。従って、章ごとにちがった印象を与えるが、無理に新しくつなぎのことばを書き加えたりはせず、初出当時の体裁を残した。しかし、見出しの付け方については、著作集全体の統一をできるだけとった。従って、章は1、2、3、4…となり、節はⅠ、Ⅱ、Ⅲ、Ⅳ…となり、項は1、2、3、4…となっている。

　2　本著作集第6巻でも他の巻の編集方針に従って§による項目の通し番号を付けることを検討したが、ここではその方針をとらないことにした。その方針に従って通し番号を付けた場合、全体として相互関連があり、まとまった体系をもっているという印象を読者に与えるが、本書はむしろ論文集に似た性質のものであり、これはまずいと考えた。本書を引用していただくときに、「著作集6§15」などの表記はできなくなるので、「著作集6巻100頁」などの表記方法をとっていただくことになる。

　3　本書には2つの英文の著作が含まれている（第2章三および第6章）。これらは、イギリスの学会で研究報告をしたときの資料であり、イギリス英語で書かれている。本書の編集者は、スペリングを米語に改めてくださったけれども、上述のように、初出の体裁を尊重する方針をとったので、イギリス英語のままに残した。

　4　脚注の付け方について、上述のように初出の体裁を尊重する方針をとった結果、読みづらさが生じている。そこで、凡例1で述べた各章の体裁にしたがって、原則として、節（Ⅰ、Ⅱ、Ⅲ、Ⅳ…）の末尾に脚注を並べ替えた。

　5　第8章「消費者保護法」の部分は、今日では、著しく変わっていると

ころがある。しかし、基本的な考え方は現在でも同じであり、基本法令には大きな変化はない。新しい判例を手直し、新しい規制等を書き加える必要があるが、契約法、不法行為法、刑法などを含む巻を近く刊行することになるので、その中の関連部分でそれを行う。

6　他の巻に倣って本巻でも、巻末に、「事項索引」「法令索引」「判例索引」を付した。これを作ることは、引用の正確さを確かめるために必要な作業であったというだけでなく、専門家が関連部分だけを読みたい場合には便利なものであるし、学術書を編纂するときのエチケットでもある。しかし、索引作りに当たり、本文の表記をできる限り尊重する方針をとったので、例えば、法令索引の中で、Copyright Act 1956 と Copyright Act of 1790 が並んで出てきたときに、これは誤記ないし不統一という印象を与えるかもしれない。しかし、前者はイギリスの法律の正式な引用方法に従ったものであり、後者はアメリカの法律の正式な引用方法に従ったものであり、本文でもその形で引用されているので、そのままの索引になっている。本文で日本語に訳した判例名や法令名については、索引では原文によって整理されている。

英米企業法
（著作集第 6 巻）

はしがき
凡　例

目　次

1　企業法学とは何か ………………………………………………… *1*
　Ⅰ　「企業法学」の研究領域 ………………………………………… *1*
　Ⅱ　大学院レベルでの「英米法」の講義 ………………………… *2*
　Ⅲ　「法文献学」の新設 ……………………………………………… *3*
　Ⅳ　「企業法と倫理」（博士課程の科目） ………………………… *5*
　Ⅴ　『企業法学』の刊行 ……………………………………………… *5*
　Ⅵ　将来の展望 ……………………………………………………… *6*

2　会社法・証券取引法 ……………………………………………… *9*
　一　イギリス会社法の起源 ………………………………………… *9*
　　Ⅰ　序　説 ………………………………………………………… *9*
　　Ⅱ　ロンドンの成立とその特権 ………………………………… *12*
　　Ⅲ　ロンドンの商慣習の法源性 ………………………………… *18*
　　Ⅳ　イギリス会社法とロンドンの証券取引 …………………… *24*
　　Ⅴ　将来の展望 …………………………………………………… *37*
　二　ロンドンの証券取引慣行の改革 ……………………………… *43*
　　Ⅰ　序　説 ………………………………………………………… *43*
　　Ⅱ　改革の動向 …………………………………………………… *45*
　　　1　公正取引局長の決定 ……………………………………… *45*

xiii

　　　　　2　ガウワー委員会の研究報告 …………………………… *49*
　　　　　3　投資家保護のための新機構 …………………………… *53*
　　　Ⅲ　法律上の諸問題 ………………………………………………… *56*
　　　　　1　イギリス会社法の枠組 ………………………………… *56*
　　　　　2　シティの自主規制 ……………………………………… *60*
　　　　　3　EC会社法の影響 ………………………………………… *64*
　　　　　4　その他の若干の問題 …………………………………… *67*
　　　Ⅳ　改革の行方 ……………………………………………………… *69*
　　三　取締役の責任 ………………………………………………………… *71*

3　統一商事法典 ……………………………………………………… *79*
　　　Ⅰ　序　説 …………………………………………………………… *79*
　　　Ⅱ　統一商事法典の成立の意義 …………………………………… *80*
　　　Ⅲ　統一商事法典の諸改正の理由 ………………………………… *82*

4　担保付取引 ………………………………………………………… *91*
　　　Ⅰ　UCC第9編の構成 ……………………………………………… *91*
　　　Ⅱ　第9編の適用範囲 ……………………………………………… *92*
　　　Ⅲ　担保権の完全化 ………………………………………………… *93*
　　　Ⅳ　融資説明書の内容 ……………………………………………… *96*
　　　Ⅴ　担保権の優先順位 ……………………………………………… *98*
　　　Ⅵ　その他の改正点 ………………………………………………… *99*
　　　Ⅶ　若干の注意点 ……………………………………………………*101*

5　契約約款の規制 ……………………………………………………*103*
　　　Ⅰ　序　説 ……………………………………………………………*103*
　　　Ⅱ　イギリス契約法の体系における約款意思 ……………………*104*
　　　　　1　イギリス契約法の理論 …………………………………*104*

2　約款意思の意義 ………………………………………… *104*
　Ⅲ　約款についての立法、行政、司法 …………………… *108*
　　　1　立　法 ………………………………………………… *108*
　　　2　行　政 ………………………………………………… *109*
　　　3　司　法 ………………………………………………… *109*
　Ⅳ　判例法の分析——主にジョウジ・ミッチェル（チェ
　　　スタホール）会社判決を中心に ……………………… *111*
　　　1　ジョウジ・ミッチェル判決 ………………………… *111*
　　　2　イギリス判例法の分析 ……………………………… *113*
　　　3　スコットランド法の意義 …………………………… *113*
　Ⅴ　普通契約約款法 ………………………………………… *116*

6　銀　行　法 …………………………………………………… *119*

7　アメリカの連邦企業法 …………………………………… *141*

　一　序　説
　　　1　課題の設定 …………………………………………… *141*
　　　2　「通商」の定義 ……………………………………… *142*
　　　3　州際通商条項の積極面と消極面 …………………… *143*
　二　連邦法による取引規制 ………………………………… *146*
　　　1　取引規制の連邦法 …………………………………… *146*
　　　2　消費者保護・投資家保護の連邦政策 ……………… *146*
　　　3　全国的経済政策と取引倫理規範 …………………… *149*
　三　州際通商条項に基づく課税権 ………………………… *151*
　　　1　州際通商条項を根拠とする連邦租税法 …………… *151*
　　　2　州際通商規制のための課税 ………………………… *151*
　　　3　多国籍企業に対する課税と外国通商条項 ………… *152*
　四　州際通商条項の解釈と司法管轄権 …………………… *154*

目　次

　　　　　1　「州際通商」の司法判断基準 …………………… *154*
　　　　　2　「州際通商条項」と他の憲法規定との関係 ……… *157*
　　　　　3　司法管轄権 …………………………………… *159*
　　　五　州際通商条項の今日的意味 ……………………… *162*

8　消費者保護法 …………………………………… *165*

　　　一　わが国の消費者信用法制の問題点 ……………… *165*
　　　二　イギリスの消費者保護法 ……………………… *175*
　　　三　アメリカの信用統制法 ………………………… *209*
　　　四　訪問販売法――イギリス・アメリカ …………… *225*
　　　五　マルチまがい取引の法規制 …………………… *247*
　　　六　消費者信用情報の取扱いとプライヴァシー保護 ……… *255*

9　アメリカ著作権法の歴史的展開 ……………… *265*

　　　一　序　説 ………………………………………… *265*
　　　二　合衆国憲法第1編8条8節の著作権条項の解釈 ……… *268*
　　　三　アメリカ著作権法上の「著作者」および「著作物」 …… *273*
　　　四　フェア・ユースの法理 ………………………… *279*
　　　五　条約批准のアメリカ法上の意義 ……………… *281*
　　　六　アメリカ著作権法の将来展望 ………………… *287*

10　租　税　法 ……………………………………… *291*

　　　　　1　研究課題の設定 ……………………………… *291*
　　　　　2　判　決　要　旨 ……………………………… *291*
　　　　　3　事　　実 …………………………………… *291*
　　　　　4　判決の論点 ………………………………… *294*
　　　　　5　判例評釈 …………………………………… *296*

11 企業倫理と法 ………………………………………… 305
  - 一 序　説 ……………………………………………… 305
  - 二 「うさぎときつね」の逸話と研究課題の設定 ……… 306
  - 三 企業意志に従う企業活動 …………………………… 309
  - 四 法規範による企業活動の健全化 …………………… 313
  - 五 経 営 責 任 …………………………………………… 316
    - Ⅰ　コーポレート・ガバナンスの原則 ……………………… 316
    - Ⅱ　企業活動に関わる外部者の連帯責任 …………………… 322
    - Ⅲ　管理者責任（企業の社員に対する責任） ……………… 326
  - 六 株 主 責 任 …………………………………………… 330
  - 七 国際取引のグローバル・スタンダード …………… 331
  - 八 ま と め ……………………………………………… 334

事項索引（巻末）

法令索引（巻末）

判例索引（巻末）

英米企業法

1　企業法学とは何か

I　「企業法学」の研究領域

　大学における法学教育に対し厳しい批判が出されるようになった。この批判は率直に受け入れ、よりいっそう改革していく必要があろう。しかし、大学が自己反省し、改革を試みていることも事実である。問題があることは分かっていても、その改革を実行するには多くの困難がある。実際、1990年4月から行われてきた筑波大学院大学における「企業法学」専攻の創設は、そのような改革の一つの試みである。

　ここにいう「企業法学」は、商法＝企業法論の意味で用いているわけではなく、企業経営に密接に関連するいくつかの法分野を総括することばとして用いている[1]。企業法研究に含まれる研究領域は、『企業法学』第2巻（1993年）に掲載された特集に詳しく説明されている。基本的には、会社法を中心とした商法関係の諸科目および債権法（契約法および不正行為法）と物権法（とくに担保法、倒産法）を中心とした民法関係の諸科目を2つの柱とし、その両方を横断的に統括する科目として諸外国の法制度（とくに英米法）をもう1つの柱としている。今日の企業法学にとって、国際的な視野にたって諸外国の法制度を概観することは重要なことであり、国際法・比較法の視点を重要視しているのである。

　筑波大学の大学院大学「企業法学専攻」は上述のような定義による「企業法学」の教育を目的として創設された。故竹内昭夫教授を中心とする十数名の教官が日本の各大学から集まり、アメリカのロー・スクールをモデルにして企業法学の大学院レベルでの研究教育を開始した[2]。社会人の入学を許すことを前提に組織を作ったため、講義は夜間に行うことにし、入学資格に

1 企業法学とは何か

ついても、一定の試験に合格しさえすれば、必ずしも法学部出身でなくてもよいという方針をとった。教官も学生も、目をきらきら輝かせて、熱気をもった雰囲気の中に大学院の教育研究がはじまった。弁護士はもちろんのこと、裁判官、中央官庁の職員、企業・銀行の法務担当者がここで学び、学位を取得した。

II 大学院レベルでの「英米法」の講義

戦前にはドイツ法でなければ法学ではないと言われた時代があったが、今日では、企業法学の中心はアメリカ法研究になっている。司法試験科目が、憲法、民法、商法、民事訴訟法、刑法、刑事訴訟法などからなっているが、国際化された今日の企業の状況のもとでは、これらの伝統的な科目だけでは全くやっていけなくなっており、実務をやりながら外国法（とくにアメリカ法）の本格的な学習をする人が増えている。大学院大学の学生は、銀行法、保険法、EC法（EU法）、租税法など、学部時代に採らなかった専門科目を好んで学ぶ傾向がある。民事訴訟法は学部でも提供される主要科目であるが、大学院ではとくに倒産法を中心に勉強するものが少なからずいる。

筆者が担当しているのは「英米法」であるが、学部で同じ名前が使われていても、大学院の講義とは相当内容が異なっている。学部の講義ならば、判例法主義、先例拘束性、陪審制を説明し、それぞれの講座担当者の研究領域の好みに応じて、それらに加えてアメリカ憲法などに多少ふれる程度で終わっている[3]。しかし、大学院のレベルでは、それらの基礎知識については概説するのみにとどめ、アメリカ憲法の構造（とくに司法制度と司法審査）を詳しく説明した後に、アメリカのコモン・ロー（州法、主にUCCに関するもの）を分析・検討し、日本との国際取引で特に重要視される連邦法の体系（銀行法、破産法など）を講義している。実際、今日の社会においては、この連邦法は直接日本でも適用される可能性があり、領域によっては、日本の実定法とほぼ同程度のニーズがある。とくに最近、陪審制の我が国への導入が論じられていることから、その視点に立って陪審制の意義についても講義し

II 大学院レベルでの「英米法」の講義

ている。

　日本における実務に必要な外国法研究は、ほとんどアメリカ連邦法の諸領域にかかわりをもつ。具体的に言えば、銀行法、消費者信用法、証券取引法、独占禁止法、知的財産法、環境法、農業法、所得税法、破産法などである。これらの諸領域の内容を全般にわたって講義することは、時間の制約からも不可能であるが、法律の原文と重要判例を正確に読む能力を身につけさせる努力をしている。実際、これらの法律について一般に新聞などで流布されている情報には多くの間違いが含まれており、正確な情報が必要とされる。

　この講義を進めるうえで困難なことは、ケース・ブックがないことにある。日本の法学教育ではケース・メソッドを試みる動きは若干みられるけれども、定着したとまではとても言えない状態にある。日本の書籍市場は小さなものであり、アメリカのように、毎年、改訂することは不可能なので、資料価値が低くなる傾向がある。筑波大学大学院の教材としては、Uniform Commercial Code［統一商事法典］（通称、UCC）を全訳したものを筑波大学電子図書館に収蔵した（現在は、第1編、第2編、第9編が公開されている[4]。）また、ケース・ブックも電子図書館の中で試みたいと考えている。このような動向が他の大学院大学でも見られるようになることを願っている。今日でも、諸外国の図書館を含めれば、インターネット上、相当多くの文献を簡単に、自宅にいながら入手できるようになっている[5]。

III 「法文献学」の新設

　筑波大学では、はじめて「法文献学」という科目が新設された。この科目は、アメリカ法律文献検索（Legal Research）と法律文書の書き方（Legal Writing）を併せて作ったもので、その概要は筆者の『法律情報の検索と論文の書き方』（丸善、1998年）に説明しておいた。この講義は、1　法文献学とは何か、2　文献情報検索、3　資料整理と文献評価、4　論文作成、5　最終的総点検からなる。アメリカの法学研究に比べて、日本の場合には、他人の研究に対する敬意の払い方が足りないと思う。他人の研究をゆっくりと、て

1 企業法学とは何か

いねいに読んで、自分の研究の中に取り入れていく慣行を作りたいものである。その著書で強調されているように、脚注の作り方に大きな質的な違いが生じるのは、そのためであろう。法文献学の重要な部分はこの注の付け方にある。

法律情報検索の主要な部分は、コンピュータ・データベースで入手した法律情報をいかに有効に利用するかにかかわっている。この分野は日々発展中であり、筆者自身も多少、日本版データベースの構築にかかわっている[6]。欧米のコンピュータ・データベースは非常に発達しており、判例法令など第一次資料について、遅くても数日程度の時差で原文を入手することができる。しかし、日本でのデータ・ベースには多くの問題が残されている。わたくしは主にレキシスを使ってきた。このレキシスの使い方についても、『法律情報のオンライン検索』（丸善、1992年）という著書を上梓しておいた。日本の大学には図書館の大小によって大きな格差があるが、コンピュータ・データベースを利用することによってこの格差を縮めることができる。しかし、そのためには、情報検索の正確な知識が必要とされる。

帝京大学では「文章表現」という科目が新設されたと聞いているが、この科目も法文献学と同じ発想によるものと思われる。その内容は、上述の5（最終的総点検）に当たる部分が主たるものであり、(1) 法律文章の特有性 (peculiar)、(2) 正確性 (precise)、(3) 明瞭性 (clear)、(4) 法文 (law)、(5) 企画性 (plan)、(6) 削除 (cut) について講義が行われていると聞く。第一に、法律の文章には固有な専門用語と言い回しがあるので、これを尊重すべきであることを説いている。第二に、法律は実践的な学問であり、文章の正確さおよび明瞭さは、その学問の生命にかかわる。第三に、新聞のような一般的なことばよりも、六法全書の法文ないし判決文そのものをできるだけ使うようにする。論文全体として、何を言おうとしているか、読者に分かるように企画を立てた論文が優れている。最後に、評価の低い論文は、たいてい余分なことを書きすぎていることを指摘し、余分なことを思い切って削除する勇気が必要である、と説いている。これらのことは大学院の学位論文に限られ

たことではなく、一般学生の論文・レポートでも同じである[7]。

Ⅳ 「企業法と倫理」（博士課程の科目）

つぎに博士課程の新科目として創設された「企業法と倫理」を説明しよう[8]。この科目は経営システム科学の教授と共同で筆者が担当した。この講義を引受けることになったいきさつは、論理的な必然性に支えられているわけではない。この講義は我が国でも独自性の強いもので、まだこの講座はしっかり確立したものになってはいない。この講座で目指していることは、一方では、経営システム科学または経済学等の観点からどのような企業活動が有効かを示してもらい、これに対し、法律の側面から倫理判断を試みようとすることである。完全な自由競争は社会に不平等をもたらすことがあるが、法の正義が求める「社会的平等」をいかにして実際に実現するか（ロウルズの法哲学）が、その議論の課題となる[9]。具体的にいえば、企業法（特にエクイティと呼ばれる法学の領域）で使われる、「信義誠実」「非良心性」「権利濫用」「公正」「公平」などのことばを議論する。取締役の行為（たとえば、倒産状態にある企業への銀行融資）が忠実義務に違反するかどうかは、その倫理判断にかかわる問題である。忠実義務が果たされているかどうかは、結果だけによって判断されるものではない。アメリカ法のことばを借りて言えば、この判断は会社法におけるコーポレート・ガバナンスまたはデュー・プロセスの問題である[10]。

Ⅴ 『企業法学』の刊行

最近のわが国の法学教育改革の議論は、アメリカのロー・スクール化の方向を向いているように思われる。アメリカのロー・スクールは、ロー・レビューと呼ばれる学術雑誌を刊行しているが、この刊行がロー・スクールのレベルを高める上で重要な意味をもっている。それぞれのロー・スクールが、自己の水準の高さを誇示するために最大の努力を払っている。ロー・レビューに掲載された論文がいかにすぐれているかが、そのロー・スクールの

1 企業法学とは何か

評価とかかわりをもっている。この学術雑誌の編集者は、ロー・スクールの学生たちである[11]。もっとも、掲載される主要論文は、世界中からリクルートされた学者によるもので、精力的に集められる。『企業法学』は、これにならって編集しており、第1部は学術論文、第2部は学生の研究論文、第3部は研究資料からなっている[12]。

自然科学系の学会誌・大学紀要は、これに近い方針で編纂されている。我が国の法律学の世界では、この編集方針を維持することはいろいろな意味で困難である。第1部の学術論文と言えるものが集まらないし、第1部に投稿された原稿に編集部で手を入れることについては、大きな抵抗がある。第2部の論文については、あの手この手の政治的な力が働き、公正に選別をすることがむつかしい。編集部としては、出来る限り幅広く法学の分野をカバーしようとするが、このモメントは、掲載される論文の質の高低にばらつきを生む原因となる。驚いたことに、お金で紙面を買い取って自分の論文を自分の好きなように出版させようとする不埒な輩がいることも事実である。新しい試みが社会的に受け入れられるまでに、まだかなりの時間を必要としているように思われる。

Ⅵ 将来の展望

企業法学の大学院大学を創設して15年になる。修士課程の教育は一応の成功を収めることができた。修士論文を提出したものは250人を超えるが、その半分が論文を公刊し、それなりの評価を受けてきた。さらに、これをジャンピング・ステップとして、より深い研究・実務を学ぶため博士課程へと進んだ者も少なくない。しかし、博士課程の教育は、おそらくは失敗に終わったと思われる[13]。第一に、大学の予算は欧米に比べて余りにも少なく、ゼロックスの利用についてすら財政上の困難がある。また、博士課程の指導に当たる教官スタッフの構成についても、欧米の大学に比べれば、はるかに見劣りする。そもそも、企業法学という組織には、文部省は事務組織を与えてくれていない。また、博士論文の審査についても、過去に何度も論文を提

出して失敗した無資格の者が、審査に当たらなければならないという実状がある。こんなことも関係してか、これまで数人の者に対して博士号を出したけれども、このことが社会を動かす力とはなっていない。非常に残念なことであると自己反省をしている。

(1) 『企業法学』第1巻（1992年）1頁参照。
(2) もっとも、ロー・スクールには多様性があり、いろいろなものがあるが、バークレー、ハーバードなどが主なモデルである。アメリカのロー・スクールについては、F. COWNIE (ed.), THE LAW SCHOOL (Dartmouth, 1999); S. GILLERS (ed.), LOOKING AT LAW SCHOOL (Society of American Law Teachers, [4th ed.] 1997) を見よ。なお、企業法学専攻の英文名を National Institute for Advanced Legal Studies of Business Law としたのは、ロンドン大学の高等法学研究所を真似たもので、組織の実態がそれに近いためである。
(3) 本著作集と関連づけて具体的にいえば、著作集第8巻『英米判例の法理論』（2003年）第1章や著作集第1巻『アメリカ憲法』（2004年）第2章および第3章の半分程度である。また、筆者の筑波大学での講義について、本書79ページ参照。
(4) この仕事は『UCC 2001』（商事法務、2004年）としていちおう完成した。しかし、UCCは、その後にさらに改正されているので、近くその改訂版を出版する予定である。なお、本書3および4にこれに関係する研究を収載した。
(5) 田島裕『法律情報のデータベース──文献評価』（丸善、2003年）に多くのデータベースを紹介し、その利用方法を説明した。なお、我が国でも電子図書館を作る作業は着々と進められており、とくに法科大学院に関係する教材文献は、自宅で読めるほどになっている。なお、後掲注(6)で紹介するICLDSには、諸外国のインターネット上のデータベースに接続できるリンクがはられている。
(6) International and Comparative Law Database System (通称、ICLDS) の構築にかかわってきた。このシステムは、前掲注(5)の著書第4章で詳しく説明されている。このシステムはその後も改良され、かなり便利なものに

1 企業法学とは何か

なっているが、その特徴は、適格な文献を提供するというところにある。要するに、量よりも質を重んじ、利用者に文献評価を示しているということである。

(7) 前掲注(6)で紹介した ICLDS は、学生が自習をすることを支援するだけでなく、一般学生が論文・レポートを書くことにも役立つよう文献情報提供を行っている。なお、レキシス Japan は、筆者の目指しているものに近いデータベース・サービスを急速に完成させようとしているが、営利事業であるため、弁護士の便宜に役立つことに特別の配慮をしている。ともかく、TKC と並んで日本の判例情報が得られるようになっているだけでなく、法令などの一次的資料のオンライン検索・取得が安価で出来るようになった。

(8) ここでいう「倫理」とは、佐藤俊夫著『倫理学（新版）』（東京大学出版会［49刷］1996年）113頁で説明されている、人の生死の意味とか人間としての生き方を問題にするものではなく、いわゆる企業の作法ないしエチケットを問題にするものである。本書11で詳しく説明する。

(9) J. RAWLS, A THEORY of JUSTICE（Belknap Harvard, 1971）の特に社会制度（institutions）について論じた第4章および第5章を見よ。

(10) AMERICAN LAW INSTITUTE, PRINCIPLES OF CORPORATE GOVERNANCE — CASES and MEATERIALS（1988）で説かれている基本原理は、このことであろうと思われる。

(11) このシステムはアメリカ法におけるエリート主義を示す1つの証拠である。ロー・レビューの編集委員となる者は、各ロー・スクールのトップクラスの学生であり、いろいろな面で優遇されている。卒業した年には最高裁判所裁判官のロー・クラークになる機会が与えられ、1年後に弁護士となる。その後の人生は輝いている。

(12) 企業法学会は日本学術団体に加盟する学術研究団体であり、学会誌『企業法学』第10巻（2003年）までを刊行した。

(13) もっとも、博士論文は完成できなくても、論文を企業法学会機関誌『企業法学』に掲載し、大学の教授・助教授などの職を得た者が20名以上おり、この面に注目するのならば、大学院のレベルが高いことを示しているのかもしれない。

2 会社法・証券取引法

一 イギリス会社法の起源

I 序 説

 ロンドンは2000年の歴史を誇る国際都市であるが、いま新たな変貌をとげようとしている。これにはいくつかの原因が考えられる。そして、これによって影響を受ける領域も多岐にわたる(1)。比較法の研究者である筆者にとって関心のあるのは、そのすべてではなく、次のことのみである。すなわち、ここでの研究課題は、これによってロンドンの商慣習がどのように変ろうとしているかである。ロンドンに対して古くから特権が認められており、ロンドンの商慣習は、法制度上、特別の意義をもっていた。イギリス全体の経済的地位は、最近では凋落しつづけてきたのであるが、ロンドンの国際取引の中心地としての役割は衰えていない。これを可能にしたのは、ロンドン、とくにシティと呼ばれる地域(2)の商慣習によるものと筆者には思えるのである。しかし、いま「シティは生き残れるか」が問われている。
 研究課題をより明瞭にするために、具体的な事例を1つ取り上げることにしよう。1978年に公正取引局長(3)が、シティの長年の商慣行によって築きあげられた証券取引の (1) 固定された最低手数料率、(2) 単一資格制、(3) 会員商会および取引所理事会への参加を制限するシステムは、違法な制限的取引にあたるので廃止すべきであると勧告した(4)。局長には出訴権が与えられており、もし勧告どうりに廃止されない場合には、訴訟が行われるものと考えられていた。しかし、イギリス政府が、同局長に対し、1986年までに

2 会社法・証券取引法

改革を行うことを書面によって約束し、訴訟は避けられた[5]。そして、これと前後して、シティの証券取引慣行が本格的に検討され、改革が進められている。

この事件で筆者に著しく奇妙に思われるのは、シティがその商慣行の廃止を求められたときに、強い抵抗を示さないで勧告に従ったということである。シティの特権は、古くから非常に強力なものであって、今日でさえ、国王がその地域へ入るためには市長の許可がいると言われている。次のIIで詳しく説明するとおり、公正取引局長の勧告も、また政府の局長との和解も、シティの側から見るならば、その自治権への干渉であると思われるのである。

実はロンドンで行われている改革は、最初にのべたように大がかりなものであり、証券取引の領域は、そのほんの一部分であるにすぎない。それは、銀行、保険、商品取引などを含む金融界全体の問題であり、イギリスの経済的存亡にかかわる国際取引のあり方にも関係している。サッチャー政権が選択した自由化の経済政策とも無関係ではあるまい[6]。これらのことについて、確信をもって断言する資格は筆者にはないが、もしこれが正しいとすれば、シティがその自主的な意思によって、歴史の流れに従ったとみることもできなくはない。しかし反面、古き良き時代は、はるか遠くに去り、シティの実体は既に失われていたとみられなくもない。比較法研究の課題として、ここに重要な問題が潜んでいる。この問題と関連して、シティの特権の性質を説明するために、ロンドンの略史から本章を書きはじめることにしたい。

(1) 本文でのべたことを説明した文献は数多くあるが、英文の文献では、W. M. CLARKE, INSIDE THE CITY (2 nd ed. 1983) がすぐれている。日本語の文献としては、磯部朝彦監訳『シティ2000』(E. A. G 編、1985 年) を引用しておこう。その他、広渡潔「イギリスの金融変革（調査報告）」『東京銀行月報』1985 年 3 月 4-30 ページ、貝塚啓明「イギリスの金融構造と金融自由化」『金融』1985 年 5 月 12-21 ページなども、この問題についての検討を行っている。

(2) 旧市部を指すが、これは、ロンドン・ウォールから南はテムズ河まで、

西はテンプル・バーから東はロンドン塔に至るまでの677エーカーの地域である。この地域の中心をハイ・ホールボン通りからチープサイド通りにつながる大通りが走っている。チープサイド通りと交差するロンバード通りには、イングランド銀行などの主要な金融機関が立ち並んでいる。

(3) これにふれる多くの日本の諸文献では、公正取引局長の地位は、アメリカの連邦取引委員会の委員長ないし日本の公正取引委員会の委員長に相当するものと理解されているようであるが、この理解は間違いである。これは、北欧の消費者保護オンブズマンに近いもので、むしろそれより強力な規制権限が与えられている。これについては、田島裕「諸外国における消費者（保護）法(2)—イギリス」加藤一郎・竹内昭夫編『消費者法講座1総論』(1984年) 177頁参照。

(4) 本文で言及した3つの商慣行は、のちに詳しく説明される。公正取引局長は、1977年から証券取引慣行についての本格的な調査を開始し、その翌年には、Restrictive Trade Practices Act 1976 の違反を認めた。ちなみに、取引産業省の価格局および独占禁止局も、それぞれの立場から法律違反の疑いを表明した。

(5) 正確に言えば、一方では、Restrictive Trade Practices Act の証券取引所への適用を立法措置によって免除すると同時に、取引省が仲裁にあたり、証券取引所が公正取引局長に対し確約書を提出するという形で解決された。この書面によって、証券取引所は次のことを約束した。第1に、ブローカーに対し支払われる売買委託最低手数料を固定額とせず、自由化する。第2に、証券取引所で取引きの許される会員の単一資格制を修正し、一定の条件を満している者ならば誰でも取引できるようにする。第3に、証券取引所の株を保有する者およびその理事となる者についても、その資格を会員だけに限定せず、門戸を開放することである。但し、ジョッバーとブローカーの分離の制度は、少なくとも当分は維持することとしている。この約束のもつ意味は、実際に証券取引が現在どのように行われているかの説明と関連して、本章4で明らかにされる。

(6) サッチャー首相の保守政権は、1979年に「イギリス経済を過去の長期的な停滞から脱出させ、再び活力のあるものにするための基盤となる条件を作る」という政策を発表し、これに従って金融市場を徐々に自由化し、外国銀行などのロンドン市場での取引への参加を促進してきた。このことも、

2 会社法・証券取引法

おそらくは本章の課題に関係するのであろうが、ここでは深く立ちいることはできない。

Ⅱ　ロンドンの成立とその特権

(1)　ロンドンが位置するテムズ川下流地域は、元来、土地が肥沃であり、石器時代からケルト人の集落が存在していたといわれる。ロンドンが通商の重要な基地となったのも、きわめて古い昔のことである。紀元43年にローマ人がロンドンに侵入し、市の境界壁（City Wall）が建設されたときに、国際取引都市としての原形ができあがったといわれる。ローマ文化の水準は高く、種々な外国人が憧れてここに集まり、ロンドンは国際取引の中心地として栄えた。やがてローマは衰退し、ロンドンのローマ人たちもその支配力を失っていったが、アングロ・サクソン人がそれを引き継ぎ、新しいキリスト教文化の商業都市として、発展しつづけたのである[7]。

(2)　ノルマンディ公ウィリアムが1066年にヘースティングを侵略し、イングランドを統一した。このときにも、ロンドンは生き残った。すなわち、ウィリアム大王は、「エドワード王のときに認められた法および特権を自分も認める」という趣旨の憲章[8]を発行している。また、アンジュー家のジョン王の時代になってからも、マグナ・カルタ第13条において、「ロンドン市は、陸路によると海路によるとを問わず、そのすべての旧来の特権と自由な慣習とを保有するものとする」ということを再確認している[9]。

かように、国王とロンドンとの関係は、一般的には、きわめて友好的なものであった。とくに、イタリアのロンバルド人が、ロンドンで金融活動を活発に行うようになってからは、国王がロンドンに財政的に依存するようになり、ロンドンの特権は、かえって強化された。例えば、市長は国王の州知事（Lieutenant）の地位が与えられ、枢密院に加わることがしばしば許されてきたし、ロンドン市の評議会員と一般諮問会は、国王に謁見を求める特権が認められていた。実際上も治安判事の制度がそうであったように、ロンドンで採用されたことが、国王によって全国的なモデルとしてひろめられた例は、

12

一 イギリス会社法の起源

決して少なくはなかった[10]。

　ロンドンの約 2000 年の歴史において、危機が全くなかったわけではない。例えば、ヘンリ 8 世は、思いきった政治の中央集権化を行った国王であり、彼もロンドンの特別の地位を承認したのではあるが、古くてほとんど利用されていない一般的な諸特権は、大部分廃止された[11]。このことは、それ以前とはちがって、ロンドンの諸特権が国王の法律によって認められる限りにおいて絶対的なものである、とされるに至ったことを示している。そして実際に、チャールズ 2 世は、それらを全部否定したのである[12]。しかし、名誉革命の結果、チャールズ 2 世の法律は廃棄され、ロンドン市の古い諸特権は昔どうりに復活されることになった[13]。

　(3)　ロンドンで証券取引が行われるようになったのは、17 世紀の終り頃であると思われる。1698 年には、ジョナサン・コーヒー・ハウスで定期的にその取引が行われるようになった[14]。その後、バブル社の倒産事件[15]やロンドンの大火災の事件[16]などを節目として取引制度が少しづつ改革され、19 世紀の初め頃に、今日の証券取引システムの基礎ができあがったと思われる。

　チャールズ・ディキンズの『ドンビー商会』(1848 年) という有名な小説は、シティでの資本金募集に成功し、主人公が、「家は再建できるぞ、ドンビーばあさん」、そして「名目上だけでなく、本当にドンビー商会という自分の会社ができるのだよ。」、といって喜んで部屋中をはしゃぎまわる場面から話が進められている。また、その第 2 章では、「ドンビー商会の商売は、ロンドン市の諸特権 (liberties) にかかっている」と、主人公はごく当然のごとくつぶやいている。さらにまた、1845 年 10 月 25 日号の『パンチ』(第 9 巻 104 号) には、シティで新会社の株式を買いあさり、高値で売り急いでいる鹿 (stag) のマンガが描かれている。鹿、すなわち相場師は、当時の社会では、非難されるべき株屋であった[17]。しかし、ドンビーのような大事業の夢をもつ者にとっては、彼らはなくてはならない存在でもあった、と思われるのである。実際、産業革命による種々な発明を応用した諸事業 (例え

13

2 会社法・証券取引法

ば、鉄道事業）を成功させるためには、新しい株式会社の制度を利用する以外になかったのであろう。そして、これを可能にしたのが、18世紀の国際金融都市ロンドンであった[18]。

　(4)　冒頭にも述べたとおり、ロンドンは、いま、大きく変りつつある。最初に、新しい立法によって、その地方自治法上の位置づけが変っているので、そのことから説明することにしよう[19]。

　1963年にロンドン自治法が制定され、これにより、グレータ・ロンドンが1つの地方自治体ないし独立の法人であることが認められた。この自治体は、さらに32の行政区画に区切られ、その1つ1つがロンドン自治体（London borough）と呼ばれる。グレータ・ロンドンにも、また各々の自治区にも、議会がある。その2つの議会の間には上下関係はない[20]。シティは、かかる自治区の1つに位置づけられており、シティの伝統は、新しい法律のなかでも原則的には維持されることになっている。

　ところで、1972年の地方自治法は、地方自治体をカウンティ、ディストリクト、パリッシュの3種類に分類している。カウンティは、6つの都市型カウンティと39の非都市型カウンティからなり、わが国の地方自治体とただちに比較することは困難であるが、およそ県に相当するものと思われる。ディストリクトは、およそ市町村に相当する行政区画である。かつてバラ（borough）と呼ばれ、固有な特権を認められていたものは、国王に対して請願を出し、その名称と特権を維持することができる。シティは、まさにこの種の自治体に該当するのであるが、シティの場合には、法律がその固有の地位を認めており、国王への請願なしにその伝統的な名称および特権を維持している。なお、パリッシュは、歴史的には重要な意義をもっていたが[21]、現在では、入会地、公園、その他の公共的土地管理や習律的な儀式を行う必要がある場合に例外的に設置されるにすぎない。

　このように、行政組織のうえでは、シティの管轄はこれまでどおり守られているのであり、少なくとも理論上は、伝統的な諸特権は維持できるはずである。しかし、これらの諸特権を享受するシティの住民がほとんどいなく

なっているために、その主体性 (identity) を守りにくくなっている。

　シティの最高決定機関は市議会 (City borough council) であるが、これは、市長、長老議員および市会議員からなる。長老議員は、各種の職業ギルドであるリヴァリ (Liveries)[22]の組合員のなかから各選挙区ごとに1名づつ選ばれる合計26名の代議員である。市会議員は、シティ居住者および地方固定資産税を年10ポンド以上納める不動産の所有者または賃借人によって選出された159名の代議員である。そして、市長は、第3の合議体である市民総会 (Court of Common Hall) がまず最初に先の26名の長老議員のなかから2人の候補者を選び、この2人のうち1人を長老議員団が選ぶことになっている。このような機構がとられているために、シティ居住者は、1981年には4700人余りしかおらないにもかかわらず、その10倍近い数の非居住者がシティの意志決定を支配しているのである[23]。

　シティの都市構造の実質的な内容も、大きく変っている。今世紀のはじめ頃には、住宅、港湾、生産都市としても重要な役割を果たしていたが、今日では、銀行、保険、証券取引、商品取引などを中心とした国際金融都市と化している。したがって、シティの証券取引の将来の発展が、ロンドンにとっても著しく重要な意味をもっている[24]。

(7)　M. C. BORER, THE CITY OF LONDON (1977) は、ローマ人が町を建ててから今日に至るまでのロンドンの歴史を詳しく説明しており、本節の叙述は主にこれによった。また、ロンドンに関する歴史的な記述について、後の部分では、WEINREB & HIBBERT, THE LONDON ENCYCLOPAEDIA (1983) を参照したところが多少ある。ロンドンに関する豊富な情報がもられている便利な文献なので、あわせて引用しておきたい。

(8)　ロンドン市憲章 (1066～75年)。古代英語の原文は、EVANS & JACK, SOURCES of ENGLISH LEGAL & CONSTITUTIONAL HISTORY 3 (1984) にみられる。

(9)　マグナ・カルタ第13条参照。但し、第13条には、御用金については、合理的であると思われる場合には、ロンドンにも例外的に負担を分担させることができるとする但し書があるので、実際にはロンドンの自治権は最

初から単なる虚構にすぎなかった、という見方もある。J. C. HOLT, MAGNA CARTA 221-2 (1965) 参照。

(10) 詳しくは、HOLDSWORTH, A HISTORY OF ENGLISH LAW (1938) vol. 10, p. 240 を見よ。

(11) 但し、商人の自由などの主要な諸特権については、27 Hen. VIII (1535) c. 24, §11 により、「いかなる意味においても害されるものではない」と宣明されている。

(12) チャールズ2世の法律（22 & 23 Car. II〔1670〕c. 10, §4）も、遺言相続に関する諸規定とともに「ロンドン市の慣習を傷つけたり、または邪魔をしたりすることはない。」と定めていたが、王座裁判所は、同国王治世第35年のミケルマス期の判決のなかで、法律により認められたロンドン市の特権は国王への忠誠を条件とするものであって、その条件が欠ければ、もはや特権は認められないと判決した。

(13) 2 W. & M. (1689) c. 8. この法律はロンドン市の諸特権を再確認するためにとくに作られた法律であって、前注の判決を無効と宣言している（第3章）だけでなく、それは法的権利であって永遠に侵されてはならないと定めている。ちなみに、この立法の前年には名誉革命が行われたが、これが成功したのは、ロンドンの自由人であるヨーマンが、これを支持したためであるといわれる。

(14) 証券取引所の起源は必ずしも明瞭ではないが、現在商品取引所がある場所に、エリザベス女王によって1571年に設立された Royal Exchange がそれであると言われる。ロンドンの大火災の後に、ジョナサン・コーヒー・ハウスに移された。R. GIBSON-JARVIE, THE CITY OF LONDON : A FINANCIAL AND COMMERCIAL HISTORY 61 (1979). ちなみに、このコーヒー・ハウスの写真は、同書107ページに記載されている。

(15) 南米スペイン領の貿易独占権を取得してイギリスで設立された会社が1711年に破産し、株価の大変動や連鎖倒産などのために社会的に大問題として騒がれた事件をさす。

(16) 1666年にロンドン橋近くのパン屋から火災が発生し、約400エーカーにもわたって街が焼きつくされた事件である。この事件は、皮肉にもロンドンの近代化に役立った面がかなりある。

(17) 鹿 (stag) は「新会社の株を買い、高値で売り急ぐ相場師」という意味

一 イギリス会社法の起源

をもつ。シーリ教授は、株式会社の制度がイギリスで認められたとき、ロンドン大学の商法の教授が、これは取引業界において「不正者を助長し、詐欺を奨励するものだ。」と主張して、それを批判したと記している。L. S. SEALY, COMPANY LAW AND COMMERCIAL REALITY 12-13 (1984). 当初は、会社も株屋も歓迎されない存在であったと思われる。

(18) 銀行、商品市場、保険（ロイズ保険も含む）、証券取引の中心地として、ロンドンが国際金融の重要な都市として形成されていった歴史は、前掲注(14)の著書が詳しい。

(19) ロンドンのかかえる種々な都市問題を経済学の観点から詳細に分析した研究であるが、大阪市立大学経済研究所編『世界の大都市1ロンドン』（1985年）は、本文で説明する現在のロンドンの現状を理解するのにも、参考になるところが多い。

(20) グレータ・ロンドンは、幹線道路の維持管理、バス・地下鉄の運営、排水施設の規制、消防事業などにあたる。これに対してロンドン自治区では住宅行政が主要な仕事であり、また住民の福祉・教育、環境の改善などにもあたる。商業の促進や消費者保護も後者の権限に含まれる。このような権限の配分は、London Government Act 1963, および Greater London Council (General Powers) Act 1966 によってなされている。

(21) Parish（通常「教区」と訳される）は、現在では余り重要な役割を果たしていないが、かつては救貧法（poor laws）の運用を義務づけられていた。ちなみに、歴史的にはこの区画は、牧師のいる1つの教会の管轄の及びうる範囲を意味していた。

(22) Livery とは、いわば商人たちの排他的なギルドであり、とくに有力なものは織物商、食品雑貨商、魚商人、金細工人、皮類商人、仕立人、小間物商人、塩商人、金物商、ブドウ酒商などである。これらのギルドに所属する者は、その組合員であることをはっきりさせるために、特色のある制服を着ていたことからそのように呼ばれるようになった。組合の長老は liverymen と呼ばれ、その他の組合員は freemen と呼ばれる。

(23) 例えば、前注で言及した長老たちの多くは、シティの居住者ではない。証券取引に関しては、後掲注(67)にのべる者たちが有力者である。

(24) 証券取引市場の改革の重要性について、D. Lascelles, *Importance Placed on Securities Market Reform*, FINANCIAL TIMES, Oct. 7, 1985. また、シティ

2 会社法・証券取引法

の現在の実態について、前掲注(14)の著書、230-39 ページも参照。

III ロンドンの商慣習の法源性

(1) 前章で説明したロンドン略史から、シティにおいて固有の商慣習が生まれたであろうと想像することは、容易なことである。しかし、法律家にとって興味があるのは、どのような商慣習が存在しているかという事実よりも、その商慣習がいかなる法的拘束力をもっているか、ということである。次章では、ロンドンにおける証券取引慣行を詳しく説明することになるが、その前に、ロンドンの商慣習の法的意義（法源性）を一般的に説明しておきたい[25]。というのは、イギリスは判例法の国であり、裁判所が当該の商慣習をどのように扱うかが、その法的拘束力の有無について決定的な意味をもち、その存否にかかわるからである。

(2) まず、ロー・マーチャント（いわゆる商慣習法）のことから説明をはじめよう。イギリス法では、「超記憶時代から (from time immemorial)」存在していた慣習が「慣習法」であると定義されるが、厳密な意味でこの定義にあてはまる商慣習というものはない[26]。そもそも、中世コモン・ローは商取引というものに全く無関心であり、従って商取引に関する争訟のための令状がなかったのである。しかし、中世の後半期になると、イギリスにも商人の階級が出現し、港町や市の開かれる都会でさまざまな取引を行うようになった。これらのいわゆる商業都市は、多くの場合、国王の特許状によって認められた自治権を持っており、商取引きをめぐって紛争がおこっても行くところがなく、商人達の間で自律的な裁判所が作られることになった。イギリスの南東海岸地域にみられた五港裁判所 (Court of Cinque Ports)、ウェストミンスタ、ニューカスル、ブリストルなどの輸出入品の売買が許された諸都市に設置された主要産物裁判所 (Court of the Staple)、ロンドン、イズウィッチ、グロスタなどの商業都市に作られたギルド裁判所や市場裁判所が、その例である。これらは地域的裁判所であり、裁判管轄も限定されていて、国王の裁判所は、その存在にほとんど関心を払わなかった[27]。

このような事情から、コモン・ローとは性質のちがった商人の慣習法が生まれることになった。例えば、五港裁判所における裁判では、その港町の存亡がそれを訪れる外国商人たちの支持ないし信頼にかかっており、彼らの立場に理解を示し、十分な敬意を払い、慎重に審理が進められた。市長自ら裁判官となり、日頃から教養として学んだ外国（とくに地中海地方）の商慣習に配慮を払いつつ「信義誠実」の原則などを準用して、きわめて弾力的な裁判を行ったのである[28]。主要産物裁判所は、五港裁判所より少し遅れて14世紀中頃に貿易の振興を目的とする特別の法律により設置された裁判所であるが、五港裁判所の場合と同じように、訴訟当事者が外国の有力な商人たちであることが多く、諸外国の商慣習がしばしば尊重された[29]。そして、市場裁判所は、市の立つところに、そこで起った契約上の争いを略式手続により即決するために設置されたものであり、条理により迅速な事件処理がなされるところにその特色があった[30]。ロンドンの商慣習は、これらの地域的な裁判所で法源として拘束力が認められていた、と思われる。

　(3)　地域的な商慣習法としてのロー・マーチャントが、国王裁判所によっても、法源として認められるようになった理由を次に説明しよう。ところで、中世末期になると、これらの地域的裁判所とは全く別に、国王評議会から海軍省（Admiralty）が派生し、その長として海軍司令官が置かれた。この海軍司令官は、一定の事件について裁判権をもつことになった。最初は海上の刑事犯（とくに海賊）を裁いていたが、やがて民事の管轄権ももつようになった。その対象も船舶から渉外取引まで徐々にひろがっていった。商人たちは、これを歓迎した。というのは、この海事裁判所は地域的裁判所ではなく、国王の裁判所でありながら、地域的な商事裁判所と同じように、令状なしの簡略な手続で迅速に事件を処理してくれたからである。しかも、その裁判所が適用した法は、ヨーロッパの商人階級の間でその頃までに確立されていた、ローマ法の影響の強い商慣習法であり、判決もイギリスの地域的な商事裁判所のそれに近いものであった[31]。海事裁判所は非常に評判のよい裁判所として発展をつづけたのであるが、それとともに地域的商事裁判所は衰退して

2 会社法・証券取引法

いった。

 16世紀頃になると、コモン・ロー裁判所が海事裁判所の人気に反感を抱くようになり、禁止令状によって管轄権を海事裁判所から奪いとろうとした。クックは「ロー・マーチャントはこの王国法（the law of this realm）の一部である。」と断言し、以来、海商法の事件もまたコモン・ロー裁判所の厳格な手続に従うこととなったのである[32]。しかし、商法の父と呼ばれるマンスフィールドは、「ロー・マーチャントは国法である」と認めながらも、実体的にも手続的にも時代の要請により適合すると思われる商慣習法をコモン・ローのなかにもちこんだのである[33]。これに対して、反対の考えを持つ裁判官がそれ以後も絶えず存在してはいたが、1857年に国会の法律によって海事裁判所が設置された頃には、マンスフィールドの考えを支持する法律家が多くあり、船舶の衝突、共同海損、海難救助などの純粋に海事法の領域と思われるもの以外は、コモン・ロー裁判所に残されたのである[34]。

 (4) ロンドンの商慣行は、最初に説明したようなコモン・ローの慣習法の定義にあてはまらない。第1に、ロンドンの商慣行はしばしば変っており、「超記憶時代」から存在した慣習であると証明できるようなものは、ほとんど絶無である。しかし、通常は、それが商人たちの間でよく知られており、それに法的拘束力を与えることが黙示的契約により認められているという虚構を前提として、裁判所はこの論点を問題とせず商慣行の法源性を認めてきたのである[35]。第2に、「超記憶時代」の要件をゆるめた反面、「公序に反していないこと」、「自然的正義に反する不合理なものでないこと」など、裁判所が創造した新しい要件を課している[36]。この点は、普通の慣習法の場合にも問題とされうるのであるが、商慣習法の場合には、とくに厳密に審査されたのである。

 さきにのべたことを具体的に示す諸判例は、保険約款の不可抗力条項および商事紛争の和解に関するものが多いが、ここではシー・アイ・エフ契約の要件に関するマンブル・サッカリン対コーン・プロダクツ判決[37]を一例として取り上げることにしたい。この事件は、製品の輸入元がそれを分割して

複数の買主に売却することとし、各買主に直接倉庫で自己の持分を受取ることができるようにするために、複数の保険証券の発行を求め、その提示によって製品が引渡されたことから起った事件である。判決は特別の商慣行の存在を認め、その法的拘束力を認めた。しかし、かかる特別の商慣行が存在するという事実は、それを主張する当事者が、明瞭に立証しなければならないと判示した。

　この立証責任に関しては、ウィルソン・ホルゲイト対ベルギー穀物生産会社判決[38]が重要な基準を提示している。この事件では、仲買人が保険証券の原本を所持し、各買主には別個に作成された証明書が渡されたのであるが、これを権利証と認める商慣行が存在するか否かが問題となった。この点の証明のために、シティの有力な商人が数多く法廷に召喚され、通常の取引がそれに従ってなされている旨の証言をした。しかし、裁判官の「買主は証明書を受取らなければならないのですか」という質問に対し、証人たちは「受取りを拒否した事例はありません」と答えるのみにとどまったために、商慣行の存在は認められても本件では法的拘束力を認めることはできない、と判決した。

　これらの判決は、事実としての商慣行に規範意識が付随していることを重要視しているのであるが、当該の商慣行が古い時代から存在していたかどうかは問題としていない。したがって、古い商慣行が否定されて、新しい商慣行が成立したばかりであっても、これまで説明した諸要件が満されている限り、慣習法として法的拘束力が認められうるのである。後に、テイク・オーバーに関するシティ・コードにも少しふれることになるが、これはシティの有力な商人たちによって作成された単なる文章であるにすぎない。しかし、今日の取引がこれに従って行われているという事実の証明は可能であるし、この文章が強い規範意識をもって作成されたことは疑いのないところである。したがって、当該のシティ・コードが慣習法としての法的拘束力をもっていると思われるのである[39]。

(25) 法源とは裁判の前提となる法規範をさすが、商慣習の法源性が認められなければ、裁判所にその法的強制を求めることができないので、その意義は著しく小さい。「法源」についてより詳しくは、伊藤・田島『英米法（現代法学全集48）』(1985年) 267ページ以下を見よ。

(26) 「超記憶時代より」というのは、リチャード1世治世第1年 (1189年) 以前ということを意味する。伊藤・田島、前注(25)、319ページ参照。

(27) 本文で言及した商人たちの商事裁判所とロー・マーチャントとの関係について、詳しくは、伊藤・田島、前注(25)、170-3ページ参照。

(28) これについて詳しくは、Scrutton, *General Survey of the History of the Law Merchant*, in 3 SELECT ESSAYS IN ANGLO-AMERICAN LEGAL HISTORY 7-15 (1907) 参照。今日の商慣習法をも含めた研究として、TRAKMAN, THE LAW MERCHANT : THE EVOLUTION OF COMMERCIAL LAW (1983) も見よ。

(29) 主要産物裁判所について、Brodhurst, *The Merchants of the Staple*, in 3 SELECT ESSAYS IN ANGLO-AMERICAN LEGAL HISTORY 16-33 (1909) を参照せよ。ちなみに、五港 (cinque ports) とは、Dover, Sandwich, Romney, Hastings, Hythe を指すが、13世紀になってから、Winchelsea, Rye にも同じような裁判所が設置された。

(30) この裁判所は埃足裁判所 (Court of Piepoudre) と呼ばれることもある。これは、「泥が空中に飛んでから足もとに落ちるまでに事件が解決されている」からであると説明されることもあるが、たぶん古いフランス語の pied puidreaux（行商人）に由来するものであろう。その裁判所について、Thayer, *Comparative Law and the Law Merchant*, 6 BROOKLYN L. REV. 139 (1936) 参照。

(31) 詳しくは、GILMORRE & BLACK, THE LAW OF ADMIRALTY (2nd ed. 1975) を見よ。

(32) COKE, LITTLETON (1628), s. 182. また、PLUCKNETT, A CONCISE HISTORY OF THE COMMON LAW 663 (5 th ed. 1956) も見よ。具体的には、「商慣習が存在することを（商法に無知な）陪審が認めること」、「コモン・ローと整合性があり、安定した法であること」、「人間の記憶を越える古い時代から存在していて、合理的なものであること」などが要求されたのである。TRACKMAN, *supra* note 28, at 30.

(33) たとえば、有名な Luke v. Lyde, 2 Burr. 882, 97 Eng. Rep. 614 (1759)

一　イギリス会社法の起源

参照。マンスフィールドによる商慣習法のコモン・ロー化について、詳しくは、FIFOOT, LORD MANSFIELD (1936) の第 4 章、および Llewellyn, *Across Sales on Horseback*, 52 Harv. L. Rev. 725（1939）を見よ。

(34)　マンスフィールドに従う例として、Willes, J. in Dakin v. Oxley, 15 C. B. N. S. 646. また、Cockburn, C. J. in Goodwin v. Roberts, (1875) L. R. 10 Ex. 337, at 346 も見よ。Abbott, C. J., Lawrence J., Lord Tenterdon などもマンスフィールドに従う裁判官とみてよかろう。これに対し、商慣習の存在は認めても、伝統的なコモン・ローの枠内でのみそれを法源とすることが許されるとする考え方を示した例として、Blackburn, J. in Crouch v. Credit Foncier of England, (1873) 8 Q. B. 374, at 386. また、さらに最近の例として、Diamond Alkali Export Corporation v. Fl. Bourgeois, (1921) 3 K. B. 443（この事件では、c. i. f. による海上運送契約の場合に通常行われている保険証に保険約款としての効力を認めなかった）。ちなみに、本文でのべたような歴史的事情から、イギリス商法はコモン・ローによるところが多く、おそらくはそれゆえ、民法と商法の区別は明瞭でない。*Cf.* Gutteridge, *Contract and Commercial Law*, 51 L. Q. REV. 91 (1935).

(35)　地域的慣習法に法的拘束力を認めたマンスフィールド卿の Wigglesworth v. Dallison, 1 Dougl. 201, 99 E. R. 132 (1779) 参照。この事件では、原告が賃借期間のきれる年の春に小麦を蒔いたところ、秋の収穫期前にその期間が消滅するとただちに、土地所有者である被告がそれを刈り取ってしまったので、原告がその損害賠償を求めた。マンスフィールド卿は、その地方では原告の収穫を許すのがその地方の慣習となっていることを認め、原告勝訴の判決を下した。*Cf.* Smith v. Wilson, 3 B. & Ad. 728, 110 E. R. 266 (1832).

(36)　London Export Corp. Ltd. v. Jubilee Coffee Roasting Co. Ltd., [1958] 1 W. L. R. 661（中国ピーナッツの輸出入契約の和解条項の解釈に関し、慣習法を参照した事例）。

(37)　Manbre Saccharine v. Corn Products, (1919) 1 K. B. 198.

(38)　Wilson Holgate v. Belgian Grain and Produce Co., (1920) 2 K. B. I.

(39)　Dunford & Elliott Limited v. Johnson & Firth Brown Limited, [1977] 1 Ll. R. 505 で、デニング裁判官（Lord Denning）は、シティ・コードについて次のようにのべている。

23

2 会社法・証券取引法

「この見解は、テイク・オーバーと合併に関するシティ・コードによってとられたものである。このコードは、法の力をもたないけれども、それにもかかわらずそれは良い取引慣行と良い取引の標準を示している。それは合併またはテイク・オーバーだけでなく、優先株式の新株発行に対しても適用できる」。ロスキル裁判官（Roskill L. J.）もまた、「市の慣行の問題として、引受業者たちは、しばしば、株主たちに対し知らされない情報を得ていると主張している、とわれわれは聞いている。もしこれが慣行であるというのならば、それに従わせよう。批判することはわれわれの務めではないし、確かに私には、そうする意志は毛頭ない。」とのべている。

Ⅳ　イギリス会社法とロンドンの証券取引[40]

(1) ロンドンの証券取引について、もう1つ説明しなければならない国法との接点は、イギリス会社法の証券取引に関する諸規定である。これまでのべてきたように、ロンドンの証券取引慣行は、ロンドンに認められた特権に基づいて生まれた自主規制の性格をもつものであるが、会社の種類や証券の定義などは国の法律である会社法によって定められているのであり、いわば会社法はロンドンの証券取引活動の土俵となっている、といってよかろう。換言すれば、もし証券取引活動を一種のゲームであるとみるならば、そのゲームのルールは、ロンドンの商慣習法からなる。ケンブリッジ大学のシーリ教授ものべているように、「《ロー・マーチャント》は、実際、数世紀前にその個性（アイデンティティ）、を失った歴史的関心の対象であるにすぎないというわけではなく、まさに文字どうりの意味で、それは生きており、元気であり今日のイギリス商法でも重要な法源である」[41]。

かようにロンドンの証券取引は会社法に従って行われている。これと関連してもう1点注意すべきことは、イギリス会社法は、必ずしも論理的整合性が完全にとれているわけではなく、裁判所による解釈の余地が広く残されているということである。イギリスでは、会社法と呼ばれる短かい法律、あるいは会社に関連する特別法が、何度も制定された[42]。これらのなかで、最も体系的な法律であって、とくに注目すべき法律は、1948年の会社法であ

一 イギリス会社法の起源

るが、これとても証券取引に関して明瞭な規定をしていない[43]。1985年には、これまでの諸立法を実質的に整理統合する法律が制定されたのであるが、証券取引に関する限り、事情は余り大きく変ってはいない。このことは、裁判所が、ただ単なるゲームのアンパイヤーとしての役割だけでなく、土俵そのものを明確にすることも、しばしば必要とされているということを意味している。

　会社法を全部読み、これを正確に理解できる商人は1人もいないのではないか、とシーリ教授は指摘している[44]。実際、1985年会社法だけでも、法律の条文は747条（同時に制定された関連諸法の諸規定も加えれば781条）もあり、さらに短かい法律にも匹敵する付則が25（関連諸法のそれも加えれば41）もある。しかし、だからといって、ほとんど困ることはないという。というのは、イギリス会社法は、「規制」を主目的としているのではなく、個人では不可能な大規模な事業を可能にさせ、それを促進するものであると理解されているし、判例法主義を第1原理とするイギリス法にあっては、裁判官が、健全な商人たちの利益になるように、法律を運用してくれるはずだからである[45]。

　(2)　イギリスの会社法は、制定法上、無限責任会社と有限責任会社とに分類している。無限責任会社は、1人会社（sole corporation）[46]であることもあるが、パートナシップ[47]の形態をとるものが多い。しかし、この会社は、資本を一般から公募することはないので、ロンドンの証券取引とは関係ない。これが関係するのは有限責任会社の方である。この有限責任会社は、私会社[48]と公開会社にさらに細分されるが、ロンドンの証券取引に関係があるのは、結局、公開会社だけだということになる。

　ところで、公開会社とは、その資本の全部または一部が、株式または社債の売却という形で公募されるものをいう[49]。公開会社の事業活動は、一般株主や債権者の利害に直接かかわるので、不正を防止するためガラス張りのなかでそれを行わせるのを会社法の一般原則としている[50]。この目的を実現するために、会社法は詳細な規定を定めている。

2 会社法・証券取引法

会社は、社長、秘書役、会計役などの業務執行を委ねられた代理人(自然人)の行為を会社自身の行為であると擬制して、事業活動を行うが、その活動の範囲は、会社の設立時の基本定款に定められる。この基本定款は、付属書を添付して、設立時に登記所に登録されなければならない(51)。この基本定款には、会社の正式名称、設立目的と認められる諸権限、資本構成(授権資本株式を含む)、2名以上の役員の氏名と住所などが記載されなければならない(52)。付属書には、会社の組織や発行される株式の種類とその数量などが説明される。この登録手続が終ってから、法律の定める方式により事業の開始が宣言され、その日から3月以内に、最初の株主総会が開かれる(53)。それ以後、定期株主総会が1年に1回、また、10分の1以上の株式を保有する株主が開会を要求するときは臨時株主総会がそのつど、開かれなければならない。総会の決議方法は、先の付属書に定めるやり方による。会社は帳簿をつけることが義務づけられているので、株式総会に先だって開かれる取締役会のときまでに監査役の監査を受け、取締役会の承認を得たうえで、株主総会に報告しなければならない。取締役その他の役員は、株主に対しては、信託法上の受託者の地位にあるとみなされるので、その不正行為については、とくに厳格な責任を問われる(54)。さらに、株主だけでなく、会社と取引する第三者(債権者)も保護する必要があることから、会社による自己株式の取得や清算手続などについても、特別の規定を定めている(55)。

(3) 先に説明した公的会社の約45%余りが、実際に株式を発行して資本を公募している。発行される株式の種類や数量は、先に言及した付属書の定めによって限定されることはいうまでもない(56)。発行する方法は、慣習上、会社が目論見書を自ら作成して直接出資者を公募する方法と、発行株式を全部いったん引受証券会社に買取らせ、この証券会社のために目論見書を作成して出資者を公募する方法とがある(57)。いずれの方法による場合でも、目論見書には、第1に、授権資本株式の総数、これまで既に発行された株式の種類と数量、今回発行される株式の数量が記載されなければならない。第2に、発行時から2年前までの間に会社が取得した不動産などの重要な資産の

説明がなされなければならない。第3に、過去5年間の取引状況が概説されなければならない。さらに、会社が負債をかかえていたり、近い将来に新しい事業を行う計画がある場合には、重要な事実は開示されなければならない[58]。目論見書の作成は、取締役全員の義務であり、各々が署名し、また監査役の会計監査証明書などを付して、会社登記所に登録されることになっている。

会社が発行する株式がロンドンの証券取引所で取引される場合には、この目論見書作成の義務は免除される。しかし、これを行うことができるのは会社の特権であって、一定の資格をもち、ロンドンの証券取引所によってその特権を付与された者（会員）に限られる。また、会員の審査基準は、会社法には定められておらず、証券取引所の自律的な規制に委ねられている[59]。このようにいうと、ロンドンの証券取引が例外的なもののようにきこえるかもしれないが、実際には、これがイギリスの証券取引における最も重要な部分を占めていることは、よく知られるとおりである。

イギリスには、また、一般投資家の保護のために、1958年の詐欺防止（投資家）法という法律が制定されている。この法律は、詐欺的な投資勧誘を禁止している[60]。また、証券取引のブローカーが免許を取得、保持することを義務づけ、取引局および検察局長にその活動を監督する義務を負わせている。

(4) イギリス会社法にはその他の数多くの諸条文があるということはいうまでもないが、しばらくそれから離れ、ロンドンの証券取引所の自主規制に目を移そう。先にものべたように、会社法（判例法を含む）が土俵であるとすれば、ロンドンの証券取引は、いわばそのうえで行われるゲームである。今日では、証券取引は、ロンドン以外にグラスゴー、リヴァプール、マンチェスター、バーミンガムおよびダブリンでも行うことができる。しかし、1965年にすべての取引がロンドンに統合されることになっており、ロンドンのルールに従って行われている[61]。このルールの内容は、既に第Ⅲ章4節で説明した商慣習法であるといってよい。そして、これを支える主要な基

2 会社法・証券取引法

本原理が、公開と自由競争であることも疑いない。

この基本的な考え方については、アメリカの証券取引法のそれと大きく異なるところはない。しかし、アメリカでは、厳密にゲームのルールを守らせるために、証券取引委員会（Securities and Exchange Commission）と呼ばれる行政機関を設置し、これに対し強力な規制権限を与えている[62]。イギリスでは、これはむしろ有害であると考えられており、いわば伝統的な自主規制に頼っている[63]。具体的には、次に説明するように、ルールに参加できる者を会員資格を与えられたプロだけに限定し、また、プロに特別のユニフォームを実際に着させて古式ゆかしい儀式を守らせ、これによって自律的にフェアなゲームを行わせようとしている[64]。実は、本稿の最初に1例としてあげたシティに対する攻撃はこの部分に向けられているのである。

ロンドンの証券取引は、実際には次のようにして行われている。証券を買う顧客は、ブローカーのところへ出かけ、委託を受けたブローカーは立会場でその証券を取扱っているジョッバーのところへ行く[65]。ブローカーは、自己の委託注文には全くふれずに、ジョッバーに売値と買値をつけさせる。同じ証券を扱うジョッバーが数人いるので、ブローカーは顧客の注文に合うジョッバーを捜し、顧客に代って契約を結ぶ。そして、固定された委託手数料率に従い、顧客から手数料を受け取る。顧客が証券を売る場合も、全く同じ過程をへて行われる。立会場ではジョッバーだけで取引が行われ、契約価格と現実の取引価格との差額が、ジョッバーの利潤となる。

この制度は、証券取引を代行する仲買人自身の利益と顧客の利益とが相反しないようにするのに役立っている。また、現実の取引が本当の専門家の間でのみ行われることになるので証券の価格が実際の価値に近いものとなり、取引の安全のためにも役立っている。しかも、多数の顧客の注文を全部まとめた形で取引が行われるので、種々な経費を節約することにもなる。しかし、第Ⅰ章でのべたとうり、この商慣行は、不正な取引制限の性質を含むので、現在、廃止を迫られている。たしかに、東京＝ニューヨーク＝ロンドンとコンピュータで結んで証券取引を国際的にどこででもできるようにしようと計

画されている今日、ニューヨークの手数料をとらない証券会社を基準とすれば、ブローカーが手数料をとることが常に当然のこととはいえなくなるし、ましてそれを固定することは、ブローカー間の競争を取り除いてその業界の利益だけを守る不公正なシステムとなるからである。ジョッバーについても、事情が変りつつある。現在、ジョッバーが扱う証券取引の大部分は、ブローカーを通じて依頼される個人投資家のそれよりも、直接会員との間でなされる機関投資家のそれであると言われる。したがって、会社法が想定していた証券取引のモデルとはかなり離れ、機関投資家の注文に応じた取引がなされるようになっている。イギリスでは、銀行が証券取引も行うことが許されているので、銀行とジョッバーが提携し、取引規模を拡大しつつある[66]。これはアメリカや日本の会社と競争していく必要から生じていることであるが、一方では、ジョッバーを寡占化する傾向をもつとともに、他方では、機関投資家の取引を助長することになって、個人投資家にとって不利となる場合が起りうる結果を生んだ。

(5) プロフェショナルの精神および各自の自己抑制と相互批判による自律的なコントロールでは一般投資家の利益を保護し、取引の安全を維持しがたくなりつつあるので、ロンドンの証券取引所は、とくに問題の多い取引について、自律的規制を行うようになった。これについて最もよく知られる例は、テイク・オーバーに関するシティ・コード（City Code on Take-overs and Mergers）である[67]。このコードは、1976年4月に改正され、現在でも実施されているが、これを実施するために特別の自主規制機関が設置されている[68]。

14の規則からなるこのコードは、わが国でも既に紹介されているので、主要な原理だけを簡潔に紹介するのみにとどめたい[69]。このコードは、まず第1に、この規則の精神が実現されるように目的論的解釈がなされるべきことを定めている。第2は、株主が自己の利害関係を自ら判断できるようにさせるために、十分な情報を開示しなければならないとするものである。第3は、会社がテイク・オーバーによって合併を目的として証券取引を行う場

2 会社法・証券取引法

合、吸収会社および被吸収会社の両方の株主の利益が最大となるような具体的方法を採用することを義務づけている[70]。第4に、会社の関係者と株主の利益が抵触するときは、株主のそれが優先されるべきであること、また、株主の間では平等に扱われるべきであることを定めている。さらに、取引における信義誠実の原則を改めて確認している。

ところで、本章の初めに指摘したように、ロンドンの証券取引慣行は、いま別の観点から厳しい批判を受けている。批判の主要な点は、現在の慣行は一般投資家の利益を害するようなものになっているという点にあると思われるが、この問題の最終的な答えはまだ出されていない。しかし、先に言及したシティ・コードの経験は成功であったとする声が高く、おそらくはその問題についても、それと類似した解決がはかられるであろう、と思われるのである[71]。

(40) 稲富信博「イギリス証券取引所の門戸開放」インベストメント（1986年）6月号 2-14 ページ。ここで問題にする証券取引改革の実態が詳しく説明されている。

(41) L. S. SEALY, *supra* note 17, at 4. Schroeder Music Publishing Co. Ltd. v. Macaulay, [1974] 1 W. L. R. 1308, 1316（作曲家が専属契約の解除を求めた事件）において、ディプロック卿も、確立された商慣行をそのまま認めることが、「取引活動の促進に役立つ」とのべている。

(42) 本稿で言及した諸法のほか、1844年のCompanies Act（登記、会社の地位など）、1855年のLimited Liability Act（有限責任の承認）、1856年のJoint Stock Companies Act（定款などの作成義務、会社の清算など）、1867年のCompanies Act（資本の減少）、1900年のCompanies Act（料金の登録、監査）、1907年のCompanies Act（会計報告の公表、私的会社）、1928年のCompanies Act（償還優先株式その他改正規定）、1939年のPrevention of Fraud (Investments) Act（証券取引業者の規制）、1967年のCompanies Act（開示要件の強化）を主要なものとしてあげることができる。

(43) 1948年の会社法の証券取引に関する主要な規定は、第54条（一定の厳

格な条件を満している場合を除き、会社が自己の株式を買う者に対し金銭貸付をすることの禁止を定めた規定)、第79条 (会社が発行する株式譲渡証書は絶対的な権利移転を証するものではない旨を定めた規定) などにすぎない。ちなみに、この法律は、全訳されて政府刊行物として発行されている。法務大臣官房司法法制調査部編『法務資料第408号・イギリス会社法——1948年法・1967年法——』(1968年)。

(44)　L. S. SEALY, supra note 17, at 8. 悪法の例として、次にのべる1985年の会社法に言及し、さらに具体的な例示のために、会社が資本金を使って自己株式を買戻すための諸要件を定めた1981年の会社法第55条を引用している。ちなみに、1985年の会社法は、次にのべるように膨大な法律ではあるが、これはこれまでの関連法規を全部集め、すべてを細かく切り離し、実質的に論理的整合がとれるように再区画し、再分類したいわゆる併合法 (consolidation Act) であるから、それはやむをえないことかもしれない。この立法は、川内克忠「1985年英国会社法の概要 (上・下)」『商事法務』1061号 (1985年) 8-13ページ、同1070号 (1986年) 30-35ページ、および中川美佐子「英国1985年会社法」『国際商事法務』第13巻10号 (1985年) 691-5ページに紹介されている。

(45)　投資家保護のための法改革に関する委員会の委員長として、ガウワ教授は、「カキが効果的な自主規制の真珠を作り出すことのできるようにさせるため小石を与える」ことが政府の役割であり、カキに直接強制力を加えるのが養殖の目的ではない、という比喩によって会社を規制することに反対の意見を表明している。Gower Report : Review of Investor Protection, Cmnd. 9125 (1984), at 10.

(46)　国王や教会の司教のように、その地位が空席とならないようにしたいと思うとき、それを法人とし、あらかじめその地位につくべき人の決定方法を定めておくことがある。その法人が1人の者によって構成されるので、1人会社と呼ばれる。多くの場合、1人会社は特別の法律によってか、または特許状 (charter) によって設立される。

(47)　パートナーシップの各構成員は、別段の定めがない限り、経営に参加することができ、その行為は当該団体の代理人の行為であるとみなされる。Partnership Act 1890, s. 5. 但し、その行為が通常の取引行為でない場合には、取引の相手方である第三者が、当該行為が代理権の範囲内の行為であ

2 会社法・証券取引法

ることを証明しなければならない。Kendal v. Wood, (1871) L. R. 6 Ex. 243 (パートナーの1人が以前の会社の負債の支払いのためにパートナーシップの約束手形を発行した事例)。各構成員は、別段の合意がない限り、その持分を第三者に譲渡できるが、その譲受人は、受益者としての地位を得ることができるのみであって、パートナーとしての会社の経営に参加することはできない。会社とはちがって、団体の財産に浮動担保を設定することはできない。構成員の死亡のとき、または破産によって団体は消滅するが、団体の財産の配分はまず第三者である債権者に対してなされ、残余財産があるときは、各構成員が持分に応じてその配分を受ける。裁判所は、収益が残っている場合であっても、衡平法の見地から団体を解散させることもできる。Cf. Re Yenidje Tobacco Co. Ltd., [1916] 2 Ch. 426 ; D. D. Prentice, *Winding up on the Just and Equitable Ground—The Partnership Analogy*, (1973) 89 L. Q. R. 107. 租税法上は、団体の全利益に対する各構成員の持分に所得税が課せられる。Income and Corporation Taxes Act 1970, s. 152.

⑷⑻ 私会社とは、従業員(元従業員であって、株主としてとどまる者がいるときは、その者も含めて)が50名以下であって、当該会社の株式または社債が、内部者のみによって保有され、その譲渡が禁止されているものをいう。

⑷⑼ これには、company limited by shares と company limited by guarantee とがある。Companies Act 1985, s. 1 (3). 但し、後者の場合には、その株を Stock Transfer Act 1963 によって流通させることは許されていないので、ここでは前者、とくに joint stock company (Companies Act 1985, s. 683) が関係するのみである。

⑸⑾ イギリス会社法により、各経営年度ごとに、貸借対照表と損益計算書を作成することが義務づけられている。そして、貸借対照表には、資格を有する会計監査人の監査報告書と取締役報告書が添付されることになっている。Companies Act 1948, ss. 156 and 157 ; *id.* 1976, s. 1. 取締役報告書には、取締役の氏名、会社および子会社の主要な事業活動およびその重要な変更、固定資産に関する重要な変更、取締役の株式および社債の保有状況、会社に関する重要な事件、営業の将来の発展の見込み、研究開発分野における活動、自己株式に関する事項、寄付に関する事項などが記載され

なければならない。Companies Act 1981, ss. 13 (3) and 14. 後掲注(54)に言及する「開示」の義務も、同じ目的に役立っていると思われる。

(51) イギリスでは、いわゆる法人擬制説の影響が強く、定款に明記された目的を実現するために「合理的に付随した（reasonably incidental）」活動であることを会社が証明できなければ、自然人の行為として個人的責任が問われる。Attorney-General v. Great Eastern Railway, (1880) 5 App. Cas. 473 ; Royal British Bank v. Turquand, (1858) 6 E. & B. 327. この権限踰越（ultra vires）の原理は、しばらく廃棄される方向に向っているように思われたが、最近では、復活しつつある。Rolled Steel Products Limited v. British Steel Corporation, [1982] 3 W. L. R. 715 参照。これは、最近形成されたヨーロッパ会社法の法原理に従うもののように思われる。1972年のヨーロッパ共同体法第9条参照。ちなみに、イギリス法における「法人格」の考え方について、Salomon v. Salomon & Co., Ltd. [1897] A. C. 22 を見よ。また、理論的には、F. HALLIS, CORPORATE PERSONALITY (1930) が詳しい。後掲注(53)も見よ。

(52) 現在、次のような条件が付されている。まず第1に、会社の資本金は5万ポンド以上でなければならず、その1/4は、会社設立時に実際に会社に払込まれていなければならない。第2に、会社の名称は、国務大臣が適切であると考えるようなものでなければならない（1948年の会社法第17条）。既存の会社と同じ名前または類似の名前は使用できない。不愉快なものも禁止されうるし、官庁ないし公的機関とまぎらわしい名称も使ってはならない（1981年の会社法第22条）。ヘルス・センターなど、規則によって指定された一定の用語は、そこに定める行政機関の許可をえて使用することができる。会社名の末尾には、「株式会社（Co. Ltd.）」ではなく、p. l. c. (public limited company) または c. c. c. (cwmni cyfyngedig cyhoeddus) が付されなければならない。Companies Act 1985, s. 687 参照。

(53) 宣言の日から会社が行為能力を認められる。1948年の会社法第109条参照。

(54) 会社の関係者がもつ会社に対する権利（1948年法第196条）、社長、取締役らの報酬（1967年法第6条）、会社の取締役に対する金銭貸付などの内部者取引（1980年法第54条）が開示されることが法律上の義務になっており、不正直な開示に対しては、刑事責任が問われることさえある。R.

v. Lord Kylsant [1932] 1 K. B. 442（秘密の積立準備金により、目論見書に記載される配当金を調整した事例）。取締役らの責任が問われる場合、代理の法理や法人格否認の法理が使われることもある。例えば Allen v. Hyatt, (1914) 30 T. L. R. 444（代理法理）、Jones v. Lipman, [1962] 1 W. L. R. 832（法人格否認法理）参照。会社の従業員に対する使用者責任は、従業員が詐欺などの故意を要件とする不法行為ないし犯罪を犯した場合にも認められる。

(55) 会社の取締役その他の内部者または関係人が、当該証券に関する取引を行うときには、開示が要求される。Companies Act 1967, s. 27. その地位についているために知りえた特別の情報に基づいて取引がなされた場合には、法的責任が問われる。Company Securities (Insider Dealing) Act 1985, s. 2. 会社の清算は、「公正かつ公平（just and equitable）」の原理に基づいてなされる。Companies Act 1948, s. 225. Ebrahimi v. Westbourne Galleries Ltd. [1973] A. C. 360 ; Loch v. John Blackwood Ltd. [1924] A. C. 783 参照。ちなみに、この点に関するシティ・コードの規則が少し改正された。後掲注(68)参照。

(56) 法律上は、新株の発行について財務省の審査を受けることになっているが、最近ではこの要件が著しく緩和され、本文でのべた程度の意味しかもたなくなっている。

(57) 会社が直接公募する場合でも、実際の事務手続は証券会社に委託されるのが通常である。その手数料は、10% 以下である。1948 年会社法第 53 条参照。そしてまた、発行株式が全部買取られない場合には、当該証券会社が残りの株式を引受けるのが慣行となっている。但し、この危険を分散するために、再委託がなされることも少なくない。後者の場合には、証券会社が株式を買取った額とそれを売却した額の差額が、その会社の収益となるが、前者の場合の利益とほぼ同額になる、といわれている。このことが実際に証券会社の「濫用（abuse）」を防止するのに役立っている。GOWER, PRINCIPLES OF MODERN COMPANY LAW 341 (4th ed. 1979).

(58) ここにいう「重要な事実」とは、集められた資本がどのように使われるか、そして利益が各株主に対しどのように配当されるかなどを指す。前掲注(49)にのべた取締役報告書に記載されるべき事項であって、その主要なものはこれに含まれるであろう。

⑸⁹ この制度はきわめて閉鎖的であり、本章の初めにのべたように、公正取引局長が廃止を勧告している。現行の制度のもとでは、一定の資格をもつ者が会員の推薦を受けて新しい会員となりうるが、きびしい審査がある。会員に認められると証券取引所以外の場所での取引は禁止される。この会員になることが、証券取引所の株を取得し、その理事に任命されるための資格要件にもなっている。ところで、現在の慣行によれば、当初市場に提供される株式の合計額が50万ポンド以上でなければ、そもそも推薦を受ける資格がない。もっとも、20万ポンド以下の場合は問題外として、特別な理由を付して厳しい審査を受ければ、金額が多少足りなくても、例外的に推薦が認められることもある。

　近くこの制度は改革され、新しい制度へ移行することになっている。新制度のもとでは、会員が保有する証券取引所の株を非会員に対し分割して売却することができ、非会員でも人格が「適切（fit and proper）」であれば、理事に選出されうるようになる。証券取引所での証券取引も、会員だけでなく一定の条件を満たせば、非会員でも利用できることになる。また、会員は、証券取引所以外の場所でも取引ができるようになる。しかし、実際に取引にあたる者は、資格試験に合格した者だけに限られる。これらの改革について、詳しくは、「英国証券取引所会員制度の改革（上・下）」『証券』昭和60年7月号6-35ページ、同9月号32-60ページ参照。

⑹⁰ Prevention of Fraud (Investments) Act 1958 参照。詐欺的取引に対する刑事制裁は7年以下の懲役（*id.*, s. 13）であり、虚偽情報を流した者に対する制裁は3月以下の懲役もしくは100ポンド以下の罰金またはその両方（*id.*, s. 18）に処せられる。

⑹¹ 1973年には、全部が一つの法人団体として統合され、The Stock Exchange と呼ばれるに至っている。ちなみに、この証券取引所は、法的には、その株が会員たちによって保有され、会員たちのなかから選出される理事たちにより運用される排他的な「組合」である。

⑹² これに関連する主要な法律は、Securities Act of 1933 および Securities Exchange Act of 1934 である。これらの法律では、詳細な「開示義務」が定められるとともに、詐欺防止のための規定、行政規制のための規定などが定められている。これらの法律を実施するために設置された証券取引委員会は、司法機関ではないが、事件の調査が義務づけられており、また差

2 会社法・証券取引法

止命令を出したり、適切な行政措置をとるための審判手続をとる権限が与えられている。これに関する文献は数多くあるが、ここでは簡便な著書として、ラトナー著(神崎監修、野村証券法務部訳)『米国証券規制法概説』(1982年)を引用するのみにとどめたい。

(63) GOWER, supra note 56, at 362. シーリ教授も同じような考えをのべている。SEALY, supra note 17, at 18-29. ビルマ石油会社の通知書の印刷費だけでも1万6592ポンドもかかっており、アメリカ法のシステムを運用するには費用がかかりすぎるという。

(64) シティにおける実際の証券取引は、現場の写真を付して、田尻嗣夫『ザ・シティー』(1983年)に詳しく説明されている。

(65) 「ジョッバー(jobber)」とは、直接に株主(客)とは取引せず、ブローカーとのみ取引する証券取引の専門家であり、証券取引所によって認められた個人、パートナシップまたは会社をいう。Company Securities (Insider Dealing) Act 1985, s.3 (1)参照。ちなみに、稲富信博「ジョビング・システムの変化と要因」証券経済150号(1984年12月)74-92ページは、ジョッバーの制度が成立した歴史、現状、その意義を具体的なデータをあげて詳細に説明している。この論説の筆者は、「機関投資家の一層の増大によって、特にジョッバーへの売買集中の阻害、手数料自由化によって、ジョビング・システムは早晩崩壊する運命であった」と結論づけている。

(66) これらの最近の傾向について、前掲(1)に引用した諸文献の外、とくに三井銀行(小林)「シティーの金融再編成(海外情報)」調査月報昭和59年4月34-7ページ、太陽神戸銀行(窪田)「ロンドン・シティ金融変革の動向(調査)」調査月報昭和59年3月18-23ページ、東京銀行「ロンドン金融市場の変貌」東銀週報第28巻10号(1984年3月8日)1-6ページを見よ。とくにイギリスの場合、建築協会法(Building Societies Act 1962)に基づく住宅積立金の運用もこれと関連する重要な問題であるが、これには本稿ではふれることができない。

(67) シティ・コードは、イングランド銀行の総裁によって1959年に提案され、発行業者協会(Issuing Houses Association)、引受業者委員会(Accepting Houses Committee)〔商人銀行組織〕、投資信託協会(Association of Investment Trusts)、イギリス保険協会(British Insurance Association)、ロンドン手形交換所加盟銀行委員会(London Clearing Bankers' Committee)

一 イギリス会社法の起源

〔株式銀行組織〕、イギリス産業連合会（Confederation of British Industry）、証券取引所、全国年金基金協会（National Association of Pension Funds）によって、1968年3月に作成され、実施された。その後、1969年、1972年、1974年および1976年に改正され、現在に至っている。

(68) 本稿の脱稿後に、新しいシティ・コードの原文を入手した。これは、1985年4月19日に公示され、同4月29日から実施されている The City Code on Take-overs and Mergers, the Rules Governing Substantial Acquisitions of Shares (1985) である。本稿に実質的に影響を与えるところはほとんどないが、若干の関連する点にふれておこう。まず、今回改正は、dealing day という用語を business day にかえたことの他、規則4、5、7、9、10、15、18、28、30-34、35-37 における字句などの修正である。規則37は、前掲注(55)でもふれた会社の役員の自己の会社との取引に関するものであるが、若干規制を緩和した。

(69) 現行のシティ・コードについては、JOHNSTON, THE CITY TAKE-OVER CODE (1980)、また日本語の文献として、小林成光「支配権の取得を目的とする株式買付——イギリス法」法学雑誌28巻2号（1982年）294-327ページが詳しい。シティ・コードの違反に関する審査委員会（Panel）について、龍田節「シティ・コードの改正」インベストメント25巻2号（1972年）22-48ページ参照。

(70) イギリスでは、アメリカや日本に見られるような合併が行われることは稀れであり、通常はテイク・オーバーの形でそれが行われるという。これについて、一般的に、PENNINGTON, COMPANY LAW 988-1029 (5 th ed. 1985) を見よ。

(71) 最終的な結論はまだ出されていないけれども、後掲注(71)に引用する文献から、本文でのべたことが推察できる。また、後掲注(73)も見よ。

V　将来の展望

ロンドンは色が塗り変えられつつあり、パステル・カラーの町に変ろうとしている。しかし、全体としては、有名な詩人シェリの言葉を借りれば、「地獄」と呼ばれるほど煙ですすけた町ではないとしても、「相も変らず陰うつな町であり、その将来に不安を覚えさせるところがある。それでもロン

2 会社法・証券取引法

ンには夢がある。危険はあっても、やりたいことを何でもできる自由がロンドンにはある。」証券取引はこんな土壌にぴったり合っているから、これに関係のある商慣行が簡単に消滅するとはとても考えられない。しかし、クラーク氏がのべているように、ニューヨークその他の若干の大都市でも、証券取引の諸条件がととのいつつあり、シティの証券取引所が、その重要性を失い、他の大都市で行われる大量の取引を記録する単なる「掲示板」になりさがる可能性が全くないわけでもない[72]。

　本章で注目した証券取引慣行の改革は、要するに、証券取引の国際化に伴う諸外国からのチャレンジに適切に対応し、いかにして一般投資家の利益を保護するかという問題についての一つの答えであると思う。一般投資家の保護は、新しい事業のための資金調達を容易にさせ、ひいてはイギリス経済全体の活性化にも役立つので、イギリス政府は非常に広い視点に立ってこの問題をとらえている[73]。しかし、証券取引慣行の改革だけに限っていえば、その制度を8つの自律団体の組織の一つとして組み入れ、新設される監督機関のもとに置こうとしているにすぎない[74]。詐欺的な証券取引の規制は強化するが、基本的には従来どうりの自治を認めようとしている[75]。ブローカーとジョッバーの分業についても、資格試験の制度を新しく採用し、資格をもつ「適切 (fit and proper)」者ならば誰でも取引きできるものとするが、少なくとも当分はこのまま維持される[76]。

　この解決案は、ロンドンの長い歴史のなかでしばしば使われてきた自主規制を尊重するものであるように思われる。しかし、ロンドンをとりまく国際情勢の変化は、急速な機械化によって加速されて、予想以上に大きなものであり、新しい時代の要請にこれによって十分にこたえられるかどうか、なお検討を要するところである。この点について、第1に注意を払わなければならないのは、イギリスのヨーロッパ諸国との関係である。1972年のヨーロッパ共同体は、ヨーロッパ共同体の指令などに対し直接法的拘束力を認めている[77]。そして、ヨーロッパ共同体は実際にいわゆる「ヨーロッパ会社法」の立法作業を着々と進めている。第1指令ないし第4指令は既に実施さ

れ、さらに第8指令の最終案までが準備され、正式の承認をまっている段階にある。これらのなかには、「開示」規定、新会社の設立に関する規定、目論見書の記載内容に関する規定、合併に関する規定なども含まれており、これらがイギリス法に影響を与えるであろうということは、ほぼ確実なことである(78)。

ロンドンの将来を考えるとき、もう一つの重要な問題は、ニューヨークや東京での取引がロンドンの取引にいかなる影響を与えるかということである(79)。ニューヨークや東京だけでなく、ツーリッヒ、パリ、トロント、アムステルダム、ミラノなどでも、取引の拡大の傾向を示している。とくにニューヨークや東京の場合には、取引額の規模がロンドンのそれをはるかに上まわっており、さらに取引システムの近代化の点ではるかに進んでおり、ロンドンに与える打撃は決して小さなものではあるまい。しかし、それにもかかわらず、クラーク氏は、ロンドンの将来について楽観的な意見をのべている(80)。というのは、証券取引そのものがいわばロンドンの文化なのであり、それが実際に行われる場所がどこであれ、ロンドンの定めるルールに従ってなされるであろうと思われるからである(81)。しかし、このようなものが、本章IIIで説明したような商慣習として、法的拘束力を付与されるべき「合理性」をそなえているといえるかどうか、疑問がなくもない。その点はともかくとして、新しく形成される自主規制の制度は、新しい時代の種々な要望に答えるだけの弾力性をもっているし、銀行業の例に見られるように、数字のうえでも世界の首位の座を取り戻すことは、決して不可能ではないというのである。

(72) W. M. CLARKE, *supra* note 1, at 71-90. ちなみに、注(1)に引用したこの本は、シティの内容に非常によく通じた者が書いたものであり、信憑性が高いと思われる。
(73) 1981年7月に取引省担当大臣の諮問を受けて、ガウワ教授の委員会が投資家保護の諸問題の検討をはじめ、1984年1月に報告書（第1部）を作成

2　会社法・証券取引法

した。PROFESSOR GOWER'S REPORT, REVIEW OF INVESTOR PROTECTION, Cmnd. 9125. これを受けて、同大臣が1985年1月に「連合王国におけるフィナンシャル・サーヴィス」と題する投資家保護のための立法の要請を行ったが、もしこの提案どうりに今年中に立法がなされるならば、広義の「投資」一般が規制の対象となろう。Department of Trade and Industry, Financial Services in the United Kingdom, Cmnd. 9432 (Jan. 1985), paras. 4.1-4. 24.

(74)　シティには、広義の証券取引に関係する組織として、証券取引所のほか、国際債権取扱業者協会、店頭売り証券取引所（まだ設立されていない）、海外証券取引所（コンピュータによるニューヨーク、東京などでの取引など〔まだ未確定〕）、ロンドン国際先物取引所、商品取引所などが考えられるが、それぞれの視点に立って自主規制にあたる8つの機関を新設しようとしている。その8つの機関とは、証券取引委員会、国際証券規制団体、証券取引業者・投資顧問業全国協会、先物仲介・取引協会、投資顧問業規制団体、生命保険・ユニットトラスト自主規制団体、生命保険・ユニットトラスト中間規制団体である。*Barry Riley Reports on the Plans of the Securities and Investments Board : Regulatory Framework for City Takes Shape*, Financial Times, Oct. 31, 1985. これら8つの機関のさらに上位に、一般的監督権限をもった機関を置こうとしている。当初は、証券・投資委員会と投資市場委員会という2つの機関の設立が考えられていたが、現在では、前者だけにする計画になっているようである。

(75)　Department of Trade and Industry, *supra* note 73, at paras. 3.1-3.4. この報告書の結論の部分の第16・13節では、もし必要ならば、「テイク・オーバーと合併に関するシティ審判機関を立法によって支援する用意がある」とものべている。

(76)　基本的にはソリシタとバリシタからなる弁護士制度と類似した新しい制度を形成しようとしているようである。適格性の基準としての fit and proper は、弁護士のような専門職について通常用いられる基準である。

(77)　European Communities Act 1972 は、第12章に、ヨーロッパ共同体が作成する法的文書は「改めて立法手続をとらなくても、条約によって法的効力を付与され、連合王国において使用されるものとなり、また、イギリス法上、承認されたものであり、利用されるものであり、かようなものとして強制され、容認され、かつ従われるものとする」と定めている。また、

一　イギリス会社法の起源

同法第9条は、将来のヨーロッパ共同体法の会社法のブルー・プリントをかなり明確に示している。

⑺⑻　ヨーロッパ会社法について一般的に、森本滋『EC会社法の形成と展開』（1984年）参照。この著書は、証券取引について、上場許可条件、上場目論見書の記載事項、開示規制に関する諸指令と各加盟国の国内法との調整作業が進められている、とのべている。また、1977年7月25日にEC委員会が「証券取引のためのヨーロッパ公正慣行」に関する勧告を行ったので、内部者取引規制が問題となる、と指摘している。同書51-52ページ。さらに、ヨーロッパ株式法案が1975年5月13日に理事会に提出されたことを記している。この法案は、イギリス法に依拠するところが多く、これにより影響を受けるところは少ない。しかし、アメリカとの取引競争を意図して作られた法案が実際に採択されるためには、フランス等に対し、かなりの妥協をしなければならない、と考えられている。同書377-8ページ、およびT. HADDEN, COMPANY LAW AND CAPITALISM 505-11 (2 nd ed. 1977).

⑺⑼　R. Marshall, *Foreign Securities Houses in London*, THE BANKER, Nov. 1983, pp. 100-1 およびウォール・ストリート・ジャーナルの論文に依拠して書かれた、「存立が危ぶまれるロンドン取引所」商事法務1061号（1985年）40-1ページを見よ。

⑻⓪　CLARKE, *supra* note 1, at 267-4.

⑻①　しかし本稿の注⑴に引用した東京銀行の調査報告は、「自由化に伴う競争圧力の高まりのなかで、取引の安全、一般投資家の利益保護といった要請から、内外からの投資業務につき過度に法的規制が強化されれば、信頼関係に基づく自主規制ルールで育まれてきたCityの柔軟性を損うことにもなりかねない」（28ページ）とのべているが、これは十分に考えられることであり、無条件で楽観説を支持することもできない。

〔1986年2月末脱稿〕

　付　記

　この部分の基になる論稿の執筆にあたり、商学部教授佐賀卓雄氏および法学部大学院博士課程小林成光氏から貴重な資料をお借りし、参考にさせていただいた。改めて感謝の意を表わしたい。また、筆者の専門でない領域の論文をあえて執筆したのは、大阪市立大学で教鞭をとっていた時にお世話になった本間輝雄教授のご還暦のお祝いの論文を依頼されたからでも

2 会社法・証券取引法

あった。

二　ロンドンの証券取引慣行の改革

I　序　説

　ロンドンは長い歴史を誇る国際都市であるが、いま新たな変革期をむかえている。今世紀のはじめ頃には、住宅、港湾、生産都市としても重要な役割を果していたが、今日では、銀行、保険、証券取引、商品取引などを中心とした国際金融都市と化している。しかし、とくに証券取引に関しては、ロンドンをとりまく国際情勢が大きく変りつつあり、その将来が危ぶまれている[1]。

　筆者は、商慣習の法源性には強い関心をもっており、ロンドンにおける証券取引慣行の改革に興味をおぼえた。このような比較法の観点から、大阪市立大学の『証券研究年報』創刊号に、「ロンドンの証券取引——最近の改革の法的意義をめぐって」と題する論説を書かせていただいた。この論説を本章一（イギリス会社法の起源）として収載した。書き残した諸問題について、本章二でもう少し立ち入って補説したい。

　さて、先の論説の中で筆者がのべたことを要約すれば、それは次のようなことであった。まず第一に、ロンドンで証券取引が栄えたのは、法制度上、ロンドンに対し特権が古くから認められ、商人が自由をもっていたことによるのではないか、ということを指摘した。しかし、商人の商慣行も法律上強制されうるものでなければ、それに対する信頼は生まれないわけであり、イギリス法による支えがなければ、今日ほど発展することは期待できなかったであろう。そこで第二に、イギリス会社法の中でロンドンの商慣習がどのように扱われているか、また、裁判所がそれをどのように使ってきたか、具体的に調べた。その結果、これまでのところ、ロンドンの証券取引慣行は、イギリス法のほぼ全面的な支持を得てきたことが分った[2]。しかし、従来通り慣行を維持していくためには、いくつかの前提条件があるが、それが崩れ

2 会社法・証券取引法

かけているのが現状である、と説明した。

そこで、本章では、その前提条件を法的観点から具体的に検討しようと思う。その際、やはり最初に注目すべきことは、証券取引慣行の改革の直接のきっかけとなった公正取引局長によるチャレンジであろう。これに続く具体的な改革の過程を説明し、その後に、それらに関連する法律問題を論じることにしよう。

(1) この問題を詳しく分析した文献として、W. M. Clarke, Inside the City (2nd ed. 1983)、磯部朝彦監訳『シティ 2000』(E・A・G編、1985年)、「金融革新に挑戦するシティー」、エコノミスト (1985年10月14日) 129-50頁などを見よ。なお、「国際金融の新時代ロンドンから幕開け」日本経済新聞昭和60年10月7日朝刊22面、「世界の中心市場機能さらに強化」同23頁の英国金融特集も、シティの現状を簡潔に伝えている。

(2) 重複をさけるため、ここでは Dunford v. Johnson, [1977] 1 Ll. R. 505 を引用するのみにとどめよう。これはテイク・オーバーに関する事件であるが、この判決の中で、デニング裁判官は、「シティ・コードは法の力をもたないけれども、それにもかかわらずそれは良い取引慣行と良い取引の標準を示している。それは、合併またはテイク・オーバーだけでなく、優先株式の新株発行に対しても適用できる」と判示している。また、ロスキル裁判官も、「市の慣行の問題として、引受業者たちは、しばしば株主たちに対し知らされない情報を得ていると主張している、とわれわれは聞いている。もしこれが慣行であるというのならば、それに従わせよう。批判することはわれわれの務めではないし、たしかに私には、そうする意志は毛頭ない」と判決している。ちなみに、イギリス会社法の専門家であるガワー教授は、本稿の問題に関連する委員会報告書の中で、「カキが効果的な自主規制の真珠を作り出すことのできるようにさせるため小石を与える」ことが政府 (または会社法の立法) の役割であり、カキに直接強制力を加えるのが養殖の目的ではない、という比喩によって、商業活動を規制することに反対の意見を表明している。Gower Report: Review of Investor Protection, Cmnd. 9125 (1984), at p. 10.

二 ロンドンの証券取引慣行の改革

Ⅱ 改革の動向

1 公正取引局長の決定

　1977年に公正取引局長[3]がロンドンの証券取引慣行は違法な制限的取引慣行ではないかという疑いをもち、調査を開始した。そして、証券取引の固定された最低手数料率、単一資格制、証券取引所の排他的会員制度は違法であると決定した。局長には出訴権が認められており、訴訟の準備が進められていたが、1983年7月に政府が仲裁にあたり、証券取引所が局長に対し確約書を提出し、これによって訴訟が避けられた[4]。この書面には、次のような趣旨のことが書かれている。第一に、顧客が証券ブローカーに支払う売買委託手数料率を1986年までに段階的に自由化する。第二に、証券取引所で取引の許される会員の単一資格制を修正し、一定の条件を満している者ならば誰でも取引できるようにする。第三に、証券取引所の株を保有する者およびその理事となる者についても、その資格を会員だけに限定せず、門戸を開放することである。但し、ジョッバーとブローカーの分離の制度は、少なくとも当分は維持することとしている[5]。

　この約束は実際にいかなる意義をもっているのであろうか。これと関連して、まず証券取引の現状を知る必要がある。現在、ロンドンでは、証券を取引きしようとする顧客は、まずブローカーと売買委託契約を結ぶことになっている。この委託を受けたブローカーは、当該の会社の株式を実際に立会場で売買しているジョッバーのところへ行く。ブローカーは自己の委託注文には全くふれずに、ジョッバーに売値と買値をつけさせる。同じ会社の証券を取扱うジョッバーが数人いるので、ブローカーは自己の顧客の注文にもっとも適合した者をさがしてその者と契約を結ぶ。そして、固定された委託手数料率に従い、顧客から手数料を受取る。これに対しジョッバーの方は、立会場で実際に取引し、ブローカーとの契約価格と現実の取引価格との間に差額が生じれば、その差額がジョッバーの利益となる。

2 会社法・証券取引法

　この制度は、証券取引を代行する仲買人の自己の利益と顧客の利益とが相反しないようにするのに役立っている。また、現実の取引が本当の専門家の間でのみ行なわれることになるので、証券の価格が実際の価値に近いものとなり、取引の安全のためにも役立っている(6)。しかも、多数の顧客の注文を全部まとめた形で取引が行なわれるので、種々の経費を節約することにもなる。しかし、事情が少し変ってきているため、この商慣行は、不正な取引制限であると非難されている。

　たしかに、東京＝ニューヨーク＝ロンドンとコンピュータで結んで証券取引を国際的にいつでもできるようにする計画が実現しようとしている現在、委託手数料をとらないニューヨークの証券会社を基準にとれば、ロンドンのブローカーが手数料をとることが常に当り前のこととは言えない。ましてそれを固定することは、ブローカー間の競争を取り除いてその業界の利益だけを守る不公正なシステムとなりうる。また、ジョッバーについても、大手の保険業者などの機関投資家は、ブローカーを通じないで直接契約を結ぶことになっており、取引量が著しく大きくなっていることもあって、ジョッバーが個人投資家の都合を十分考慮できなくなっている(7)。そして、アメリカや日本との競争が激しくなっているために、ジョッバーは寡占化され、機関投資家との取引を優先させる傾向がみられるようになっている(8)。

　先に言及した証券取引所の3つの約束は、この新しい問題に対処するためのロンドンの証券取引慣行の改革を内容とするものである。この約束を担保として、1984年に証券取引所を公正取引局長の支配管轄から外すための特別の法律が制定された(9)。

　　(3)　わが国でも本項で紹介する局長の決定は広く紹介されているが、多くは「公正取引局」の決定という表現で説明されている。東京銀行調査部の資料では、わざわざ「公正取引委員会」という訳語を使っている。いずれの場合も、「局長の決定」の法的性質を誤認しているのではないかと思われる。局長は、いわば消費者保護オンバズマンと呼ぶべき地位であって、その身分は、クラウン・コートの裁判官と同じように、独立性が保障されている。

二 ロンドンの証券取引慣行の改革

問題の局長の決定は、証券取引所の慣行集（通常、ルール・ブックと呼ばれる）を読んで、Restrictive Trade Practices Act 1976 の違反の疑いがあるという意見をのべ、調査をうながしたにすぎず、法的拘束力をもつものではない。局長の地位と権限について、田島「諸外国における消費者（保護）法(2)—イギリス」加藤・竹内編『消費者法講座』第 1 巻（1984 年）177 頁参照。これまで局長が行なってきた職務については、局長自身の特別講義 Borrie, The Development of Consumer Law and Policy-Bold Spirits and Timorous Souls（1984）に詳しく説明されている。但し、この事件については、本文でのべる特別の訴権によって、さらに事実関係の調査が進められた。ちなみに、前掲注(1)のエコノミストの論説は、「政府の独禁当局との間での 4 年間に及ぶ論争」とのべているが、この記述は不正確である。ウイルスン委員会がそのグリーン・ペーパー（検討資料）の中で局長の考えに共鳴したにすぎず、もしこれに言及するのならば、価格委員会（Prices Commission）の共鳴にもふれるべきである。

(4) このいきさつは、H. C. Debs., vol. 46, cols. 1194-1204, 27 July 1983 に正確に説明されている。この国会の討論では、いろいろな法律上の論点が指摘されているが、一方で、古くから承認されてきたロンドンの特権が公正取引局長によってふみにじられかけたのはけしからんとする意見と、他方で、今回の措置によって局長の司法権の独立性が侵害されたとする意見とが激しく対立しているところは、法律専門家にとってたいへん興味のあるところである。この討論のなかで、1986 年 12 月末日までに改革を実行することが約束されている。

(5) 前注の国会討論では、ロイズ保険のシステムにもブローカーとアンダーライターの分業がみられるので、それらも合わせて検討する必要がある、という結論になっている。ただし、次項で紹介する報告書では、弁護士のシステムと比較し、むしろ存続させるべきであるという意見が出されている。後掲注(24)参照。ちなみに、ブローカーは我国の証券会社に相当するが、ジョッバー（Jobber）は、「直接に客とは取引せず、ブローカーとのみ取引する証券専門家であり、証券取引所によって認められた個人、パートナシップまたは会社」を指す。Companies Securities (Insider Dealing) Act 1985, s. 3(1)参照。この制度については、後掲注(7)の稲富教授の論説が詳しい。

2 会社法・証券取引法

(6) ベルファースト大学のトム・ハドン教授は、これを次のように説明している。ケインズを引用しながら、証券取引は、会社の将来の事業に対する一般の期待とその実現の可能性の評価に基づいてなされる、という。この評価は市場感覚（market sentiment）によって動かされがちであり、例えばアメリカ合衆国の大統領が死亡したというニュースが流れれば、市場は種々の思惑のために大混乱する。しかし、ジョッバーのみが取引を行なうことができることとすれば、証券取引を生涯の職業とするジョッバーは、かかるニュースによって動かされることはなく、会社の客観的な評価によって取引を行なうので、よい効果がえられるというのである。T. HADDEN, COMPANY LAW AND CAPITALISM 69-75（2nd ed. 1977）．このシステムは詐欺的な取引の防止にも役立つというが、この点については若干の補説が必要である。

(7) このような変化の実態と原因は、稲富信博「ジョビング・システムの変化と要因」証券経済第150号（1984年12月）74-92頁に詳しく説明されている。

(8) このような現状は、前掲注(1)の諸文献のほか、「存立が危ぶまれるロンドン取引所」商事法務1061号（1985年）40-1頁、「イギリスの金融変革」東京銀行月報1985年3月4-30頁、「シチーの金融再編成」（三井銀行）調査月報昭和59年4月34-37頁、「ロンドン・シティー金融変革の動向」（太陽神戸銀行）調査月報昭和59年3月18-23頁に紹介されている。なお、「ロンドン金融市場の変貌」東京銀行調査部編・東銀週報第28巻10号（1984年3月8日）1-6頁は、機関投資家として建築組合（Building Societies）の占める特殊な地位について説明している。

(9) Restrictive Trade Practices (Stock Exchange) Act 1984. この立法により、「証券取引所、その会員資格またはその会員の諸活動の規制のため、証券取引所の会員間でなされる合意」および「(i)証券取引所および(ii)国務大臣、財務省、もしくはイングランド銀行、またはこれらの2以上の者との間で、上述の諸事項のいずれかに関連してなされる合意」には、1976年のRestrictive Trade Practices Act は適用されないことになった。

二 ロンドンの証券取引慣行の改革

2　ガウワー委員会の研究報告

　先に紹介した公正取引局長の勧告とは関係なく、通産大臣が、イギリス会社法の権威として知られるガウワー教授に、投資家保護のためにどのような新機構が必要であるかを諮問した。ガウワー委員会は、1981年7月に検討を開始し、1984年1月に改革についての基本的な考え方を発表した[10]。
　この報告書は、要するに、詐欺的取引を防止するために1958年の詐欺防止（投資家）法を改正する必要はある[11]が、その他の点では新しい自主規制機関を設置して、その機関の自律的な規制に委ねるのがよい、と結論している。この新しい自律的システムを支える基本原理は、(1) 効率性（efficiency）、(2) 競争性（competitiveness）、(3) 信頼性（confidence）、(4) 弾力性（flexibility）の4つである[12]。この報告書が強調している「自主規制（self-regulation）」は、イギリス法においてしばしば利用されてきた規制方法であり、具体的には、のちに説明するテイク・オーバーと合併に関するシティ・コードとその実施のために新設されたパネルと類似した新機構の導入を考えていると思われる。この機構は、原理的には、契約法の「買主に警戒させよ（caveat emptor）」の法理に基礎をおくものである[13]。
　ロンドンの銀行業界も保険業界も基本的には先の勧告に賛成しており、通産省も立法のための具体的な枠組作りにとりかかった。1985年1月に国会に提出された素案によれば、広義の証券取引が専門家によってなされるべきであるとする方針は従来通り維持するが、専門家の適格性（fit and proper）を審査し、また不公正な取引が行なわれるのを防止するための自主規制機関を新設させ、これらを政府の一般的監督のもとにおくこととしている[14]。この一般的監督のための機関は通産省に改めて新設する[15]。さらに、新機構に実効力をもたせるために、刑法を強化しようとしている。先の素案の結論は、「これらの市民法の諸権利の実行を容易にさせるために、政府は、刑法、監督委員会の規則または承認された自主規制機関の規則に違反した業者に対して差止命令および《利得放出命令（disgargement order）》を出す権限

49

2 会社法・証券取引法

(この権限は専門家に委任されうる)を国務大臣に与えるよう提案する」、と結んでいる[16]。

新システムによる規制の具体的な内容については、あまり詳しく説明されていないが、いちばん重点を置いているのは「開示[17]」である。とくに広告その他の印刷物の記載の仕方には強い関心を示しているし、証券の発行や内部者取引については、より効果的な規制の必要を説いている。このような素案が国会で発表されてから、それを叩き台としてロンドンの取引システムの改革が各界で議論された。とくにイングランド銀行総裁を中心とする研究グループや生命保険協会の研究グループなどが、何度も議論を重ね、新しいシステムの具体的な姿がかなりはっきりしてきた。そして、次節で説明するような方向へ徐々に移行しつつある。

(10) 前掲注(2)に引用した Review of Investor Protection, Cmnd. 9125. この報告書にはガウワー教授の基本的な考えがのべられている。しかし、抽象的な表現が多く、後掲注(12)で紹介する別の報告書において、その考えが具体化されている。ただし、新しい状況が生じていることと、この注(12)の報告書にはガウワー教授の意にそぐわないところがあることの両方の理由から、ガウワー教授は第二部と題する報告書(以下、本稿では Part II として引用する)を昨年末に改めて作成した。

(11) Investor Protection Act の立法を提案している。これはいずれ近い将来に実現するであろうが、少なくとも次注の、政府が準備した報告書では、ほとんどふれられていない。

(12) Department of Trade and Industry, Financial Services in the United Kingdom, Cmnd. 9432, Jan. 1985, para. 3. 1. 但し、これは前注(10)のガウワー報告書を参考にして政府がまとめたものであり、本文で言及した4つの項目はその報告書には説明されていない。政府の説明によれば、(1)「効率性(efficiency)」は、イギリスの金融サービス機関が最も高い効率で、経費のかからないやり方で、商工業界、一般投資家および政府に対しサービスを提供すべきであることを意味する。(2)「競争性(competitiveness)」は、業界が国内的にも国際的にも競争的でなければならないことを意味す

る。これと関連して、保護主義が否定されている。(3)「信頼性（confidence）」は、金融サービス業界が「クリーン」な取引の場所であることを保障して、発行者と投資家の両方の側に相互信頼が生まれるようにすることである。(4)「弾力性（flexibility）」は、規制機構が明瞭であって利用しやすく、かつ業界を不当に拘束するものであってはならない、ということを意味する。

⒀　Caveat emptor は、通常の売買において、売主が保証を与えるか、詐欺が存在しない限り、それに関する危険は買主が負担すべしとするコモン・ローの原理である。情報の開示を義務づけることなどにより、最近では両当事者に平等の立場で取引をさせようとする配慮はみられるが、基本的には私的自治の原則を維持しようとしている。田島、前掲注(3)、149-81頁参照。

⒁　Department of Trade and Industry, *supra* note 12, paras. 5.1-5.16. 適格性の審査については、これにつづく第六章に説明されている。もっとも、イギリス判例法には、「適格性」の判例法を示した事例が数多くあり、従来の方針に従っているにすぎない。「廉直さ（probity）」、「有能さ（competence）」または「財源の適切さ（adequacy of financial resources）」について、自然的正義（natural justice）の原則にかなう手続きにより、審査されることとなろう。*Id.* para. 6.3.

⒂　政府案の具体的なイメージは明瞭ではない。しかし、苦情処理や適格性の審判についての上訴を受理できる機関ではなさそうである。自然的正義の違反については審判所委員会が、そしてその他の争訟については通常裁判所が、上訴を受理することとなろう。後掲注⒇に対応する本文でのべるように、現在では、この機関が「証券投資委員会」となるであろうということはほぼ確実であるが、これは通産省が事務局となり、イングランド銀行や証券取引所などの有力者によって構成される諮問委員会で、投資に関する一般政策に照らして、自主規制の実態をモニターし、必要な助言を与える職務を負うこととなろう。この一般政策として、ガウワー報告書は、(a)相互に働きかける自主規制機関が複数必要であること、(b)資格認可、停止、資格剝奪、懲戒が公正かつ合理的な手続に従ってなされること、(c)投資家の会員審査については、適格性が基準とされること、(d)投資家保護のためのルールを作り、それにより少なくとも平等保護が認められること、

2　会社法・証券取引法

(e)ルールを遵守させるための監視機関を設置し、この活動のための基金および材をたくわえること、(f)外部からの圧力を排除し、独立性を維持すること、(g)必要十分な規制にとどめるべきで、競争を過度に阻害しないことをあげている。Gower, *supra* note 2, paras. 6.17-6.34. もっとも、この報告書では、必ずしもはっきりしないが、Part II は「独立した特別委員会」ないし準司法機関またはオンブズマンにするべきであるという意見をのべているし、国会も 1984 年 7 月 16 日に、この機関に関する政府案を否定したので、実際の設置までにまだ時間がかかりそうである。Part II, paras. 1. 14 and 4. 12.

(16)　Department of Trade and Industry, *supra* note 12, at para. 16. 15. この部分を読むと、一見、アメリカの証券取引委員会を想起させるのであるが、国会の討論も、いくつかの報告書も、これに対し否定的な意見をのべている。むしろエクイティ裁判所のイメージに近い。

(17)　前掲注(13)でのべた契約法の原理が有効に働くための前提条件として、取引を行なうかどうかの判断のために必要な情報を当事者に提供することを義務づけるのが「開示」の原理である。この原理は、のちに説明するように、イギリス会社法でもシティ・コードでも採用されているが、これをいかに有効に利用するかが、問題なのである。ちなみに、この開示の原理は、アメリカ証券取引法の主要原理でもあるが、ガウワー教授は、これについても反対の意見をもっている。Gower, Principles of Modern Company Law 362 (2nd ed. 1983). シーリ教授も、ビルマ石油会社の通知書の印刷費だけで 16,592 ポンドもかかったという例を引き、アメリカのシステムを運用するには費用がかかりすぎるとのべて、ガウワー教授の意見に賛成している。L. S. Sealy, Company Law and Commercial Reality 28-29 (1984). アメリカ証券取引法については、文献が数多くあるが、ここでは、簡便な手引書として、ラトナー著（神崎監修・野村證券法務部訳）『米国証券規制法概説』(1982 年) をあげておこう。ちなみに、前注(10)で紹介した Part II では、ガウワー教授は先にのべたような趣旨のことを記して、通産省の報告書では正しく自分の考えが伝えられていない、とのべている。part II, paras. 6. 01-6. 17.

二 ロンドンの証券取引慣行の改革

3 投資家保護のための新機構

ロンドンの証券取引所は1986年3月1日から新しいシステムへ移行しようとしている。フィナンシャル・タイムズの説明によれば、それは次のようなものになるであろうと思われる[18]。

(1) 広義の投資事業に関係する組織として、証券取引所のほか、国際債権取扱業者協会、店頭市場海外証券取引所、ロンドン国際先物取引所、商品取引所などが考えられるが、それぞれの立場から取引の自主規制に当る八つの機関を新設しようとしている。この八つの機関とは、証券取引委員会、国際証券規制団体、証券取引業者・投資顧問業者全国協会、先物仲介・取引協会、投資顧問業規制団体、生命保険・ユニットトラスト自主規制団体、生命保険・ユニットトラスト中間規制団体である[19]。さらに、これら八つの機関のうえに一般的監督権限をもつ新設の機関を置こうとしている。当初は、証券投資委員会と投資市場委員会の二つの機関の設置が考えられていたが、現在では、前者だけにされる計画になっている[20]。

法的な観点からみるならば、先の八つの機関は、テイク・オーバーと合併に関するシティ・コードのような自律的規制を制定し、その実施にあたる私的団体である[21]。証券投資委員会は、現在では、その職務の法的性質がはっきりしない部分も残されているが、種々の苦情を処理する準司法的機関に生長することが期待されてはいないように思われる[22]。1973年の公正取引法および1974年の消費者信用法の実施機関として公正取引局長が創設されたが、その機関は、証券取引の領域において同局長の役割と類似した役割を担わされることになろう。

(2) 単一資格制は、当分維持される。しかし、まず第一に、ブローカーの売買委託手数料が自由化されるので、このために大きな変化が起るのではないかと推測されている[23]。第二に、ブローカーとジョッバーの分離はこれまで通りとするが、それぞれについて資格試験の制度を導入する。この試験に合格した者でなければ証券取引の仲介および売買を行なうことができなく

2 会社法・証券取引法

なるが、この新しい制度は、ソリシタとバリスタに分離した弁護士制度に類似したものとなろう[24]。そして、弁護士の場合と同じく、専門家としての適格性に欠けることが分かったときは、懲戒処分を受け、特に悪質な取引を行なった者は資格を剥奪されることになる。

(3) 証券取引所の株は会員しか保有できないことになっており、その株の非会員への譲渡も禁止されている。証券取引所の理事になる資格も、会員だけに限定されている。しかし、3月1日から非会員にも株の保有が許され、一定の限度で理事に選任されることもできるようになる[25]。この改正は、外国人が会員会社の株を100パーセント保有することを可能にしたが、経営権は相変らず会員によって完全に握られている。というのは、会員会社のパートナーおよび執行権をもつ取締役は、個人正会員でなければならないからである[26]。この会員制度は、さらに改革が行なわれるものと思われる[27]。

(4) 以上の改革は、第一節および第二節でのべたことに関連する改革であるが、これらのこと以外にもう一つ注目しなければならない動きがある。それは、証券取引の国際化に伴なう諸問題に関係する諸調整である。これにはアメリカに対する配慮とヨーロッパ諸国に対する配慮を必要とするものがあり、将来の改革の方向は、まだはっきりしていない[28]。

[18] *Regulatory Framework for City Takes Shape*, FINANCIAL TIMES, 31 Oct. 1985.
[19] これらのなかには、国際証券規制団体(International Securities Regulatory Organisation)のように、まだ未組織のものも含まれている。なお、これらの各機関の権限は、互いに排他的なものではなく、相互に重複するものであってかまわないと理解されている。
[20] *Rethink on City Reform*, Financial Times, 11 Oct. 1985 にいきさつが説明されている。
[21] 「自律的」という言葉に傍点を付したのは、のちにもふれるように、古き良き時代のロー・マーチャント(商慣習法)は自然に生まれてきたものであるのに対し、国の法律の積極的な支援をえて人為的に作られたものだか

二　ロンドンの証券取引慣行の改革

(22)　但し、将来そのようなものとなる可能性は否定できない。というのは、前掲注(15)に言及した審判所委員会（Council on Tribunals）も証券投資委員会と似た性質の機関であったが、現在では、かなり準司法的な性質をもっているからである。

(23)　ニューヨークでは手数料が無料である場合もあるが、手数料が下ればジョッバーに対する圧力が強まるであろう。あるいは、ジョッバーとの強い提携を結ぶ傾向が見られるようになろう。

(24)　客と面接する solicitor（事務弁護士）と法廷のみで活躍する barrister（法廷弁護士）という二元的な弁護士制度については、伊藤・田島共著『英米法（現代法学全集48）』（1985年）81-6頁が詳しい。

(25)　この改正は既に1983年10月の証券取引所規則によって法文化されている。非会員の取締役が、会員の取締役より多くなることは許されていない。

(26)　個人会員は、正会員（principal member）と代理会員（representative member）とに分けられる。この資格は、前掲注(24)に対応する本文で言及した試験によって認められることとなろう。但し、現在個人会員として法人会員の執行権が認められている者は、自動的に正会員となり、これまでアソシエイトまたは公認クラークとして証券取引にたずさわることが許されている者は、代理会員となるものと思われる。ちなみに、現行の制度のもとでは、会員会社で三年以上実務を経験し、証券取引所が実施する「証券取引実務」の試験に合格した後に、所属する会員会社のパートナーの二名以上の推薦をうけて証券取引所の面接試験を受け、その理事会の75パーセント以上の支持をえなければならない。さらに、会員会社の執行部に加わるためには、非常に厳しい要件が課されている。詳しくは、「英国証券取引所の改革と新売買制度（上）」『証券』昭和59年12月号34頁以下参照。

(27)　現在検討されているのは、諸外国で行なわれている会員シート制度の採用であるが、これ以外にも、国際化にともないいろいろな調整が必要となろう。

(28)　まだいずれも試行錯誤の段階であるが、のちにのべるヨーロッパ会社法およびヨーロッパ証券取引所の形成が検討されているほか、国際証券取引所の設置も検討されているようである。後者については、John Moore, *Big Stock Exchange Reforms Planned to Widen Membership*, FINAN-

2 会社法・証券取引法

CIAL TIMES, 1 Nov. 1985 を見よ。

III 法律上の諸問題

1 イギリス会社法の枠組

　本稿の主題に関係する「証券取引」が、会社法の枠内で行なわれていることはいうまでもない。これは、いわば証券取引のゲームのための土俵ないし競技場であるといってよいのであるが、実はイギリス会社法は日本の会社法とはかなり違っているので、前章でのべたことをさらに法的観点から論じるためには、その前提条件としてイギリス会社法の若干の知識が要求される。この点と関連してまっ先に指摘しなければならないことは、イギリスは判例法の国であり、会社法の領域においても判例法の重要性を否定できないということである[29]。もう一つの点は、日本の会社法と比べれば、関連法規の数も非常に多く、論理体系が完全に整っているとは言いがたいということである[30]。

　ところで、会社法のなかで本章の「証券取引」の主題に関係するのは、公開責任限定会社（public limited company）に関する諸条文だけである。公開責任限定会社（以下、会社という）とは、その資本の全部または一部が、株式または社債の売却という形で公募されるものをいう[31]。この会社の事業活動は、一般株主や債権者の利害に直接かかわるので、不正を防止するためガラス貼りの中でそれを行なわせるのを会社法の一般原則としている。すなわち、まず第一に、会社の設立時にその登記を義務づけ、そのときに一定の事項の開示を要求している[32]。第二に、登記手続が終ってから法定の事業開始の宣言がなされると、取締役らの行為は会社自身の行為であると擬制される[33]。第三に、会社が各営業年度ごとに貸借対照表と損益計算書を作成することを義務づけており、この貸借対照表には、資格を有する会計監査人の監査報告書と取締役報告書が添付されることになっている[34]。第四に、会社の清算は、「公正かつ公平」の原理に従ってなされることとなってい

二　ロンドンの証券取引慣行の改革

る⁽³⁵⁾。

　さて、証券取引については、第一に、会社は、設立時に提出した基本定款に記載されている授権株式の範囲内で、株式を発行することが許されている⁽³⁶⁾。この発行は、自ら公募する方法と証券会社に委託して募集する方法とがある⁽³⁷⁾。いずれの場合でも、目論見書が作成され、それに一定の事項を開示することが義務づけられている⁽³⁸⁾。会社がロンドンの証券取引所に上場されている場合には、この義務は免除されるが、次項で説明するシティの自主規制には従わされる。会社法は、会社の自己株式の取得および内部者取引に関して、とくに厳格な規定を置いている⁽³⁹⁾。

　会社法以外の関連法規のなかにも、証券取引に関する若干の重要な規定があるので、それらにも注目しておくべきであろう。第一に、1958年の詐欺防止（投資）法第13条は、「誤認させるか、虚偽か、欺瞞的であると知っている説明、約束もしくは予想を使って」、または「重要な事実を不正直に隠ぺいすることによって」、または「誤認させるか、虚偽か、欺瞞的である説明、約束もしくは予想を不注意に（不正直その他により）なすことによって」、証券取引の契約をさせたり、または誘引したりすることを犯罪と定めている。この犯罪に対する刑罰は、懲役七年以下である。さらに、同法第14条は、証券投資の広告またはその他の情報提供書面のなかで、前条の犯罪へとつながるような記載をしたものを配布することを禁止し、この違反に対し、二年以下の懲役もしくは500ポンド以下の罰金またはその両方に処することを定めている。さらにまた、1968年の財物剥奪法（Theft Act⁽⁴⁰⁾）第19条は、「重要な点で誤認させるか、虚偽であるか、欺瞞的である、もしくはそのようなものでありうると知っている文書を発行」する役員は犯罪を犯したものと定め、この犯罪に対し七年以下の懲役に処することとしている。

　(29)　会社法の主要な諸判例は、L. S. SEALY, CASES AND MATERIALS IN COMPANY LAW (2nd ed. 1978) に収められているが、その編者シーリ教授は、別の著作の中で、「《ロー・マーチャント》は、実際、数世紀前にその個性

(identity) を失った歴史的関心の対象であるにすぎないというわけではなく、まさに文字通りの意味でそれは生きており、元気であり、今日のイギリス商法でも重要な法源である」とのべている。(L. S. SEALY, COMPANY LAW AND COMMERCIAL REALITY 4〔1984〕). とくに証券取引については、商慣習法は重要である。

⑶⓪ イギリス会社法は、過去150年余りの間にその時々の必要にこたえるために作られた数多くの短い立法のよせ集めとでもいうべきものである。主なものをあげれば、Companies Act 1844（登記、会社の法人格など）、Limited Liability Act 1855（有限責任の承認）、Joint Stock Companies Act 1856（定款等の作成義務、会社の清算など）、Companies Act 1867（資本の減少）、Companies Act 1900（料金の登録、監査）、Companies Act 1907（会計報告の公表、非公開会社）、Companies Act 1928（償還優先株式その他改正規定）、Prevention of Fraud (Investments) Act 1939（証券取引業者の規制）、Prevention of Fraud (Investments) Act 1957（詐欺的取引の禁止）、Companies Act 1967（開示要件の強化）などである。これらのほか、Companies Act 1948, Companies Act 1985 なども重要な立法であるが、これらはいわゆる併合法（関連法規を整理し併合した法律）で、とくに前者は、政府刊行物として全訳が刊行されている。後者は、内容も実質的に分析して、論理的に再組織された会社法であるといわれるが、実際、条文の数は747条（関連法規も含めれば781条）もあり、さらに一つ一つが短かい法規にも匹敵する付則が25（関連法規のそれも含めれば41）もあり、シーリ教授は、誰もこれを全部読む人はいまい、といっている。判例法主義をとるイギリス法にあっては、裁判官が、健全な商人たちの利益となるように法律を運用してくれるはずであるとする楽観主義がある。

⑶⑴ これには、company limited by shares と company limited by guaranty とがある。Companies Act 1985, s. 1(3). ただし、後者の場合には、Stock Transfer Act 1963 によって株式を流通させることが許されていないので、ここでは前者のみが関係する。ちなみに、従来、株式会社は Co. Ltd. と表現されていたが、のちにふれるヨーロッパ法に従い、p. l. c.（ウェイルズでは c. c. c.）で表記されることになった。Companies Act 1985, s. 687.

⑶⑵ 会社は設立時に登記が義務づけられるが、その時に基本定款および付属書が提出されなければならない。この基本定款には、会社の正式名称、設

立目的および認められる諸権限、資本構成(授権資本株式を含む)、二名以上の役員の氏名と住所などが記載される。付属書には、会社の組織や発行される株式の種類と数量などの説明が書かれることになっている。

(33) 宣言の時点から会社の行為能力が認められるが、前注の基本定款の「目的」欄に記載されたことと「合理的に付随した (reasonably incidental)」活動でなければ、個人責任が問われる。Attorney-General v. Great Eastern Railway, (1880) 5 App. Cas. 473 ; Royal British Bank v. Turquand, (1858) 6 Ex. B. 327 参照。権限踰越 (ultra vires) の法理は、比較的最近まで廃棄される方向にむかっていたと思われるが、Rolled Steel Products Limited v. British Steel Corporation, [1982] 3 W. L. R. 715 ではその法理が使われている。イギリスにおける「法人格」の性質について、Salomon v. Salomon & Co. Ltd., [1897] A. C. 22 を見よ。

(34) Companies Act 1948, ss. 156 and 157 ; id. 1976, s. 1. 取締役報告書には、取締役の氏名、会社並びに子会社の主要な事業活動およびその重要な変更、固定資産に関する重要な変更、取締役の株式および社債の保有状況、会社に関する重要な事件、営業の将来の発展の見込み、研究開発分野における活動、自己株式に関する事項、寄附に関する事項などが記載されることになっている。Companies Act 1981, ss. 13(3) and 14.

(35) Ebrahimi v. Westbourne Galleries Ltd., [1973] A. C. 360 ; Loch v. John Blackwood Ltd., [1924] A. C. 783 参照。*Cf.* Companies Act 1948, s. 225.

(36) 法律は、新株の発行について財務省の審査を受けることとしているが、最近では、形式的な審査のみになっている。

(37) 会社が直接公募する場合でも、実際の事務手続は、通常証券会社に委託されている。この場合の手数料は10パーセント以下である。*Cf.* Companies Act 1948, s. 53. 発行株式が売れ残った場合には、当該証券会社が引受けるのが慣行となっている。但し、この危険を分散するために、再委託がなされることも少なくない。証券会社に一括して株式を買取らせて公募する方法がとられるときは、証券会社が実際に客に売った額の合計額との差額がその会社の収益となるが、この額は販売委託の場合の手数料額とほぼ同額になるといわれる。そして、このことがブローカー会社の「濫用 (abuse)」を防止するのに役立っているともいわれる。GOWER, *supra* note 17, at 341.

2 会社法・証券取引法

(38) 目論見書に記載されなければならない事項は、第一に、授権資本株式の総数、これまで既に発行された株式の種類と数量、今回発行される株式の種類と数量である。第二に、発行時から二年前まで遡って、会社が取得した不動産などの重要な資産の説明がなされなければならない。第三に、過去五年間の取引状況が概説されなければならない。第四に、会社が負債をかかえていたり、近い将来に新しい事業を行なう計画がある場合には、その重要な事実が開示されなければならない。「重要な事実」とは、集められた資金の使い方や、利益を各株主に配当するやり方などを指す。ところで、目論見書の作成は取締役全員の義務であるから、各々が署名し、監査役の会計監査証明書などを付して、登録されることになっている。これらの要件は、さらに検討され、簡略化される可能性がある。

(39) 自己株式の取得について、Companies Act 1981, s.55。また、会社が、自己の株主を買う者に対して融資することを禁止している。Companies Act 1948, s.54. そして、会社の内部のことを知りえる地位にある者が、その会社の証券に関する取引を行なうときは開示が要求される。Companies Act 1967, s.27. その地位にいたために知りえた内部情報に基づいて取引がなされた場合には、法的責任が問われる。Company Securities (Insider Dealing) Act 1985, s.2.

(40) Theft は普通ならば「窃盗」と訳されるべきであるが、その実質的内容に照らし、ここでは「財産剥奪」と訳した。つまり、詐欺罪もこれに含まれる。

2 シティの自主規制

これまで述べてきたことから推測できるように、イギリス法の下では、会社の株式を保有している者が他の一般人に対してそれを売却することは、会社規制とは直接関係ないことであると考えられており、この形の証券取引については、会社法はほとんど何も規制していない[41]。それは、法的観点からみれば、普通の商品の売買と全く変るところがないからである。しかし、「証券」[42]という商品には特別の性質がそなわっており、これを考慮し、不公正な取引を防止するための自主規制が行なわれてきたのである。会社の乗取りまたは合併を目的として証券取引が行なわれるときは、とくに公正に行

二　ロンドンの証券取引慣行の改革

いので、自主規制の商慣行は、シティの規則として明
はシティ・コードと呼ばれるものであるが、第Ⅱ章
、最近の改革のモデルとして非常に注目されてい

ードの諸規定の内容は、われわれにとっては極めて
紙面の都合からも、その主要なものだけを簡潔に
えない。その基本原理としてまっ先にあげるべき
し、適切な決定を下しうるようにさせるために、
に関する情報が、それを評価して正しい判断を
をもって、株主に与えられなければならない」
情報提供の点でも、提供される取引の内容
に扱われなければならない(45)。また、会社
抵触するときは、株主のそれが優先されなけ

二に、会社がテイク・オーバーによる合併を目的として証
取引を行なう場合、吸収会社および被吸収会社の両方の株主の利益が最大
となるような具体的な方法を採用することが義務づけられている(46)。

　シティ・コードには、以上の諸原理のほかにも数多くのルールが定められ
ているが、実際、それらは会社法において、「開示」の原理とか、「信義誠
実」の原理とか呼ばれているものとほとんどかわりない(47)。シティの自主
規制について注目されているのは、これらの実体的な法規ではなく、それを
実施するいわゆるロー・マーチャントの裁判所（正式にはパネルと呼ばれる）
の仕組ないし手続にある(48)。この裁判所は、当該の取引慣行を熟知してい
て、実質的な判断に基づき、当事者たちを納得させる適切な決定を迅速に下
してくれるのである(49)。事件が提起されてからパネルによって処理される
までにかかる時間は、遅くても一週間であるといわれる。

　現在のところ、このパネルの裁判管轄は、主に合併を目的とした証券取引
の事件の処理に限られている。しかし、もし前章で説明した改革案が全面的
に実行されることになれば、この裁判管轄が拡張される。そして、商品取引

61

2 会社法・証券取引法

や保険などの諸領域においても類似のパネルを新設し、それらの上に、パネルの審判官を一般的に金融経済政策の観点から監督し、その人材を養成することを目的とした上位機関を新設しようとするのが、本稿で紹介した改革の法的意義である[50]。また、この改革は、公正取引局長のチャレンジを排斥し、古き良きロンドンの自治の伝統を守るものであるかのようにもみえるのである。

(41) Re Smith & Fawcett Ltd. [1942] Ch. 304 は、証券の売買が原則的には自由とされるべしとする古い法原理を再確認している。もちろん、会社の自己株式の取得や内部者取引など、会社規制に含まれる部分もあるということは言うまでもない。

(42) 「証券（securities）」には、(i)株式および債券（預り証書を含む）、(ii)ユニット・トラストの信託証書、(iii)ワラント、選択売買権（options）など、(iv)アメリカでジニー（Ginnie [GNMA]）とかファニ・メイ（Fanni Mae [FNMA]）とか呼ばれている譲渡担保証券を含む。これはアメリカ法の「証券」の定義よりもかなり狭い。アメリカ法の定義について、Securities Act of 1933, §2(1); SEC v. W. J. Howey Co., 328 U. S. 293 (1946) 参照。

(43) シティ・コードは、イングランド銀行総裁が1959年に提案し、1968年3月にシティの有力者たちによって作成され、実施された自主規制のルールである。この起草にたずさわった有力者は、発行業者協会（Issuing Houses Association）、引受業者委員会（Accepting Houses Committee）〔マーチャント・バンク組織〕、投資信託協会（Association of Investment Trusts）、イギリス保険協会（British Insurance Association）、ロンドン手形交換所加盟銀行委員会（London Clearing Bankers' Committee）〔株式銀行組織〕、イギリス産業連合会（Confederation of British Industry）、証券取引所（The Stock Exchange）、全国年金基金協会（National Association of Pension Funds）である。このシティ・コードは、1969年、1972年、1974年、1976年、1982年に改正された。このようなコードが法源として拘束力をもつとは考えられないのであるが、イギリスの裁判所は、ロー・マーチャント（商慣習法）の要件をゆるめ、これもその一つであると認めてきた。前掲注(2)を参照。なお、商慣習法としての要件については、別稿

二 ロンドンの証券取引慣行の改革

　　で詳しく論じたので、それを参照されたい。現行のシティ・コードは、JOHNSTON, THE CITY TAKE-OVER CODE（1980）、また日本語の文献として、小林成光「支配権の取得を目的とする株式買付―イギリス法」法学雑誌第28巻2号（1982年）294-327頁、龍田節「シティ・コードの改正」インベストメント第25巻2号（1972年）22-48頁などに詳しく説明されている。

(44)　シティ・コード第3原理。また、この原理をさらにふえんして、第4原理は、会社が正式の買取り申込みを受けてから、株主総会の承認をえないで、その理事会が当該申込みに影響を与える活動をしてはならないと定めている。

(45)　第8原理ないし第10原理参照。

(46)　イギリスでは、アメリカや日本に見られるような形態で合併が行なわれるのは稀であり、通常テイク・オーバーの形がとられるという。PENNINGTON, COMPANY LAW 802-32 (4th ed. 1979).

(47)　ただし、第1原理が、シティ・コードの運用にあたって、実質を尊重して目的論的解釈がなされるべきことを定めている点に注目しておきたい。というのは、伊藤・田島、前掲注(24)、327-9頁に説明されているとうり、英米法では通常は文書の文字通りに厳格に解釈するのが一般原則だからである。なお、本文で言及した「開示」の原理の具体的な内容についてシティ・コードは、利益の予想（forecast）の開示（第16ルール）も求めており、この解釈は困難である。

(48)　パネル（Panel）は、イングランド銀行が指名した議長並びに副議長、およびシティの各有力者の代表からなる団体によって組織運営される。ここにいう有力者には、前掲注(43)の各団体が含まれることはいうまでもない。実際のパネルの仕事は、先の団体によって選任された審査局長、副審査局長、秘書役、および副秘書役によって行なわれる。日常の仕事の大部分は、種々な書類を読んでモニターすることにあるが、事件の審判に当ることもある。制裁を与える審決に対しては48時間以内に不服申立てをすることが認められており、この場合には、特別に選任される法律家によって構成される委員会により、再審査される。パネルについて、詳しくは、前掲注(43)に引用したJohnstonの著作のほか、BOYLE & BIRDS, COMPANY LAW 651-3 (1983)を見よ。なお、パネルはロー・マーチャントの裁判所にならったものと思われるが、これについては、伊藤・田島、前掲注(24)、170-4頁参照。

2 会社法・証券取引法

(49) ロー・マーチャントの裁判所は、挨足裁判所（Court of Piepoudre）と呼ばれることがある。これは、「泥が空中に飛んでから足もとに落ちるまでに事件が解決されている」からであると説明される。実際、パネルに期待されているのは、主に迅速さと簡便さであろう。そして、その一般政策としては、「投資家に対し適切な保護を与える効果的で、競争的で、かつ適切に規制された中央市場として証券取引所を進化発展」させることを目的としている。Gower, supra note 2, at para. 4.2. ちなみに、先の挨足裁判所は、古いフランス語の pied puidreux（行商人）に由来するものなので、先の説明は誤りである。

(50) 前掲注(12)の報告書も Part II も、規制の範囲を「投資（investments）」とすることで一致している。これには、前掲注(42)に定義された(i)証券の取引のほか、(ii)金融・商品先物取引（financial and commodity futures）およびオプション契約、(iii)（植林証や犬の血統書など）その他の形態の財産の権利取得が含まれる。しかし、Part II は、(iii)の解釈について「コンテナ賃貸」は含まれるが、通常の形態の「フランチャイズ」はこれに含まれないとのべ、多少異なる解釈を示している。Part II, para. 3.02.

3 EC 会社法の影響

イギリスはヨーロッパ共同体に加盟することに決定したとき、国内法上の必要な手続として、「1972年のヨーロッパ共同体法」を制定した[51]。その第2条は、ヨーロッパ共同体が作成する指令等の一定の文書は、「改めて立法手続をとらなくても、条約によって法的効力を付与され、連合王国において使用されるものとなり、また、イギリス法上、承認されたものであり、利用されうるものであり、かようなものとして強制され、容認され、かつ従われるものとする」と規定している。同法第9条はまた、将来作られるべきヨーロッパ会社法のブルー・プリントを示している[52]。

実際、ヨーロッパ会社法の立法作業は、着々と進められている。第1指令ないし第4指令はすでに実施されており、さらに第8指令の最終案までが準備され、理事会の正式の承認をまっている[53]。企業結合（テイク・オーバーも含まれる）に関する第9指令も、草案はすでにできあがっており、近く理

二　ロンドンの証券取引慣行の改革

事会に提出されることとなろう。これらの諸規定の中には、本稿の主題に関係するものがいくつか含まれている。

　EC会社法は、森本滋『EC会社法の形成と展開』(1984年) に詳しく説明されている。その51頁には、「会社法調整作業とは別に、ECにおいて、国内証券取引法規定の調整作業が精力的に進められている」ことが説明されている。具体的には、1979年3月5日の上場許可条件に関する理事会指令、1980年3月17日の上場目論見書に関する理事会指令、およびこれを改正した1982年7月19日の理事会指令の作成がそれである。さらに、1977年7月25日には、EC委員会が「証券取引のためのヨーロッパ公正慣行に関する勧告」を行ない、これをうけて専門家委員会が内部者取引規制のための立法作業にとりかかっている。

　これらの動きとは別に、1975年にヨーロッパ株式法案が作成されていることにもふれておかなければならない。もしこの法案がヨーロッパ議会で成立することになれば、特定の国の法律ではなく、国際法に基づく会社が形成されることになる[54]。この案は、サンダース教授の1966年の学会報告の考えに基づくものであるが、イギリスではこれを支持する者が多い[55]。しかし、法技術的にも問題が残されているようであり[56]、現在のところ実現の可能性はほとんどない。

　最後に、これらのヨーロッパ法が、ロンドンの取引慣行に対し将来いかなる影響を与えるかについて、少し考察しておきたい。先にものべたとおり、イギリスは法の支配を基本原理とする国であり、この点についても判例法のもつ意味は大きい。換言すれば、その問題は裁判官がヨーロッパ法をどのように評価するかにかかっていると思われる。しかし、これに関する判例法は混乱状態にある。例えば、フォノグラム株式会社対レーン判決[57]では、デニング裁判官が、ヨーロッパ共同体法〔イギリス国内法〕第9条に拘束されることは認めるとしても、フランス法を参考にして作られた理事会指令を裁判に使うことはできないと判決した。ところが、同じ年に下されたインターナショナル・セールズ対マーカス判決[58]では、ロウソン裁判官が、「私の考

65

えでは、1972年法第9条(1)項の解釈に役立つ資料として、理事会の指令をみることができる」とのべている。このような情況のもとでは、はっきりした答えを出すことは不可能である、といわざるをえない。しかし、将来、ロウソン裁判官の見解に近づくであろうということは、いまでも予想できる[59]。

(51) この法律の内容および立法の意義について、スカーマン著（田島訳）『イギリス法—その新局面』（1981年）148-65頁の「訳者解題」の部分の説明を見よ。

(52) これは本項で説明するヨーロッパ会社法とイギリス会社法との調整規定である。ちなみに、ヨーロッパ共同体法第10条には、不公正取引に関する規定がおかれており、のちに少しふれるように、これにも証券取引慣行に関係する部分がある。

(53) 本文で引用する森本教授の著作に詳しく説明されているように、ヨーロッパ指令は、ECの理事会が作成するものであり、原則としてヨーロッパ共同体法第2条のもとで直接的拘束力が認められる。まず、ヨーロッパ議会が一般政策を決定し、理事会がこれをうけて具体的な草案作りのための専門家委員会を形成し、指令案作りを委託する。指令案が、理事会の最終的承認をえれば、その時点から法的効力をもつ。第1指令（68／151／EEC）は会社の設立に関する法律の統一に関するものであり、第2指令（77／91／EEC）は債権者保護のための会社の最小限度資産の維持を定めるものであり、第3指令（78／855／EEC）は合併に関するものであり、そして第4指令（78／660／EEC）は会計書類の記載内容に関するものである。ちなみに、この第4指令はThe Stock Exchange (Listing) Regulations (1984 S.I. 716)によって実施されているが、従来のように指令の内容をイギリス法に合わせて書きかえることはせず、実施規則にこの指令を、そのまま添付している。この指令は、「記載の内容は、発行者および証券の固有の性質に従って…投資家およびその投資顧問が、十分な情報によって資産と債務、財政状況、利益と損失、および発行者並びに当該証券に付着する権利の将来の見込みを評価できるようにさせるために…必要な情報を含むものとする」と定めているが、これは、文字すら全く修正されることな

二　ロンドンの証券取引慣行の改革

くヨーロッパ法がイギリス法の一部となった最初の例である。
⑸４　森本教授の著書67-75頁に、「ヨーロッパ会社」の詳しい説明がみられる。
⑸５　EC条約第126条およびT. HADDEN, *supra* note 6, at 509-11を参照せよ。
⑸６　EEC条約第58条末段は、「会社とは、協同組合を含む民法または商法に基づく会社および公法または私法に基づくその他の法人をいい、非営利的な社団を除く」と定めている。これをうけて、さらに同条約第220条は、「構成国は、必要な限り、その国民のために次の事項を保障する目的で相互に交渉を行なうものとする」とのべて、第3号で、「第58条末段について会社の相互承認、本処を一国から他国に移した場合の法人格の維持および異なる国内法に準拠する会社の合併の可能性」をあげている。ヨーロッパ会社法はこれらの規定に基づいて形成されつつあるのであり、直接条約に基づく「ヨーロッパ株式会社を作るためには、条約改正を必要とする、というのが反対論の論拠である。
⑸７　Phonogram Ltd. v. Lane, [1982] Q. B. 938, at 943 (per Lord Denning)
⑸８　International Sales v. Marcus, [1982] 3 All E. R. 551, at 559 (per Lawson, J.).
⑸９　例えば、前掲注⑸３を見よ。

4　その他の若干の問題

ガウワー教授のパートⅡでは、本章で論じた大きな諸問題のほかに、多少技術的なことではあるが、さらに若干の重要な法律問題を指摘している。細部にわたって全部を詳しく紹介することは、紙面の都合からもあきらめざるをえないが、主要なものだけあげるとすれば、第1は憲法問題であり、第2は部外者に対し適用するときの弱点であり、第3は実効性が余り期待できないことである。

まず憲法問題については、国会の法律が何も干渉しないということを定めることによって、規制権限をロンドンに委任したことになるのか、ということを疑問にしている⑹０。もちろん、自主規制の一般方針をその法律の中に示すことは可能であるが、その方針が守られなかった場合に、どうすることもできないのではないかというのである。そもそもその法律は、公的規制を

67

2 会社法・証券取引法

しないことを基本原則とするものであるはずであるから、その方針の法的性質が曖昧である。

部外者に関する新システムの弱点に関して、ガウワー教授は、保険の場合の実例によって問題を説明している[61]。保険者が会社の無権限を知らない場合に、両当事者間の保険契約の強制を求めることができるか、また無権限の会社が再保険引受会社を相手に契約を強制できるかについて、ベッドフォード保険会社判決とステュアート判決を分析している[62]。そして、違法な投資事業を行なう罪を犯した者が締結した契約は、客がその契約を実行することを望まない場合には、取り消されうるべきである、と主張している。

最後に、ガウワー教授は、ロンドンの自主規制機関はいずれも私的団体であるから、ルール違反の裁決を受けた者がその団体に対し名誉毀損の訴訟を起す可能性があるという。そして、このおそれがある以上、正しい裁決が出されにくくなるので、当該団体に免責を認めるべきだというのである[63]。また、審判裁定の事物管轄についても、政府案のようにメンバーの懲戒事件だけに限るべきではなく、ルールに関する一般的管轄権が認められるべきであるという[64]。

---

(60) Part II, paras. 2.06-2.09. もちろんこの議論は、新システムの実効性について、ガウワー教授が疑問をもっていることと関係する。

(61) *Id.* para. 5.07.

(62) Bedford Insurance Co. v. Instituto de Resseguros, [1984] 3 W. L. R. 726 ; Stewart v. Oriental Insurance Co., [1984] 3 W. L. R. 741.

(63) Part II, para. 4.03. これは、最初の報告書の勧告が政府に無視されたことに対する反論、という形でのべられている。その勧告が正しかったことを示す証拠として、Hasselblad (G. B.) Ltd. v. Oribinson, [1985] 2 W. L. R. 1 ; Cornerney v. Jacklin, The Times, 2 Feb. 1985 を紹介している。

(64) Part II, para. 4.12.

二 ロンドンの証券取引慣行の改革

IV 改革の行方

　本稿で注目した証券取引慣行の改革は、要するに、証券取引の国際化に伴なう諸外国からのチャレンジに適切に対応し、いかにして一般投資家の利益を保護するかという問題についての一つの答えであると思う。一般投資家の保護は、新しい事業のための資金調達を容易にさせ、ひいてはイギリス経済全体の活性化にも役立つので、イギリス政府は、非常に広い視野に立ってこの問題をとらえている[65]。しかし、証券取引慣行の改革だけに限っていえば、今度の改革は、ロンドンの長い歴史のなかでしばしば利用されてきた自主規制の方法を採用したもののように思われる。

　これは時代錯誤ではなかろうか。ロンドンをとりまく国際情勢の変化は、急速な機械化によって加速され、予想以上に大きなものになりつつあり、新しい時代の要請にこれによって十分にこたえうるかどうか、なお検討を要するところである[66]。この点について、第一に注意を払わなければならないのは、イギリスのヨーロッパ諸国との関係である。これについては本稿でも少しふれたところであるが、いわゆる「ヨーロッパ会社法」のなかには、証券取引に関する重要な規定もいくつか含まれており、これらが近い将来イギリス法に影響を与えるであろうということは、ほぼ確実なことである。

　ロンドンの証券取引の将来を考えるとき、もう一つの重要な問題は、ニュー・ヨークや東京での取引がロンドンの取引にいかなる影響を与えるかということである[67]。ロンドンの金融市場に非常によく通じたクラーク氏は、ロンドンの将来について楽観的な意見をのべている[68]。というのは、証券取引そのものがいわばロンドンの文化なのであり、それが実際に行なわれる場所がどこであれ、ロンドンの定めるルールに従ってなされるであろうと考えられるからである。別の言葉でいえば、ロンドンの自主規制の制度は、きわめて弾力的なものであり、新しい時代の種々な要請にこたえる十分な能力をそなえているというのである。しかし、かかる制度が、これまでのように自然発生的に生まれたものではないし、それを活用する者の多くが外国人

2 会社法・証券取引法

となったときに、期待された通りの機能を果たすかどうか疑問がなくもない。いずれにせよ、今度の改革は暫定的なものであり、将来もさらに改革がなされるものと思われるので、ロンドンの動向に今後も注目することが必要であろう。

(65) 最近の金融サービス業の変化に対応して、イギリス政府は、詐欺取引を刑事面から取締るための Police and Criminal Evidence Act 1984 を制定し、翌年には会社法を整備統合した。倒産法（Cmnd. 8558）および社会保障法が国会で討論されており、ロー・コミッションの保険法案（Law Com. No. 104）も既に完成している。銀行に関しては、建築組合（Building Societies）の融資活動を拡大させるために財務省のグリーン・ペーパー（Cmnd. 9316）ができており、また Banking Act 1979 の改正作業が近く開始される旨の国会答弁が 1984 年 12 月 17 日になされた。さらに、前掲注(12)の報告書によれば、前掲注(9)の法律以外にも、公正取引局長の証券取引所に対する規制権限をさらに縮小することが提案されているようであるが、ガウワー教授は、これは行きすぎであると批判している。（Part II, para. 4.01.）。既にのべたとおり、ガウワー教授の基本的な考え方は Investor Protection Act の制定にある。

(66) この疑問は、前掲注(1)および注(8)に引用した諸文献に提起されているものであり、最も悲観的な見方をする者は、ロンドンは諸外国の取引所での活動を記録して報道するだけの「掲示板」になり下るであろうとのべている。

(67) この観点から論じた文献として、次注の著作のほか、R. Marshall, *Foreign Securities Houses in London*, THE BANKER, Nov. 1983, pp. 100-1 および「存立が危ぶまれるロンドン取引所」商事法務 1061 号（1985 年）40-1 頁参照。

(68) W. M. CLARKE, INSIDE THE CITY 263-4 (2nd ed. 1983).

三　取締役の責任

この第2章三に収載する論文は、1996年にケンブリッジ大学ジーザズ・カッレッジで行われた国際会議での報告資料に基づいて作成したものである。この資料は、Rider, Tajima and Mcmillan (ed.), Commercial Law in a Global Context (Kluwer International, 1997) に "Directors' Duty of Loyalty and Insiders' Dealings—A Recent Reform" という表題で収載されている。

1. Introduction

The corporate structure of Japanese companies is constructed around shareholders' meetings, the board of directors and the auditors. The shareholders' meeting is the decision-making body of the company, the board of directors is the company's executive, and auditors function as a supervisory body. There is nothing strange so far. However, to what extent corporate governance is democratic is questionable in Japan. In spite of the fact that tremendous efforts have been exercised to make the corporation responsive to the demands of shareholders, the traditional corporate structure contains certain aspects that reject this. First, Japanese companies are in many cases established by the great effort of one family, and emotional feelings attached to the family often prevent rational decision making. Secondly, the strong leadership of the managing director is much preferred in a contemporary Japanese environment, because it has a strong tendency to yield great profits in a short time.

2. Structural weakness of Japanese corporations

(1) *Shareholders' meeting*

The decision of the shareholders' meeting is fictionalised as 'the will' of a corporation. It is the duty of the board of directors to convene the meeting[1]. The law obliges a company to hold a meeting at least once a year. In addition to this regular meeting, special meetings may be convened if necessary, or if a minority of shareholders[2] demand that the company hold a shareholders' meeting. Its resolution is usually drafted in general and ambiguous terms and, as a result, wide discretion is given to the executive in the actual performance of the resolution.

In Japan, a shareholders' meeting is a matter of mere formality. It lasts usually less than 30 minutes because the proceedings are already settled in advance and nobody raises objections or even a question. This practice created a strange professional called *sokaiya* (shareholders' meeting fixer). He simply raises a difficult question or brings an objection to the proposal presented by the board of directors. If this happens, it causes embarrassment on the part of the executive who prepared the meeting and who had not bought out such a question or proposal in advance[3]. A recent reform was aimed at abolishing this practice[4].

(2) *Board of directors*

The main figure in the company is the representative director, who is often called 'president'. He is elected by the board of directors, who are in turn elected by the shareholders' meeting. The representative director represents his corporation both internally and externally. The representative director presides over the meeting of the board of directors, which determines how to execute the corporate'will'expressed at the shareholder's meeting. The board determines the management, business and conduct of the corporation, and it supervises the performance of duties by directors.

The representative director performs the daily business of the company, including management, by employing workers, disposing of, transferring or obtaining important assets, and determining the personnel affairs of the corporation as well as the establishment or abolition of a subsidy. Each director jointly and severally performs his duty to control the management conducted by the representative director or to take part in management in accordance with the direction given by the representative director. The board of directors is, in legal terms, a partnership[5].

It is a mistake to presume that the executive's management of the corporation in Japan always conflicts with the interests of individual shareholders. Normally, the representative director himself or herself is the major owner of the corporation's shares, or he or she is strongly supported by such a major owner. Important minor shareholders are normally members of the president's family, who are expected to succeed him or her when he or she is dead. As a result, the corporate management monopolised by the president does not injure the interests of such shareholders. A recent reform, however, sees it as important that third parties participate in corporate management in order to make it more democratic[6].

(3) *Auditor's role*

Auditors have a duty to supervise the management and activities of the corporation. However, many used to be good friends of the president, and as such did not always perform the role of 'watchdog'. A recent reform has made the auditors independent public accountants[7].

3. Director's duty to act in good faith

Each director is obligated to act faithfully or in good faith[8]. The democratic corporate governance of a company is guaranteed by imposing this duty on directors. Unlawful insider dealings are of course in contradiction of this duty, although this is not specifically written into the Commercial Code. A minority shareholder now has the power to initiate a derivative action on the grounds that a director did not fulfil this duty.

Generally speaking, the director's duty is construed to arise out of his 'mandate contract'. To be specific, Article 644 of the Civil Code provides that he is bound to manage the affairs entrusted to him with the care of a good manager in accordance with the tenor of the mandate'[9]. An act done by the director shall be for the benefit of the company. A director must avoid conflicts of interests with the company and it is his duty to disclose all the material facts related to his own business to the board of directors. He is also prohibited from receiving a transfer of the company's products, or from transferring his products to the company, without the approval of the board.

Determining what a director's previously true objectives are is often beyond the court's capacity. A 'business judgement rule' is the test presently adopted by the Japanese courts to determine whether or not a director acted in good faith. If his acts can be justified from the standpoint of business management, he has no liability even if the acts may not be in the best interests of the company. This test, however, is not necessarily an objective standard.

Take the recent ease of *jusen* or housing loan companies, for instance. *Jusen* were originally established by national banks to offer housing loans to individuals on the security of real estates at a period when corporate customers became prosperous and it was unnecessary to borrow money from major banks[10]. However, during the asset inflation period around the mid-1980s, the *jusen* borrowed funds from banks and agricultural financial institutions and expanded lending to real estate industry. The crash of the real estate market in the late 1980s affected these firms heavily, and by 1996 their non-performing assets amounted to 6 trillion yen. The scope of director's duty is now questioned with respect to the above incident. Everybody in the bank says that nobody could foresee the crash and therefore there was no mistake in the director's judgement in extending loans. Is that so?

4. Regulations of insider dealings

It is not the Commercial Code but the Stock Exchange Law 1948, as amended, which provides the regulations for insider dealings[11]. First of all, the Law requires a disclosure of'material facts'—ie insiders' interests. The contents of the regulations do not differ much from what is explained in the standard book on the topic[12]. The Act is aimed at the protection of general investors' interest and therefore the actual contents of the'material facts'may differ from those mentioned in the preceding part.

Regulations of insider dealings are difficult in Japan mostly due to its economic system[13]. The Japanese economic system is largely influenced by the fact that various kinds of *keiretsu* (personal linking groups) are prevailing. There are at least four types of such *keiretsu* : financial groups, vertical groups, enterprise groups and distribution groups[14]. The first type of *keiretsu*, financial groups, is very important. In Japan'main banks'have played an important role in providing funds to firms in Japan ; one might say that Japanese banks assisted national economic policy[15]. Of course, types of *keiretsu* are not limited to the above list, and indeed, *keiretsu* all together have provided a strong incentive for insider dealings.

Derivative action

Vitalisation of'derivative action' under the Commercial Code 1994 is a drastic reform. Article 267 provides that :
　(1) a shareholder who has continuously kept the share of the corporation for six months or more may demand the Board of Directors to bring a derivative action against a misconduct of a Director, and (2) if the Board fails to do so, he may bring it to the court on behalf of the Board.

In the first place, the shareholder can sue the directors for damages for illegal distribution of dividends (Article 290(1)), illegal donation of benefits in favour of a third party (Article 249(2)), favourable loan to a particular director or directors (Article 266(1)), self-dealing of a director (Article 265), and other offences of statutory prohibitions (Article 266(1)). Secondly, there are also certain cases in which a shareholder may bring action for the breach of the director's duty to act faithfully. The *jusen* case mentioned above certainly falls into this category.

Despite the existence of the above statutory provision for derivative action since 1950, Japanese shareholders have rarely used it. Technically speaking, they were required to deposit a large amount of money in order to bring such action to the court. In order to encourage them to use it, the provision was amended in 1993 and currently it provides that the value of the action shall be presumed to be ￥950,000 and the court fees shall be fixed at ￥8,200. The amended provision also provides that expenses necessary for the investigation of the case shall be borne by the company. As a result, 84 actions were brought to the court in 1993 and 145 actions in 1994, whereas only about 60 actions were brought altogether in the 40 years after the enactment of the statute in 1950. The attitude of shareholders in changing.

5. Concluding remarks

Japanese corporations are very effective and their activities made the country very rich. However, there are certain aspects that must be reformed as soon as possible. Such defects have caused several recent incidents. The Takashimaya *sokaiya* case is the most recent[16]. In another case, a subsidiary of a Japanese company announced that it had found an epoch-making medicine to cure AIDS, and shortly after the announcement the company issued new shares in the public market in Japan. The problems related to these incidents may have been solved by recent reforms but it is probably too early to make a decisive estimate or observation.

(1) Article 231 of the Commercial Code.
(2) Such minority shareholders however must have held shares in cumulative total which exceed three one-hundredths of the issued shares for a period of six months or more. Article 237 of the Commercial Code.
(3) 'Shame' is an important attribute of Japanese culture, as shown by *hara-kiri* in the feudalistic age. For a general explanation of the 'shame' culture, see J. RAWLS, A THEORY OF JUSTICE (Oxford, 1971) pp. 442-446.
(4) By the addition of Art. 237(3) in 1981, directors and auditors are obliged to explain the matter requested by a shareholder at the general meeting so long as it has relevance to the agenda of the meeting. Other reforms will be explained below.
(5) Each director bears a mutual obligation to watch the others.
(6) The existence of a corporation has significant social effects in the matters of employment, creating a good neighbourhood, etc, and it may have an impact on a national economy if it is large. With respect to the proposed reforms of corporations from this standpoint, see generally, J. E. PARKINSON, CORPORATE POWER AND RESPONSIBLITY (Oxford, 1993) particularly chapters 9 and 12.
(7) Law relating to special provisions of the Commercial Code concerned with auditing of the company limited by shares, etc., Law 11022, 2 April 1974. Article 4 of the Law provides that the auditor must be a publicly certified accountant (who may be a foreign accountant). The details of such regulations may differ depending on the size of the corporation.
(8) Article 254(3) of the Commercial Code provides that'the directors shall

三　取締役の責任

be obliged to obey any law or ordinance and the articles of incorporation as well as resolutions adopted at a general meeting and to perform their duties faithfully on behalf of the company.' Their loyalty is to the company.
(9) Academic writers on the topic have said that the duty of care in this provision is equivalent to the duty to be loyal and to act in good faith under American law.
(10) The companies still keep close relations with their banks for the purpose of 'payments' or 'settlements', and for some other purposes including the collection of needed business information. See, for detail, Y. Tajima & M. Inagaki, *The Impact of Globalisation on Japanese Banking Law*, chapter 6 of this book.
(11) See Arts. 166 and 167. Most of the provisions included in these articles are derived from the US regulations.
(12) See B. A. K. RIDER *INSIDER TRADING*, (Bristol : Jordans, 1983) pp. 227-257.
(13) The public prosecutor must prove that the insider was knowingly connected with the issuer of the securities, and possessed unpublished price-sensitive information concerning those securities, information which he appreciated was such, and which it would not be contemplated that a person in his position would disclose except in pursuance of a legitimate corporate purpose. See Criminal Justice Act 1993 and RIDER (1983), *supra* note 12, p. 15. The crime of insider trading is punishable with imprisonment of six months or less, or with a fine of 500,000 yen or less ; Art. 200 of the Stock Exchange Law.
(14) The Toyota Automobile Group is an example of a vertical group. The Hitachi Group is an example of a horizontal enterprise group.
(15) Japanese banks extended loans even to small companies, and assisted them not to fail by supplying important information. As to details of this point, see Y. Tajima & M. Inagaki, *supra* note 10.
(16) The president of the very traditional department store was found to have had a continuous relationship with a *sokaiya* and he was charged with the crime of embezzlement.

3 統一商事法典

I 序 説

　筆者の「英米法」講義の前期へ部分では、英米法の法システムの基本構造を説明することにしている。法源論について、コモン・ローの重要性を強調し、判例法主義が大原則となっていることを説明する。このことは、陪審制を含む英米司法制度の特徴から導きだされる当然の帰結であるといえなくもない。先例拘束性の原理もそれにかかわっている。法律の解釈についても、フランス法のそれとは異なる厳格解釈のルールを守っている。「法の支配」は英米の憲法原理であるが、この原理が実際に意味するところは、国家の統治システムの中で司法府が優位をたもっていることを意味する。そして、議会主権の原則は、古くなったコモン・ローを修正して現代化するための補足的な法理であり、「法の支配」と「議会主権」は相互に協力関係にあって、両輪のようにうまく連動して働きながら、現代社会の基礎となる「法」の整備ないし進化を促進させてきた。

　コモン・ローは判例法の体系を意味するものとしてとらえているが、その核心をなすのは不法行為理論および契約理論である。これについては、著作集第4巻で一通りの説明をする。そして、古典的名著『古代法』の中で、メーンは、中世に完成したコモン・ローの体系を修正したのは直ちに国会の制定法ではなく、むしろエクイティと呼ばれるもう一つの判例法の体系であったと述べている。これが生まれた歴史的事情については、著作集第5巻（土地法、主にエクイティ）の中で詳しく説明する。著者の「英米法」の講義では、その後期の部分で、国会の法律によってコモン・ローを修正しながら英米法を現代化するプロセスに焦点を当て、制定法を中心とした今日の英米

3 統一商事法典

法システムを分析し、説明することを主たる課題としてきた。

今日の日本のニーズという視点に立つならば、この講義ではアメリカ法に重きを置くこととなろう。極めて大胆に分析すれば、アメリカの州法のシステムはコモン・ローからなっており、制定法からなる連邦法は、それに干渉しながら現代化を進めてきた（これについては、既に著作集第1巻5章で一通りの説明をしておいた）。また、各州においても、コモン・ローの法典化を進める作業の中で、法の現代化が推進されている。これに関して、最も大きな成果をおさめたのは、統一商事法典の制定である。そこで後期の講義では、第一に、この統一商事法典を制定したことの意義を説明し、その法律の内容を一通り明らかにしてきた。その上で、余り深くふれることはしなかったが、重要であると思われる連邦の制定法に注目し、コモン・ローの現代化の問題を論じることになっている。この著作集第6巻も、まさにこの順序に従って叙述を進めている。

II 統一商事法典の成立の意義

アメリカには50の州があり、それぞれが異なった法律をもっているために、州際通商を行う場合にはさまざまな不便がある。その問題を解決する方法の一つは、抵触法（国際私法）を明確に整備することである。もう一つの方法は、各州の法律を統一することによって各州法間の相違を少なくすることである。州法を統一しようという考えは19世紀の終わり頃に生まれ、その促進を目的として1892年にNational Conference of Commissioners on Uniform State Lawsと呼ばれる専門家団体が創設された。その団体は200を超える統一法典を作成しているが、統一法典そのものは、単なる州法のモデルにすぎず、州議会がそれを採択しない限り、法律としての拘束力を持たない。しかし、統一商事法典は、ほとんどすべての州において採択されており、アメリカの各州法の基礎を構成するものとなっている。統一商事法典の作成作業は、American Law Instituteと共同で1944年に開始され、1951年に完成し、その翌年にコメントを付けて公刊された。

II 統一商事法典の成立の意義

　2001年7月1日の改正が最新の改正であるが、その現代法の正式名称は、「動産並びに契約、および売買、商業証券、銀行預金並びに取立て、信用状、一括移転、倉庫証券、貨物証券、その他の権原証書、投資証券、並びに一定の口座の売買、動産証書、および契約上の権利を含む担保権付取引を含む、動産並びに契約に関係する文書における、またはそれに関する一定の商事取引に関係する；一定の情況のもとでの第三者に対する公示について規定する；上記の取引に関する一定の訴訟における手続、証拠および損害賠償を規律する；上述のことに関する法の統一をはかるための；そして、抵触する立法を廃止する；統一商事法典として知られる法律」というものである。この正式名称の中に言及されている諸項目が統一商事法典で規定されている。

　統一商事法典もモデル法の一つにすぎないが、かなりの修正があるとはいえ、コロンビア地区およびヴァージン・アイランドを含め、ルイジアナ州を除く、全州がそれを州法として採択している。しかも、ルイジアナ州は、連邦政府が1803年にフランス政府から買取ったフランス植民地であり、今日でも大陸法の影響が残っている州であるが、第1編（総則）、第3編（商業証券）、第4編（銀行預金と取立て）、第5編（信用状）、第7編（倉庫証券等）、第8編（投資証券）は採択している。このように、統一商事法典は、アメリカ法全体において重要な法源となっている。もっとも、統一商事法典自体が1952年に最初の版が作られて以来、何度も改訂されており、すべての州が最新の法典を採択しているわけではない。この改正については、後に説明するが、現在ではすべての州がこれを採択して州法を立法しているが、採択に当たって若干の修正をしているので、実際に各州の問題を考えるに当たって、各州法の規定を再確認する必要がある。

　統一商事法典に関する参考書は非常に数多くある。筑波大学大学院企業法学専攻では、アメリカのケース・ブックを教科書として使ってきた。1990年度には、JOHN HONNOLD, LAW OF SALES AND SALES FINANCING (5th ed. 1984)（以下、「青本」という）を教科書に指定し、比較的忠実にそれに従って講義した。1991年度には、DOUGLAS J. WHALEY, PROBLEMS AND MATERIALS ON THE

3 統一商事法典

SALES AND LEASE OF GOODS (2nd ed. 1990)（以下、「赤本」という）を教科書にした。この本は法学の専門知識を余りもっていない者でも分かるように書かれており、99の応用問題が付いている。1993年度には、JAMES J. WHITE AND ROBERT S. SUMMERS, UNIFORM COMMERCIAL CODE (3rd ed. 1988)（以下、「緑本」という）を教科書にした。これはいわゆる「ホーンブック（Hornbook）」であり、応用問題や判例要約などはなく、日本の学習参考書に近いものである。1994年以降には、上記の3冊の教科書以外に他の参考文献を利用しながら、独自な教材を作った。D. G. EPSTEIN, J. A. MARTIN, W. H. HEMING AND S. H. NIEKLES, BASIC UNIFORM COMMERCIAL CODE (3rd ed. 1988) も、講義の時にときどき参考にしたケース・ブックであるが、本書は現実の取引において融資およびその担保が重要であることを強調し、統一商事法典第9編から説明をはじめている。その大部分を担保権付取引の説明に当てており、他のものとは大きく異なった特色をもっている。

III 統一商事法典の諸改正の理由

(1) 1978年以前の改正

最初の統一商事法典が1951年に完成した後にも常設編集委員会によって検討作業が続けられてきた。1956年にニューヨーク州の法律改正委員会が法典の採択を拒絶したことから、主にニューヨーク州法にも受け入れられるようにすることを意図した改正が行われた。これは「1957年にオフィシャル・テキスト」と呼ばれるものであるが、マサチューセッツ州およびケンタッキー州がこれを採択したもののニューヨーク州はまだ採択しなかった。編集委員会は、さらに第8編および第9編に修正を加え、「1958年のオフィシャル・テキスト」を作成し、ニューヨーク州もやっと採択に踏み切った。このときに、コネティカット州、ニューハンプシャー州、ロードアイランド州、ワイオミング州、アーカンソー州、ニューメキシコ州、オハイオ州、オレゴン州、オクラホマ州、イリノイ州、ニュージャージー州、ジョウジア州、アラスカ州、ミシガン州も法典を採択した。

III 統一商事法典の諸改正の理由

しかし、各州の採択にはさまざまな改訂が加えられており、常設編集委員会は統一をいっそう促進するために、最初の全面的な再検討を行った。正式の報告書（Report）が1962年10月31日に公刊され、これに従って直ちに最初の本格的改正が行われた。その結果、「1962年のオフィシャル・テキスト」が作られた。しかし、法典を採択する州の数が増えそうにないことから常設編集委員会の検討作業が続けられ、1964年10月31日に第二報告書が作成された。さらに、1966年12月15日に第三報告書が作成された。これにより改正された法典は、ルイジアナ州以外すべての州が全部または一部を採択した。

それまでの検討作業はペンシルヴァニア州のWm. A. Schnaderを中心として行われたが、その後、ニューヨーク州のH. Wechslerが検討作業を引き継ぎ、詳細なオフィシャル・コメントを付した「1972年のオフィシャル・テキスト」を公刊した。これによる改正の重点は、第9編（担保付取引）に含まれる諸規定に置かれている。しかし、これに対する各州の対応は区々であり、第9編（担保付取引）に関する検討は、さらに持ち越されることになった。この改正のための専門委員会（Review Committee）は、定着物、穀物および農業生産物、樹木、石油・ガス・鉱物、無体財産・売上金・優先順位、抵触法、自動車の担保権の完全化、第9編の適用範囲、登録、債務不履行について検討を行い、その結果が1972年改正に盛り込まれている。

(2) 1978年改正の理由

「1972年のオフィシャル・テキスト」は、アメリカ全州が法典を採択できるように体裁を整えたものである。その基本構造はイギリスのコモン・ローを法典化したと言われる統一売買法（現在の第2編）が大黒柱となっている。また、上述のように、担保付取引関する第9編も一応完成した。しかし、1970年代には新しい社会的変化に従う改正が必要になった。「1978年のオフィシャル・テキスト」はその必要に応えたものである。

これによる改正は主として銀行および証券取引に関係するものである。具体的には、第8編および第9編に関する改正であるが、1978年の改正は主

3 統一商事法典

に投資証券に関する諸規定が制定され、担保権に関する第9編の改正は後に持ち越された。ここで問題になったのは、支払保証のない投資証券（uncertified investment securities）による投資契約の安全性をいかにして確保するかであった。改正された第8編は投資家の保護を意図したものであるが、この取引はますます増大し、新しい取引方法に対応できるように、1994年にさらに本格的な改正が行われ、現行法となっている。

1970年代は消費者保護が問題となった時代であり、この改正にもこれに関する諸条項が追加されている。例えば、§2-102、§2-314、§2-502、§2-716、§2-318、§2A-103、§9-103(e)、§9-108、§9-403、9-404、§9-616、§9-620、§9-626参照。UCCで使われている「消費者（consumer）」は、連邦法の定義に従っている。例えば、「消費者リース」（§2A-103(1)(e)）は、「個人であり、かつ、主として個人、家族、または世帯の目的のため」のものであると定義している。この法領域は連邦法により先占されているが、UCCは連邦法（15 U.S.C. §1667 (1982)）より広い適用範囲をもつ。

(3) 1987年・1989年改正の理由

「1987年のオフィシャル・テキスト」はGeoffrey C. Hazard, Jr. を中心として作成されたものであるが、これによる改正はリース取引に関する第2A編を追加することに主たる目的があった。第2A編は、1985年8月の統一州法委員会全国会議によって、別途作成されていた統一動産リース法（Uniform Personal Property Leasing Act）を統一商事法典に併合するという決議に基づいて作成されたものである。この第2A編は、いくつかの州によって採択されたが、キャリフォーニア州が強力に反対したことから、検討作業が続けられ、1990年改正によって現在のような形になった。第2A編にいうリースとは、物品の占有権および利用権の譲渡と交換に対価が支払われる契約を意味し、物品の売買や担保権の設定はリースではない（UCC §2A-103(1)(j)参照）。多くの州から意見がだされ、多くの目的をもった立法となっているが、少なくとも、取引の対象となる物品に対する担保権の設定のためのリースは、第2A編のリースではない。

III 統一商事法典の諸改正の理由

　1987年改正のもう一つの焦点は、第8編の「支払保証のない証券」に関する諸規定の改正である。1978年の改正のときにこの概念が導入され、証券証書を株主に直接渡さないで証券媒介人が保管し、証券上の権利を株主に与えるという形で、証券を発行することができるようになった。これは、いわば投資証券として証券証書が使われることを促進することを意図したもので、株式名簿に株主の名前を記載しなくても株式を移転することができるようになった。しかし、旧第8-403条は、Lowry v. Commercial & Farmers' Bank, 15 F. Cas. 1040（1848）の指導的判例の法理を温存させ、株式の発行人は、株式名簿上の所有権者の不法な指図に従って名義を書き換え、第三者に損害を与えたときに、賠償責任を負うことを規定していた。証券を投資目的に使うためには若干の不都合が残っていた。そこで、新第8編は、表題を「投資証券」と改め、規定の内容も投資目的に役立つように全面的に改正した。

　第8編が想定する「投資証券」に関する取引のモデルは、訳註（150）に示したような事例である。要するに、投資を目的として証券を取得する顧客が、証券会社と証券取引契約を結び、証券口座を開設して、当該証券会社が保有する一定の株式に対する権利を買い取ってその口座上で運用することを許すという形の取引である。このような取引が急速に発展し、しかもこの取引がコンピュータを利用して行なわれるようになると、担保権の設定などの問題とも関連して、新しい問題が生まれた。この新しい問題に対処するために、1994年にさらに本格的な改正が1994年に行なわれることになった。本書で翻訳したのはこの1994年の改正法である。もちろん、その後にも他の編の改正が行なわれたときに若干の規定の文言が行なわれているが、基本的な考え方は変わってはいない。

　1987年には第6編「一括譲渡」も公刊された。1980年代に悪徳商人が詐欺的一括売買を盛んに行なうようになり、これに対処することが意図されていた。しかし、この編は多くの問題があり、1989年に「一括売買」という表題にして改正された。1987年に公刊された後、連邦の破産法の手続き（§544(b)、§550(a)など）がとられる場合には管財人にとって便利であり、歓

3 統一商事法典

迎された。しかし、老舗の写真館が後継ぎがいないために知人の写真家に写真館全体（トレードネームも含め）を買ってもらうという場合、その買主は不当な義務を負わされることになり、第6編に反対する意見も強く出された。そこで、A案かB案のいずれかを各州が選択できるように2案が併記されることになった。

(4) 1990年改正の理由

1990年前後から銀行決済がコンピュータを利用して行なわれるようになり、1990年改正により第4A編が追加された。電子的送金の取引に関する編であり、この編は第3編および第4編を補足する規定となっている。電子的決済の問題が全部第4A編に移されたので、これに合わせて第3編および第4編のいくつかの規定が改正された。この第4A編は、連邦銀行決済システム（Fedwireルール）やニューヨーク州のCHIPS規則などの優先的適用を認めているため、実際に使われることは少ないかもしれない。しかし、電子的銀行決済に関する期穂的な考え方を規定しており、世界的に統一されたシステムを考察するうえで、重要な諸規定のモデルを示しており、注目され、しばしば引用されている。また、電子的決済の場合には、情報は一瞬にして世界中をかけめぐり、準拠法の選択が困難な場合もあり得るわけで、この場合には第4A編が選択される可能性が高い。

(5) 1994年・1995年改正の理由

1994年の改正によって投資家の保護のために第8編がさらに改正されたことについては既に説明した。この改正はこれだけにとどまらず、1995年の改正と合わせて商業証券に関する権利義務を明確にした。1995年の改正は主に第5編の改正である。この改正作業は、ミシガン大学のホワイト教授を中心とする委員会によって進められたものであるが、その最終報告書の序文の中に、改正の趣旨を正確に記述している。そこで述べられているように、最初の第5編が起草されてから40年の間に、信用状に関する取引慣行が著しく変化しており、これに対応する法律改正は急務であった。

最初は、信用状は書面であったが、今日では、多くの信用状は書面以外の

Ⅲ 統一商事法典の諸改正の理由

媒体を利用して作成されている。その利用の仕方についても、スタンドバイ・レター・オブ・クレジットと呼ばれるものが圧倒的に増大した。世界で年間5000億ドル発行されているが、その半分はアメリカで発行されたものであるという。しかも、この使い方は、信用状の性質に関する考え方にも影響を与えている。これに対応できる改正を進めるに当たって、国際的な「統一性 (uniformity)」を維持することのニーズに最大の考慮を払ったと起草者は説明している。

電子的意思伝達方法による信用状の発行が認められた（§5-102(a)(14)および§5-104)。後払い信用状（§5-102(8)）や2当事者信用状（§5-102(10)）も有効である。有効期限の記載がない場合（§5-106(c)）、永続的信用状（§5-106(d)）、文書以外の条件付き信用状（§5-108(g)）に関する規定が明瞭に書換えられた。受益者の承継人に関する規定も認められた（§5-102(a)(15)；§5-113)。当然、これらの改正にともない、オフィシャル・コメントも全面的に書き換えられている。

第5編の改正にあたり、関係する当事者間（発行人、申請人、受益者）の諸利益が公平に配分されている。まず発行人 (issuers) の利益となる改正点は、第一に、§5-111が「結果的損害賠償」および「懲罰的損害賠償」を認めなかったことである。第二に、§5-115が訴追時効を有効期限後または訴因が発生してから1年としたことである。第三に、§5-116が、発行人が準拠法を選択できるとしたことである。第四に、§5-114が発行人の通常の取引の手続を追認したことである。第五に、§5-117が、信用状の支払をした発行人に債権者代位権があることを明瞭に規定したことである。最後に、§5-116(c)が、Uniform Customs and Practice (UCP) を明示的に承認したことである。ちなみに、このUCPは、外国為替貿易研究会（小原三佑嘉氏座長）により1993年に日本語に全訳されている。

申請人 (applicants) の利益となる改正点は、第一に、§5-110が受益者によってなされる保証 (warranties) について規定したことである。第二に、§5-108において、信用状の諸条件に厳格に従う発行人の義務を規定したこ

とである。第三に、§5-117が信用状の支払をした発行人に債権者代位権があることを明瞭に規定したことによって、申請人の権利義務関係も明確になった。第四に、§5-103(c)が、免責条項または権利放棄条項の効力を制限した。

受益者（beneficiaries）の利益となる改正点は、第一に、§5-106(a)が、信用状は明示的な合意により認められない限り、取消しできないことを規定したことである。第二に、§5-108(c)が、詐欺などの場合は別として、適時に与えられた通知の中にない不一致を発行人が不渡りの理由にすることを禁止した。第三に、§5-108(b)が、文書の呈示後7営業日以内に検査する発行人の義務を規定した。第四に、受益者の承継人が文書を呈示し、支払を受ける権利を§5-113が規定した。最後に、受益者が損害賠償を求めるとき、弁護士費用などもそれに含めることができるようになった（§5-111）。

(6) 2001年改正の理由

1978年改正の検討のときから既に「担保権」に関する本格的な整備が必要であると考えられ、第9編の諸規定がしばしば改正された。2001年改正は第9編を本格的に改正したものである。この第9編の改正については、NBL第727号（12月15日）に詳細に説明しておいた。そこで述べておいたように、改正の主要な焦点は、(1)第9編の適用範囲を広げたこと、(2)担保権の完全化、(3)融資説明書の書き方、(4)担保権の優先順位にある。新しいコンピュータ・システムを使った銀行のデリヴァティヴ取引や証券取引口座を使った証券投資取引に関しても第9編の適用が認められ、これらの取引について担保権を設定するために、「支配権」という概念が使われている。

「完全化（perfection）」という概念は、アメリカ法の概念である。この用語を日本では「対抗力の具備」と訳してきたが、この訳語は日本民法の「所有権」や「占有権」などを想起させるが、現在のUCCは、「所有権」や「占有権」と結びつけて解釈することを明示的に禁止している。また、その「完全化」が意味するところは、UCCの担保権にはいくつかのランクが認められており、どの権利にも優先する担保権を設定するということであり、本書で

III 統一商事法典の諸改正の理由

は、一貫して文字通り「完全化」という訳語を用いた。この言葉に UCC の特徴が非常によく表れていると思われる。

　2001年7月1日現在の「統一商事法典」を別冊(『統一商事法典』商事法務研究会、2002年)で全訳した。従って、この法典の内容を詳細に説明することはここではしない。「統一商事法典」には正式のコメントが付されているが、これを翻訳すると余りにも膨大なものになるので、その翻訳でも原則として省略した。しかし、今日でも意義のあると思われるコメントについては、各条文に訳注を付け、その中で訳者のことばで解説した。コメントで引用された指導的判例はほとんどもらさず引用している。

　その訳書には「索引」が付されている。この索引も cross reference を参考にして作成したが、元のものは余りにも不完全なものである。日本人の読者の便宜のために日本人の視点にたって作りなおした。原文の索引は大項目主義に従っているので、むしろ小項目主義によって変更を加えた。英文索引は英語の用語に当てた訳語も示している。これを利用して、読者に関心のある項目について関連条文を調べるのは容易である。この訳語の中で、"perfection" および "order" については、若干の説明をしておかなければならない。まず "perfection" は、「完全化」と訳した。日本法の専門用語である通常当てられている「対抗力の具備」という訳語は、かえってアメリカ法の実態を誤解させると思われるからである。つぎに "order" についてであるが、本来ならば「命令」と訳すべきであるが、「指図」と訳した。"payment order" は、銀行業界では「支払指図」と訳されているようであり、これを尊重する方針をとったからである。

　2001年7月1日の改正は、第9編(担保付取引)に関するものであるが、NBL 第727号(2001年12月15日)にこの改正について説明した。この部分は、本巻の次の章に収蔵した。この部分は、わが国の企業実務にも関係するところがあり、そうする意義が大きいと考えたからである。いずれにしても、「統一商事法典」も恒久的なものではない。時代の変化に即応できるように、常設編集委員会が設置されており、改正作業は現在も続けられている。でき

3　統一商事法典

る限り今後も新しい改正作業を紹介していきたいと考えている。

4 担保付取引

I UCC 第 9 編の構成

　統一商事法典（Uniform Commercial Code. 以下、「UCC」という）は、統一州法委員会全国会議（National Conference of Commissioners on Uniform State Laws）がアメリカ法律家協会（American Law Institute）と共同で作成した州法モデルである。この全国会議（専門家団体）は、1892年に、統一することによって各州法間の相違を少なくすることを目的として、創設された。アメリカ法は二元的法制度になっており[1]、各州の法律がばらばらであることが不都合であった。そこで、この団体はこれまでに 200 を超える統一法典を作成してきた。UCC の起案作業は、もっとも重点をおいて行なわれたものである。全国会議はアメリカ法律家協会と共同で 1944 年に UCC の検討作業を開始し、1951 年に草案を完成し、その翌年にコメントを付けて UCC として公刊した。この法案は大成功を納め、現在では、各州で多少の修正が加えられてはいるが、全州で採択されている。

　UCC は国際条約やヨーロッパ法にも影響を与えており、わが国における国際取引に関しては、日本の民商法と同じほど重要な意義をもっている。1951 年に最初の UCC が作成されてからも検討作業が続けられ、その後に数度にわたる改正が行なわれた（主な改正は、1972年、1977年、1990年、1994年、1995年）。1990年になり、第9編の改正作業がはじめられた。この第9編（担保付取引）は、第2編（売買）に並ぶ UCC のもっとも重要な部分であり、慎重な検討が繰り返された。1998 年に最終的改正案が公表され、前述の全国会議およびアメリカ法律家協会によって 2000 年に正式に UCC 第9編として承認され、2001 年 7 月 1 日から発効した。この改正の部分は実務上

4 担保付取引

も重要な意味をもっているので、改めて改正の要点を解説しておきたい。

UCC 第 9 編は担保付取引に関する諸規定を定めたものである。アメリカ法上、破産法・倒産法は連邦法の領域に含まれるが、担保権等の定義は州法に委ねられている。さまざまな担保権を定義し、いくつかの権利のあいだに抵触がみられる場合に、第 9 編は優先順位を決めている。第 9 編の構造は 7 章からなっている。第 1 章（総則）に続き、第 2 章は担保権の効力、担保権の発生時、担保契約者の権利を規定している。第 3 章は担保権の完全化および優先順位を規定している。第 4 章は第三当事者の権利を規定している。そして、第 5 章（登録）、第 6 章（債務不履行）、第 7 章（経過規定）となっているが、これらの 3 章には大きな改正はみられない。本稿では、第 9 編の適用範囲に関する第 1 章の規定（9-109 条）、完全化に関する第 3 章の諸規定および同章第 4 節の銀行の権利に関する規定、その他いくつかの新しい考えを導入した改正規定に注目する。

(1) アメリカ法の二元性について、アメリカにおける州際通商の規制は連邦法の領域である。州法と連邦法の関係について、詳しくは、田島「州際通商条項について」筑波法政 18 号（1995 年）101 頁～127 頁、田島「エリー判決の再考察──アメリカ法の二元性の問題をめぐって」企業法学 2 巻（1993 年）172 頁～188 頁参照。

Ⅱ 第 9 編の適用範囲

9-109 条(a)項は第 9 編の適用範囲を規定している。その適用のある取引は、(1) 動産または定着物に対し契約によって担保権を設定する取引（その形式は問わない）、(2) 農業上のリーエン[(2)]、(3) 口座（銀行預金口座、証券取引口座、商品取引口座等）、動産証書、支払受取権、約束手形の売買、(4) 委託販売契約、(5) 2-401 条（売却された物品の売主の債権者の権利）、2-505 条（売主の留保付発送）、2-711 条(3)項（拒絶された物品に対する買主の担保権）、または 2A-508 条（賃借人の救済方法）により生じる担保権、(6) 4-210 条（取立銀行

の担保権）または5-118条（発行人または指定人の担保権）により生じる担保権である。同条(b)項および(c)項は、第9編の適用のない場合を規定している。改正前の規定を比較すると、適用範囲が著しく拡大されている[3]。

銀行口座に関する担保権が、改正によって詳細に規定されるにいたった。これについては後に説明する。次に支払受領金や約束手形の売買に関する諸規定が第9編に含められた。健康保険の受給金に関する権利関係についての規定が設けられた。農業上のリーエンに関する権利関係が明確化された。支払金受領権を支援する債権・財産に関する規定が追加され、その他若干の領域にまで第9編の適用を拡張している。なお、ソフトウェアに関しては、改正前の第9編は言及していなかったが、改正後の第9編はこれについても言及している[4]。商業上の不法行為請求権等の新しい概念も追加され、これに関する規定もおかれている。

(2)　農業上のリーエンは、9-102条(a)項(5)に定義される「農産物に対する担保権以外の利権」を意味する。今度の改正では、農業上のリーエンは担保権と並べて規定されることが多いが、煩瑣であるために、本稿ではいちいち並べて記述しなかったが、本稿の担保権に関する説明は、ほぼそのまま農業上のリーエンにもあてはまる。
(3)　9-109条(a)項は、一般的適用範囲を規定している。同条(b)項は適用を制限される場合について規定し、(c)項は、地主のリーエン、労働賃金の担保権等13項目には適用がないことを規定している。
(4)　ソフトウェアに対する担保権は、購入代金担保権の対象となる物品と関連して生じる。9-324条(f)項は、その優先順位について規定している。

Ⅲ　担保権の完全化

1　概　説

第9編のなかでもっとも重要な概念は、perfectionであるが、この用語を筆者は「完全化」と訳すことにした。他の翻訳者は「抗弁権の具備」という

4　担保付取引

訳語をあてる場合もあるが、他の担保権に優先して自己の権利を実現できる完全な担保権となることを意味しているので、「完全化」の方が実態をよく示していると思われる。9-310条(a)項が規定するように、融資説明書の登録が、この完全化に関する一般原則である。同項は、「(b)項および9-312条(b)項に別段のことが定められる場合を除き」という条項を付加しているので、これに該当するものはその一般原則の例外となる。

これと関連して、この登録がどの州法によって行なわれるべきであるか、またどのような登録が行なわれるべきか、第9編は詳細な規定をおいている。まず、前者の準拠法の問題については、改正前の第9編は、事項ごとに異なる準拠法を指定していたが、改正後の第9編は、債務者の住所地の法を準拠法と指定している。この規定によれば、債務者が東京に住所のある日本人であれば、「完全化」を要求する法律は日本にはないので問題が生じるので、改正後の第9編は、外国人の住所はワシントンDCにあるものと擬制し、同地区の法を準拠法とすることを規定している。「登録」の手続に関する規定は、前述のように第5章となっているが、著しく簡略化されたことを除き、従来と同じ考え方を踏襲している。

2　登録による完全化

完全化のために「融資説明書」の登録が必要とされるが、その内容については、次節で説明する。この原則に対する例外の第一は、消費者が消費者物品を購入する場合に生じるその物品に対する担保権の場合である。消費者取引における購入代金担保権は、その取引が行なわれると同時に担保権が完全化され、担保権者は転売の売上金に対しても優先権をもつ（9-324条参照）。9-310条(a)項に定めた(b)項の例外には、9-309条の消費者物品に対する購入代金担保権のほか、支払金受領権の譲渡、健康保険受給金受領権、被相続人の受益権の譲渡等13項目の場合が含まれている。これらの場合には、それぞれの関連法規に定められる方法で「完全化」される。

Ⅲ　担保権の完全化

3　占有または引渡による完全化

第二の例外は、占有または引渡による完全化が認められる場合である。これについて、9-313条は、「流通証券、物品、証書、金銭、または有体動産証書に対する担保権」の場合には、権原証書により対象担保物が明記されている場合を除き、その占有を取得することによって担保権が完全化される。正式の占有改訂の文書を作成し、担保権者はその占有を第三者に行なわせることもできる。改訂前の9-305条は倉庫寄託の場合にも同様の考えを採用していたが、本条は、倉庫寄託の場合および非流通証券の場合については、別個の規定をもうけている[5]。

4　支配権による完全化

UCC 9-314条は、投資財産、預金口座、信用状の権利[6]、および電子動産証書に担保権の完全化は、支配権によることを規定している。同条(b)項は、預金口座、電子動産証書、および信用状の権利の支配権が、それぞれ9-104条、9-105条、および9-107条に規定される支配権を意味することを定めている[7]。「電子的動産証書（electronic chattel paper）」は、9-102条(a)項(31)によって定義されているが、それは「電子媒体に保管された情報からなる記録によって証明される動産証書」を意味する。これに対する支配権を取得するために、9-105条は、担保権者が六つのことをすることを要求している[8]。9-314条(c)項は、投資財産の9-106条による支配権を取得し、その支配権を保持しているあいだは完全化できるが、証明付証券が債務者に渡されたり、発行人の株式名簿に債務者の名前が登録されたり、債務者が権利保持人となる場合には、完全化されないものとなることを規定している。

5　完全化の有効期間

前述の方法による担保物の「完全化」は、融資説明書の登録による場合には、原則として5年間有効である。この期間が渡過する前6ヵ月以内に継続

4 担保付取引

説明書を登録することによって、その期間をさらに5年間延長することができる。公的融資の場合には、登録による完全化は50年間有効である。占有もしくは引渡による完全化または支配権による完全化の場合には、それぞれ要件が満たされているかぎり、完全化は継続する。また、一定の取引については、一時的完全化が認められる場合もある⁽⁹⁾。

- (5) 倉庫証券については第7編に詳しく規定されている。第7編によって認められる権利は、第9編によって完全化された権利より優先する(9-311条(a)項)。
- (6) 9-329条は、信用状の権利(letter-of-credit right)の支配権をもつ者は9-308条(d)項に定める支援債務として信用状の担保権をもつ者より優先すると規定している。
- (7) 預金口座の支配権を得るためには、担保権者は、銀行に預金口座をもうけ、その顧客となり、債務者の口座の出入に関する契約書を三者の間で締結することが必要である(9-104条)。また、信用状の権利の支配権は、信用状の売上金の譲渡について発行人または指定人が同意している限度で、担保権者がもちうる(9-107条)。
- (8) 9-105条は、(1)他と識別できる正式なコピーを作成し、(2)そのコピーが担保権者を譲受人として特定しており、(3)担保権者がそれを維持しており、(4)そのコピーの改訂は担保権者が参加しなければならず、(5)謄本を抄本と区別できるようになっており、かつ、(6)改訂の場合には、正式な承認が得られたものである旨印されたものでなければならない、と規定している。
- (9) たとえば、流通証券に対する担保権は、その対象となる証券等に新しい価値が生まれた場合、20日間は登録または占有なしに完全化される(9-312条(e)項)。

Ⅳ 融資説明書の内容

1 当事者の記載

前述のように、担保権の完全化は、一般的には融資説明書の登録によって

Ⅳ　融資説明書の内容

行なわれるのであるが、登録事務所、事務所規則等に関する諸規定は、改正前のものと大きく異なってはいない。ここでは、融資説明書の内容に関する重要な規定だけを解説するだけにとどめたい。これについて、9-502条(a)項は、(1) 債務者の名前、(2) 担保権者の名前、および(3) 融資説明書の対象となる担保物を記載することを要求している。

9-503条は、債務者および担保権者の名前の記載の仕方について、詳しく規定している。債務者が登録団体（法人）である場合には、登録された名前を使う。債務者が被相続人の遺産である場合には、被相続人の名前および遺産が債務者であることを記載する。債務者が信託である場合には、信託設定者または受託者の名前を記し、信託であることを付記する。トレードマークによる名前の記載は不十分である。また、法人団体の登録の場合には、2人以上の名前を登録することもできるが、全員の名前が記載されることは必ずしも必要ではない。

2　担保物の特定

融資説明書は、対象とする担保物を特定するものでなければならないが、この記載の仕方について、9-504条は、9-108条の特定の仕方に従うことを規定している。この9-108条は、「具体的であるか否かに関係なく、合理的に特定する」ものでなければならないと規定している。同条(b)項は、その記述を例示して、「個別のリスト」「カテゴリー」「数量」「計算式もしくは分配式、または手続」等による記載で十分であるとしている。債務者の「全部の資産」または「全部の動産」という記載は、担保物を合理的に特定していない。投資財産や消費者物品等については、「型（type）」による記述は不十分であり、より厳密な記述が要求される（9-108条(e)項）。

一般的には、「種類（type）」による記述で十分である。たとえば、家庭電気会社がその電気商品の購入のために銀行から融資を受ける場合、継続的融資を行なう基礎となる貸付契約書を作成し、これを融資説明書として登録し、それが対象とする在庫商品に対し担保権が設定される。在庫商品はたえず消

97

4 担保付取引

費者の手に移されるものであり、在庫商品の製造番号（たとえば、A1120606）で担保物を特定すれば、消費者の手に移ったときに、別の在庫商品を担保物にする変更手続をとらなければならなくなる。そこで、UCCは、たとえば「ナショナル冷蔵庫」という記載では不十分であるが、「ナショナル冷蔵庫マンション用スキット型」と記載されていれば十分特定されたものとみなしている。ちなみに、UCCでは「付着（attachment）」という概念が使われているが、これは銀行が担保権を実行するさいに、在庫商品のなかから担保物とするものを具体化することを意味する[10]。

3 融資説明書の変更

担保物が追加されたり、他州に移動されたり、債務者が追加変更されたり、担保債権が譲渡されたりする場合には、融資説明書の説明が必要となる。この修正は権利関係に微妙な影響を与えうるが、著しく誤解を生むようなものとならないかぎり、誤記等によって融資説明書の効力を否定されるものではない。修正が最初の融資説明書をファイル番号によって特定している場合には、登録の効果は、その最初の融資説明書の登録のときにはじまる。

 [10] 「付着（attachment）」という用語は、通常、「差押」を訳される。しかし、UCCでは、この付着によって融資説明書が対象とする担保物が具体的に特定され、その融資説明書の登録の時点から完全化された担保権が発生することになるので、差押と区別して、この訳語をあてた。

V　担保権の優先順位

これまで主として担保権の完全化のことを説明したが、完全化の結果、どのような効果が認められるかについて、次に説明する。9-322条は、同一の担保物に対し複数の担保権が設定されている場合の優先順位を規定している。この規定によれば、第一に、完全化された担保権どうしの場合、早く完全化されたものが遅く完全化されたものに優先する。第二に、完全化されたもの

と完全化されていないものとの間では、完全化されたものが優先する。第三に、完全化されていない担保権どうしの場合には、担保権の設定時の早い方が優先権をもつ。

　優先順位に関する第9編3章3節は、優先順位について具体的な事例ごとに詳細な規定をおいている。第一に、9-323条は、前渡金の形で融資が行なわれる場合には、それによって取得される物品に対し、前渡金の時点から優先的な担保権が発生することを定めている[11]。第二に、購入代金について設定された担保物に対する担保権は、その他の担保権より優先する（9-324条）。第三に、預金口座に対する担保権は、支配権をもつ者がもたない者より優先する（9-327条）。第四に、信用状に対する権利は、支配権の優勢なものが劣勢なものより優先し、同じ支配権どうしでは、支配権を獲得したときの順序に従う（9-329条）。第五に、動産証書に対する担保権は、新しい価値を与えて占有するものが優先する。その他、担保物が定着物、収穫物、付合物、混合物である場合についても、複雑な規定をおいている[12]。

(11)　9-323条の正式コメント3は、2月1日に機械を担保物として甲が金を貸し、登録を済ませた事例を示している。その後、3月1日に乙が同じ機械を担保物として金を貸した。さらに4月1日になって、甲が再び同じように金を貸した。この場合、甲が貸した金の全額について、甲は乙に優先する担保権をもつ。

(12)　9-334条は定着物および収穫物について規定し、9-335条は付合物について規定し、9-336条は混合物について規定している。

VI　その他の改正点

1　用語の定義

9-102条は、第9編で使われる80の用語を定義している。改正前の定義をそのまま引き継いだものもあるが、多くのものは定義し直されている。たとえば、「信義誠実（good faith）」は、「事実上正直」であるという改正前の

4 担保付取引

定義に加えて、「合理的な公正取引の水準を守っていること」も必要であるとしている。本稿では、「債務者」という訳語を区別せずに使ったけれども、英語では debter と obligor という二つの用語を使い分けている。前者は、金銭の負債の側面に注目しているのに対し、後者は、契約義務の履行者という側面に注目している。さらに、「商業上の不法行為請求権（commercial tort claim）」[13]とか「信用状の権利（letter-of-credit right）」等の新しい概念も導入している。ちなみに、用語の定義ではないが、融資説明書の登録様式が、消費者信用法の立法手法にならって、モデル様式に統一されている点も注目に値する。

2 債務不履行

改正前の第9編5章は「債務不履行」に関する規定をおいていたが、改正後の第9編はこれを第6章に移した。債務不履行の時点から前述の担保権を実行できることになるが、この時点は従来と同じように、当事者の契約によって決めることができる[14]。この章の考え方はほとんど変更されていないが、新しい規定が若干追加されている。たとえば、9-607条は、司法手続によらないで譲渡担保権を実行する場合の手続を規定しており、9-612条以下には、担保物の処分に関する諸規定（事前の通知等）を追加している。司法手続によらないで担保権を強制することも許されてはいるが、平穏な秩序を乱すことは禁止される（9-609条(b)項参照）。司法手続による場合は、競売を行ない、UCC が定める順序に従ってその売上金を債務の弁済に充当することになる。

3 銀行取引に関する諸規定

改正後の第9編には銀行取引に関する規定が含まれていることについては、すでに第2節で述べたが、特に注目すべき規定は 9-340 条ないし 9-342 条である。まず 9-340 条は、担保権者である銀行に預金口座が維持されている場合には、その銀行がその預金口座に対する取戻権（recoupment）および相殺

権（setoff）を行使することができることを規定している。この規定により銀行は債務者に対して有効に相殺権を行使できるが、9-104条(a)項(3)によって銀行が支配権をもつ場合には、この行使は無効とされる。この9-104条(a)項(3)の規定は、銀行が顧客の預金口座を維持している場合には支配権をもつことを規定するものであるが、この場合には、銀行は相殺権ではなく、取戻権を行使することになる。

⒀ 「商業上の不法行為請求権（commercial tort claim）」とは、不法行為から生じた請求権であって、⑴請求権者が団体であるか、または⑵個人であってその者の事業・専門業の過程で生じた、人身傷害または死亡事故に対する損害賠償以外の請求に関するものを意味する（9-102条(a)項⒀）。

⒁ 契約によって規定された債務不履行が生じたとき、担保権者は担保物の占有を取得し、その処分を通知することになる。そして、第9編6章が定める適正な手続を経て、救済を得ることになる。ちなみに、9-207条は、占有者の権利義務について一般的に規定する条文であるが、前述の担保権者がこれに従うことも要求される。

Ⅶ　若干の注意点

本章ではUCC第9編に規定された担保付取引に関する一般原則を一通り説明したが、ほとんどすべての原則に例外が付されているので、実務の目的のためには、その例外規定を丁寧に読んで確認する必要がある。本稿では、第3節で登録による完全化の原則に対する例外を説明したが、そこで述べたように、9-310条(a)項は、「(b)項および9-312条(b)項に別段のことが定められている場合を除き」と規定しているので、(b)項を読んでみると、その⑴号は9-309条に言及している。そこで9-309条の規定を読んでみると、その規定はさらに2-401条、2-505条等に言及している。これらの関連を根気よく辿っていく必要がある。このことは、優先順位に関する諸規定を読むときには重要である。

今回の改正は、以前の規定と厳密に関連づけられていない。このことは、

4　担保付取引

改正後の第9編は、いわば白紙の状態から起案されたものであり、改正前の判例や解説が、改正後の関連条文の解釈に必ずしも役立つものではないということを意味する。そして、本稿の解説では正確を期したつもりではあるが、思いがけない誤解が含まれているかもしれない。近い将来、UCC全体を翻訳して出版する予定であり、読者の叱正を仰ぎながら、研究をより深く、かつ、正確なものにしたいと願っている。本稿および近く出版される翻訳が、読者のさらなる研究に貢献するところがあれば、筆者の望外の喜びである。

　［付記］　アメリカ法律協会＝統一州法委員会全国会議（田島裕訳）『UCC 2001—アメリカ統一商事法典の全訳』（商事法務、2002年）は2002年10月23日に出版されたが、その後にUCCは若干改正されているので、この訳書の改訂作業が進められている。

5 契約約款の規制

I 序　説

契約と約款の関係については、我国でも何度も議論されてきた[1]。ここでは、それらの議論をくりかえすことはせず、北川善太郎教授の課題設定に従い、約款とする意思（以下、約款意思という）[2]に焦点をあて、共通テーマのみを論じることにしたい。ちなみに、筆者自身にとっては、本章の研究は、拙稿「過失責任の契約による免責」のフォロー・アップとしての意味をもっている[3]。

(1) これまでの議論は、谷川＝北川「約款——法と現実」（1〜4完）NBL 239号〜242号（1981）に詳しく説明されている。なお、約款をめぐる日本の実態を調査して諸外国の法制度を比較研究した資料として、経済企画庁国民生活局消費者行政第一課『消費者取引と約款』（1984）参照。とくにイギリス法については、同報告書 247-76 ページを見よ。

(2) ちなみに、イギリス法の「約款」は、通常、standard form contract と表現されるが、ときには contract of adhesion と表現されることもある。また、「約款による取引」という場合、切符や受取証しか渡されていない取引または口頭による取引も含まれる。ただし、別に存在する約款そのものは、(1)具体的な取引の内容に関わりなく、広く一般に使われるものでなければならず、(2)長期間にわたって使われてきたものであり、(3)相手方との交渉によらないで一方的に作成されたものでなければならない。これらの点について詳しくは、E. J. Jacobs, *Written Standard Terms of Business*, [1983] J. Bus. L. 226-33 参照。

(3) 田中英夫編『英米法の諸相』（1980）571-600 ページ。

5 契約約款の規制

II イギリス契約法の体系における約款意思

1 イギリス契約法の理論

イギリスの契約法は、19世紀に大陸法の理論を借用して作られたもので、体系と呼べるようなものはもたない[4]。しかし、契約の自由がコモン・ローの大原則であることには疑いはない。二人の当事者が自由意思によって約束を結んだとき、この約束は、契約として裁判所の力を借りて強制できるものとなる[5]。約款が利用される場合、一方当事者によって事前にかつ定型的にそれが準備されるので、具体的な取引についての両当事者の意思が、そこに記述されたものと一致するとは限らない。しかし、多量の取引を迅速に処理する必要上、あるいは類似の取引を行なうさいの無駄を省くため、約款が両当事者の意思を表現したものと擬制される[6]。ところで、イギリス契約法は、申込（offer）と承諾（acceptance）以外に約因（consideration）の存在を契約成立の要件とする点で、大陸法のそれと著しく異なった特色をもつと言われる。しかし、この点は、すくなくとも約款に関しては、英米法と大陸法との本質的な違いではない[7]。イギリス契約法の特色は、むしろ契約の存在を示す証拠の取り扱いないし契約の解釈の方法にある、と筆者には思われる[8]。

2 約款意思の意義

運送契約を一例として取り上げ、約款に見られるイギリス法の特色を説明することにしよう。鉄道の駅には時刻表と料金表が掲げられているが、これは鉄道会社の運送契約の申し込みであると考えられる[9]。客が切符を買う行為は、それに対する承諾であると見なされる。運送の途中、事故が発生し、乗客が怪我をしたり、荷物に損害が生じた場合、運送約款によって責任が制限されることが多い。この制限が有効かどうかがしばしば争われたが、イギリス裁判所は、原則として免責を有効とする判断を下すことが多かった。例

えば、トムソン対ロンドン・ミッドランド・アンド・スコテッシュ鉄道会社判決では、切符に「条件について裏面を見よ」と記載されており、裏面には「当会社の運送契約約款による」旨が記載されていた[10]。鉄道会社の過失により怪我をした原告は、その約款を読んだこともなく、文盲のため自分では読むことさえできなかったが、上訴裁判所は、約款による免責をみとめた。

このような事件では、原告が約款の存在を知っていたかどうかが、まず問題となる[11]。もし被告が約款の存在を知らせるのに十分に合理的な手段をとっていたことが立証されれば、原告は知っていたものと見なされる。そして、証拠法上、文書の証拠はその他の証拠に優先するものと考えられているので、たとえ具体的妥当性にかけると思われる場合でも、約款の文言どおりにその効力が認められた[12]。

このようなコモン・ローの法理は、現在では不合理なものであると考えられるようになり、いろいろな形で修正されるようになった。特に注目すべきものは「基本的違反 (fundamental breach)」の原則と呼ばれるものである[13]。しかし、この判例法理は、不確定な部分を多くもっており、かえって不都合であると議会が考えたために、次節に見るように、コモン・ローを修正する法律がいくつか立法されるに至った。これらの立法には、矛盾するところもあり、後にみるような法解釈の問題を生んでいるが、一般的には、「消費者としての取引」に対して当事者の外見的な意思とは別に、制定法上の保護を認めている[14]。要するに、約款が繰り返し利用される場合、一種の慣習法として、契約意思の存在が推定されるのであるが、「消費者として個人が行なった取引」については、制定法によりその推定が否定される、といえる[15]。

(4) 契約法の教科書には、我国の民法総則の人の能力および意思に関する部分、債権総論のかなりの部分、民事訴訟法の一部に相当するものが説明されている程度で、そもそも民法と商法の区別すら明確でない。古典的な教科書である ANSON, LAW OF CONTRACT (26th ed. [Guest ed.] 1984) は、

5 契約約款の規制

　　序説として契約法の歴史を簡単に説明したのち、第一部で、契約成立の要件を説明している。そして第二部では、契約責任を否定することになる諸要素を説明している。ここで、契約能力の欠如、不実表示、強迫と不当威圧、錯誤、違法性などが論じられている。第三部では、契約責任の限界と題して、契約関係（privity of contract）や債権譲渡のことを説明し、救済方法、代理、原状回復などを論じている。CHESHIRE & FIFOOT, LAW OF CONTRACT (9th ed. [Furmston ed.] 1976); G. H. TREITEL, THE LAW OF CONTRACT (5th ed. 1979); P. S. ATIYAH, INTRODUCTION TO THE LAW OF CONTRACT (3rd ed. 1981) も、構成の仕方には異なった工夫が見られるが、内容の点では大きな違いはない。

(5)　イギリス法の場合、ここにいう契約意思は、必ずしも当事者の現実の意思である必要はなく、陪審（または合理的な人）がそれを意図したであろうと推定できるものであればよい。Davis Contractors Ltd. v. Foreham U. D. C. [1956] A. C. 696. ホワースは、大陸法の当事者の主観的な意思に注目するのを主観説と呼び、かかるイギリス法の見方を客観説と呼んで区別している。W. Howarth, *The Meaning of Objectivity in Contract*, 100 L. Q. REV. 265-81 (1984).

(6)　普通契約約款の意義について、G. Gluck, *Standard Form Contracts: The Contract Theory Reconsidered*, 28 INT'L & COMP. L. Q. 72-90 (1979); F. Kessler, *Contracts of Adhesion: Some Thoughts about Freedom of Contract*, 43 COLUM. L. REV. 626-42 (1943) 参照。もっぱらアメリカ法に関する研究ではあるが、T. D. Rakoff. *Contracts of Adhesion: An Essay in Reconstruction*, 96 HARV. L. REV. 1174-1784 (1983) も見よ。

(7)　約款が使われる取引では、通常、約因の要件は常に満たされている。来栖三郎教授は、「英米法では一時、大陸法の意思理論の影響はあったが、総じて意思理論は有力ではないとされている。しかし、だからといって、契約の概念の価値は否定されないように思われる。」と述べている。来栖・契約法 (1974) 9 ページ。実質的に比較した場合、英米法と大陸法の間には本質的な違いはないと思われる。

(8)　証拠の扱いについて、後掲注(12)参照。法解釈の諸法理については、Industrie Chimiche Italia Centrale S p A v. Nea Ninemia Shipping Co. S A, The Emmanuel C, [1983] 1 All E. R. 686（「各事例ごとに、問題の契約の

Ⅱ　イギリス契約法の体系における約款意思

当事者たちの現実の意思または黙示的意思を確認するために、解釈するのが仕事である。」per Bingham. J.）; Calico Printers' Association Ltd. v. Barclays Bank Ltd., [1931] All E. R. 350（契約を全体として解釈する。per Scrutton, L. J.）などを見よ。なお、イギリス法の法解釈の諸原理について、一般的に、伊藤＝田島『英米法〔現代法学全集48〕』(1985) 325-32ページも見よ。

(9)　Denton v. Great Northern Ry. Co., (1865) 5 E. & B. 860, 119 E. R. 701. ただし、本件の少数意見は、申し込みの誘因にすぎないという意見を述べている。

(10)　Thompson v. London. Midland and Scottish Ry. Co., [1930] 1 K. B. 41.

(11)　Id. また Sugar v. London, Midland and Scottish Ry. Co., [1941] 1 All E. R. 172 も見よ。この告知（notice）の問題に関して、詳しくは、河上正二「英米における免責条項の個別契約への〈組み入れ〉と〈通知〉の法理」千葉大学法経研究 17 号 (1985) 1-4 頁、同法学論集 1 巻 1 号 (1986) 99-129 頁、および G. Gluck, *supra* note 6 の論説も参照せよ。

(12)　L'Estrange v. F. Graucob Ltd. [1934] 2 K. B. 394 ; Jacobs v. Batavia & General Plantations Trust, Ltd. [1924] 1 Ch. 287, 295 参照。ちなみに、この点については、本文で言及したイギリス証拠法の原則の他、詐欺防止法の規定の仕方からも間接的に影響を受けているものと思われる。

(13)　Karsales (Harrow) Ltd. v. Wallis, [1956] 1 W. L. R. 936. また、後掲注(34)の判例および Suisse Atlantique Société d'Armement Maritime S. A. v. N. V. Rotterdamsche Kolen Centralt, [1967] 1 A. C. 361 も見よ。

(14)　例えば、Unfair Contract Terms Act 1977, s. 3(1)参照。「第 3 条（契約から生じる責任）(1)本条は、契約当事者が消費者として、または他の当事者の標準営業約款（written standard terms of business）に従って、取引する場合、その当事者間で適用されるものとする」。ちなみに、同条第二項は、合理性の要件を満たすものでない限り、契約条項により違反の責任を免除したり、債務を履行する義務を変更または免除することはできない、と規定している。

(15)　イギリス法における商慣習について、一般的に、内島裕「ロンドンの証券取引──最近の改革の法的意義をめぐって」大阪市立大学・証券研究年報第 1 号 (1986) 73-74 ページ [本書18-21頁]。また、London Export

5 契約約款の規制

Corp. Ltd. v. Jubilee Coffee Roasting Co. Ltd., [1958] 1 W. L. R. 661（輸出入契約の和解条項）も見よ。

Ⅲ 約款についての立法、行政、司法

1 立 法

ヨーロッパ共同体と協調する必要からも、約款の問題に関しては、議会が積極的に立法を行なっている。まず第一に、物品売買法があるが、これは、「供給された物品が記述どおりのもの」であり、「商品性をそなえ、かつその目的に適合するもの」であることを保証する。この保証は、契約の明文によって適用を逃れることができるが、その免責を定める明文は合理的なものでなければならない[16]。ただし、この法律の適用条件として次のことを満たす場合にかぎられる。すなわち、(1) 売り主が事業の過程において契約を締結し、(2) 買い主が事業の過程において契約を締結したのではなく、(3) 当該の物品が私的な使用または消費のために通常供給される種類のものであり、(4) 売買が競売または競争入札によるものではない、という場合である。

第二に、5,000ポンド以下の信用取引に関して、1974年の消費者信用法が、行政規則による規制を認めるとともに、クーリング・オフを定めている[17]。現在、かかる規制としては、契約書の中に信用手数料の金額および率、買い主の解除権、その他権利義務関係に関する重要な情報を開示し、この契約書を買い主に与えることを義務づけている[18]。

第三に、1977年の不公正契約条項法をあげなければならないが、約款の問題に関しては、この法律は極めて重要である。この法律により、死亡または人身傷害の結果を免責する条項は無効とされる[19]。また、その他の条項も、不合理な契約条項は、取り消されうる[20]。不合理か否かの判断は、裁判所の判断に任されているが、同法付則2に5つの参考にすべき事項を掲げている。その一は、契約当事者の相対的な交渉力（客の要求を満たす代替的な手段の有無も考慮する）である[21]。その二は、客が誘引されたか、または

その承諾をするさいに類似の別の契約を締結する機会があったか否かである。その三は、その条項の存在と内容を理解していたか否かである。その四は、その条項が関連する責任を免除または制限しており、契約締結の時点でそれが合理的なものであったと思われるか否かである[22]。その五は、商品が客の特別の注文によって製造、加工、または手直しされたものか否かである。

第四に、1982年の物品及び役務供給法にも言及しておかなければならない。この法律は、1973年の物品供給（黙示的条項）法と物品売買法関連の諸規定を統合し、役務に対しても法律の保護を広げることを目的とした法律である。しかし、法律の内容については、これまで述べたこと以上のことはもりこまれない[23]。

2 行　政

アメリカの場合とは違って、イギリスでは、行政の干渉は、直接的なものではない。行政の担当者は、公正取引局長であるが、その権限は一般的なもので、約款について特別の職務を負わされているわけではない[24]。実際には、公正取引法第124条3項に基づき、事業者団体に対して消費者の利益の保護のために公正な慣行基準を作成するよう指導してきた。現在のところ、家庭電気、靴、クリーニング、自動車、旅行代理業などの業界が、標準約款を作成し、それを利用している。約款の内容は、それぞれ異なっているが、同局長に寄せられた苦情を考慮して、適正な約款の運用をはかっている[25]。もちろん、取引制限はコモン・ローに反するのであり、消費者保護をはかるあまり制限的取引を助長することにならないよう特別の考慮が払われていることはいうまでもない[26]。

3 司　法

裁判所の役割は、具体的な事件において正義を行なうことにある。そもそも契約法は、裁判所によって作られた法であり、その運用は、裁判所の主要な職務の一つであると考えられてきた。契約と約款の関係をいかなるものと

5 契約約款の規制

考えるかも、最終的には裁判所の判断に任される、といってよい[27]。そこで、節をあらため、イギリスの裁判所がどのようにその職務を果たしてきたかを調べることにしたい。

(16) Sale of Goods Act 1893, s. 55 に由来する法原理であるが、現在は、1979年の同名の法律第55条に規定されている。「第55条（黙示的条件の排除）(1)権利、義務または責任が法の効果（implication）として物品売買契約から生じるものと思われる場合、(1977年の不公正契約条項法に従うことは別として）明示的合意により、または当事者の間の取り引きの過程により、または契約の当事者を拘束する慣習により、それを否定したり、変更したりすることが許される」。1977年法の規定について、前掲注(14)および後掲注(20)を見よ。

(17) Consumer Credit Act 1974, ss. 60 and 67-80.

(18) *Id.*, ss. 44 and 55.

(19) Unfair Contract Terms Act 1977, s. 2(1).

(20) *Id.*, s. 11（合理性の基準）参照。また、*id.*, s. 2(2)（過失責任）、s. 4(1)（損害補償条項）、s. 6(3)（売買およびハイヤ・パーチェス）、s. 7(5)（その他の契約）も見よ。ちなみに、この合理性の判断と関連してアメリカ法の原理である「非良心性（unconscionability）」がこれに含まれるかどうかの議論がある。Lloyd's Bank Ltd. v. Bunday, [1975] 1 Q. B. 326 において、デニング裁判官は、交渉能力の不公平な当事者間の取引は非良心的な取引であり、取り消しうるとする見解を示した。しかし、貴族院は、批判的な意見を表明している。*Cf.* National Westminster Bank plc v. Morgan, [1985] 2 W. L. R. 588 ; Pao On v. Lau Yiu Long, [1980] A. C. 614 (Lord Scarman「ある取引が非良心的か否かを決定するとき、定義は役立たずの道具である。これは、当該事件の個別的な事実にかかる問題である」。*id.*, at 631）。

(21) この基準は、交渉力の不平等を問題とするものであるが、これについて詳しくは、H. Beale, *Inequality of Bargaining Power*, 6 OXFORD J. L. S. 123-36（1986）参照。後掲注(26)の判例も見よ。

(22) 本章で紹介したジョージ・ミッチェル判決、*infra* note 28 では、この

110

基準と関連して、保険の利用が容易であったことを重要視している。

(23) ただし、Supply of Goods and Services Act 1982, s. 17(2)により、1977年の不公正契約条項法第7条3A項に、次の規定が追加された。「1982年の物品および役務供給法第2条（物品の財産権を移転する一定の契約における権限などに関する黙示的条件）により生じる義務の違反に対する責任は、かかる条項を定めることによっては排除したり、制限したりすることはできない」。

(24) 公正取引局長は、1973年のFair Trading Actの運用にあたる他、1974年のConsumer Credit Actにより、消費者信用の免許制度を行なうことになっている。

(25) 以上のことについて、詳しくは、G. Borrie, Legislative and Administrative Controls over Standard Forms of Contract in England（1978年5月4日のローマ大学での講演）参照。

(26) Cf. A. Schroeder Music Publishing Co. Ltd. v. Macaulay, [1974] 1 W. L. R. 1308. これについては、取引省が担当官庁となっており、局長は同省と協議することになる。Fair Trading Act 1973, ss. 4 and 5(2)。

(27) Hansard (H. L.) vol. 384, col. 447 (20 June 1977).

Ⅳ 判例法の分析——主にジョウジ・ミッチェル（チェスタホール）会社判決を中心に

1 ジョウジ・ミッチェル判決[28]

この判決は、普通契約約款の解釈に関する極めて重要な判決であるので、まずこの判決を紹介することにしたい。この事件では、原告である農夫が被告からキャベツの種子を買いつけ、自分の畑にまいたところ、家畜の餌にしかならないキャベツしか育たなかった。そこで原告は、被告に対し損害賠償を求めたところ、被告は、192ポンド（代金相当額）を支払った。これは、その取引に使われた普通契約約款に、被告は品質保証をしないこと、またいかなる場合においてもその商品の取り替えか、支払われた代金の返済のみに限られることが規定されていたためである。実際の損害額は61,000ポンド

5 契約約款の規制

を超えるものであり、原告は、かかる約款の無効を主張してその損害賠償を求めた。

第一審の審理にあたった高等法院（商事裁判所）は、契約通りの種子の引き渡しが行なわれていないので被告はまだ債務を履行していない、と判決した[29]。上訴裁判所は、この判決を肯定したのであるが、前節で紹介した諸立法の解釈にも言及した。これは、デニング裁判官が、実際にキャベツの引き渡しが終わっているので、債務不履行があったとは言いがたく、問題の免責条項が制定法上有効か否かを検討せざるをえない、とする意見を述べたためである。デニング裁判官だけは、この事件は1977年の不公正契約条項法の成立前に起こった事件であるし、「消費者売買」の事件ではないからその適用はなく、物品売買法第55条の規定によってのみ無効とされる、という解釈を示した[30]。上訴裁判所は、この判決に対する貴族院への上告を許さなかったが、貴族院自身が特別上告を認め、事件を改めて審理したうえ、最終的に原審判決を肯定した。

貴族院は、デニング裁判官の意見に対して異論を唱えたが、結論としてはその判決を支持した。特にブリッジ裁判官の意見に注目したい。この意見は、まず第一に、被告側に過失があった場合でも明文の免責条項によりその責任を免れることができるか否かを問い、これを肯定した。次に、当該条項は、物品売買法の合理性の要件を満たしているかどうかを問い、これが満たされていないと判決した。しかし、この合理性の判断基準は、1977年の不公正契約条項法のそれと基本的に異なるものではない、とする見解を示した。本件の場合、被告が引き渡した種子は契約書に記述された種類（description）の種子であるとはいえ、品質の劣るものであるから1979年の物品売買法第13条（種類売買）および第14条（品質または適性についての黙示的条件）に違反するものであり、契約締結時において原告が免責を認めたとは合理的に考えられないとした[31]。そして、本件では損害保険をかけることができたので、第13条および第14条の売り主の責任を免除する条項は合理性の基準を満たさない無効なものであると判決した。

2 イギリス判例法の分析

ジョウジ・ミッチェル判決で問題になった約款の条項は、次のようなものであった。すなわち、「1　会社が売却したまたは売却する約束をした種子または苗木が売買契約の明示的文言に従っていないか、……あるいは種子または苗木の種類の純粋性について欠陥があることが分かった場合、会社の選択により、欠陥のある種子ないし苗木を取り替えるか、会社に支払われた全部の支払金の返済をする。……2　会社は、この契約によって損失または損害に対する全部の責任を免れるものとする」。判例法上、確定損害額条項、違約金条項、和解条項、準拠法ないし法定地条項、抵触法条項、保険条項、他の文書への参照条項などの諸条項についても、基本的には同じ考えが貫かれている[32]。

ジョウジ・ミッチェル判決の法理が消費者取引に適用されることは疑いない。これに対し、この法理が常に商人間の取引に適用されるか否かは明らかではない。例えば、スイス銀行対ブリンクス＝エム・エイ・テイ会社判決では、約款に従う意思はむしろなかったと思われるのであるが、上訴裁判所は、約款の免責条項の効力を認めた[33]。また、ミュアヘッド対インダストリアル・タンク会社判決では、別の理由から原告の請求は否定されたけれども、約款の免責条項は有効であると認められた[34]。このように商事取引に関しては、取引の安全に対する考慮のため、約款の効力が認められることが多い[35]。とくに対等の当事者間で十分な話し合いのうえで署名がなされたと思われる場合には、普通の契約と同じ効力が認められることは言うまでもない[36]。また、商人間の取引であっても、2つの約款が使われた場合には、意思解釈の問題が生じることも言うまでもない[37]。

3　スコットランド法の意義

スコットランドはイギリスの一部でありながら、大陸法の特徴をそなえている。ここで特に注目した1977年の不公正契約条項法が、スコットランド

5 契約約款の規制

と共同でつくられたこと、また最近、ヨーロッパ諸国との協調が必要になっていることなどから、スコットランド法の重要性が高まっている。そこで、スコットランド法にも少し注目しておくことにしたい。

特にマクロン対ブーツ農業販売会社判決をみることにしよう[38]。この事件では、除草剤の売買に関して、売り主の普通契約約款に含まれている免責条項の解釈が問題となった。事実関係はまったくあきらかでないが、スコットランドの高等裁判所は、普通契約約款に関する興味深い意見をのべている。この意見によれば、第一に、本件のように原告が文章に書かれた約款そのものを受け取っておらず、送り状の中に「普通契約約款による」という文言が書き込まれているにすぎない場合、それは約款による取り引きであって、1977年の不公正契約条項法の適用をうける。第二に、取り引きが何度も行なわれ、原告が当該の文言に気付いたとしても、普通契約約款の内容について合意していたものとは推定できない。従って、被告のコモン・ロー上の義務を免れることを意図したと思われるような不公正な契約条項は、効力を認められない。イングランド法とスコットランド法は、しばしば異なりうるが、先にも述べた通り、この判例は、イギリス法の一部となっていると考えてよい[39]。

(28) George Mitchell (Chesterhall) Ltd. v. Finney Lock Seeds Ltd., [1983] 2 A.C. 803 ; [1983] 1 Q.B. 284 ; [1981] 1 Lloyd's Rep. 476. Cf. R.W. Green Ltd. v. Cade Bros. Farms, [1978] 1 Lloyd's Rep. 602.

(29) [1981] 1 Lloyd's Rep. 476. この判決は、前注(13)で引用した「基本的違反」の原則の流れをくむ判決の一つである、と言ってよい。

(30) [1983] 1 Q.B. 284. キャベツの引き渡しがなされているので、契約は履行されており、問題は免責条項にかかっている、ということを前提にした議論である。そして、前注(14)で述べたような消費者保護のための特別立法が適用された結果、当該の条項が無効とされるのではなく、契約法の一般原理として無効が認められる、という考えである。

(31) ブリッジ裁判官が特に注目したのは1979年法55条の「(4)物品売買契約

においては、上の 13 条、14 条、または 15 条の規定の全部または一部から逃れる契約条項ないし他の契約は、消費者売買の場合には無効であり、またその他の場合には、当該の条項に信頼を置くのを許すことが公正または合理的でないと証明された限度で強行できないものとなる」という規定であった。ちなみに、同裁判官は、Photo Production Ltd., *infra* note 36 および Ailsa Craig Fishing Co. Ltd. v. Malvern Fishing Co. Ltd. [1983] 1 W. L. R. 964 にふれ、全面免責と責任制限の区別にも言及している。

(32) 詳しくは、YATES & HAWKINS, STANDARD BUSINESS CONTRACTS : EXCLUSIONS AND RELATED DEVICES (1986) 参照。ちなみに、この著書は、各条項ごとに問題点を整理し、判例法を詳細に分析している。また、末尾には、各条項の実例を付録として付けている。運送事業、ホテル業、旅行代理業、保険業、その他若干の事業で使われている約款について、田島裕「諸外国における消費者保護法──イギリス」『消費者法講座第 1 巻』(1984) 154-61 ページも見よ。

(33) Swiss Bank Corp. v. Brink's-MAT Ltd. [1986] 2 Lloyd's Rep. 79. 原告と被告は、長期にわたって頻繁に取引を行なっており、条件について細々と話し合うことはなかった。事業用の用紙には、「顧客が当社の標準取引契約を締結する場合を除き、すべての取引が、貨物運送協会 (Institute of Freight Forwarders Ltd.) の標準取引約款に従って行なわれる。」という文言が含まれていた。この用紙は、MAT が Brink's と合併する以前から使われていたもので、合併後には別個の合意がなされたようであるが、同じ用紙が使われていたために、協会の標準取引約款の責任制限条項の適用が認められた。

(34) Muirhead v. Industrial Tank Ltd., [1986] 1 Q. B. 507. この事件では、第一被告が魚類卸売り業者から水槽の製作を請負い、第二被告に実際の製作を依託した。その製品のモータ部分は、第三被告が納入したものが使われ、これに欠陥があったために、多量の魚が死んだ。第一被告の第三被告に対する求償について、第三被告の約款による免責が認められた。

(35) 船荷証券などについては、かなり古くから標準約款が使われている。f. b. o. 契約に関する Bunge Corporation v. Tradax Export S. A., Panama, [1981] 1 W. L. R. 711 ; [1981] 2 Lloyd's Rep. 1 (穀物飼料協会の普通契約約款の通知義務に関する規定の効力が争われた事件) 参照。

5 契約約款の規制

(36) Photo Production Ltd. v. Securicor Transport Ltd., [1980] A. C. 827; [1980] 1 All E. R. 556; [1980] 2 W. L. R. 283. 参照。ちなみに、この事件では、原告側は、「基本的違反」の原則を主張したが、貴族院はこれを否定した。

(37) Butler Machine Tool Co. Ltd. v. Ex-Cell-O Corp. (England) Ltd., [1979] 1 W. L. R. 401.

(38) McCrone v. Boots Farm Sales Ltd., 1981 S. L. T. 103 (May 29, 1981).

(39) この判例のイギリス法上の意義について、R. G. Lawson, *The Unfair Contract Terms Act : Progress Report*, 131 N. L. J. 933 (1981).

V 普通契約約款法

イギリス法の大陸法との融合は、ますます盛んになっている。普通契約約款についても、ヨーロッパ共同体の指令作りに積極的に協力している(40)。約款は、現代社会の必要が生んだものであり、それ自体が悪性をもつわけではない。本章でも若干の例で示したように、契約の両当事者にとって有益であることが多い。問題は、それが個々の事例から離れて一方的に作られるために、起草者にのみ有利な約款の条項が書き込まれることがままある、という点にある。従って、かかる不合理な条項を個別的に排除することが必要となるが、イギリスでは、裁判所がこの職務を行なうのに最も適した機関であると考えられている。かかる職務が裁判所にあることをはっきり法律の明文で定めるとともに、その職務を行なうのに役立つ判断基準を立法で示している。また、行政は、間接的ではあるが、その目的を実現するために、法の運用を監視し、必要な助言を立法府に対し与えている。これまで約款は、契約法の一般理論から離れた特徴をもつことがあったけれども、先の指令作りが進めば、今後はむしろそれに近いものになるだろうと思われる(41)。

(40) Bulletin of the European Communities Supplement 1/84, Unfair Terms in Conctracts concluded with Consumers. この文書には、1984年2月14日にヨーロッパ評議会に提出された指令案 (Com [84] 55 final) および各

V 普通契約約款法

加盟国の立場が説明されている。

(41) イギリスの立場からこの動向の将来の展開について論じた論説として、A. D. M. Forte, *Unfair Contract Terms : Evaluating an EEC Perspective,* [1986] LLOYD'S MARITIME AND COMMERCIAL LAW 482-96. ちなみに、最近、EUROPEAN CONSUMER LAW JOURNAL が発行されたことも、ここに付記しておきたい。

6 銀 行 法

この第6章に収載する論文は、1996年にケンブリッジ大学ジーザズ・カッレッジで行われた国際会議での報告資料に基づいて作成したものである。もともと、稲垣美沙子氏（日本銀行）が最初の草稿を書き、これを本格的にわたくしが書き直したものであり、共同研究として、Rider, Tajima and McMillan (ed.), Commercial Law in a Global Context (Kluwer International, 1997) に発表した。その表題は、"The Impact of Globalisation on Japanese Banking Law" とした。最初の構想がわたくしのものであるし、この論文にはいろいろな思い出がつまっているので、本書に稲垣氏の同意を得て収載することにしたが、これは稲垣氏の学術業績として扱うのが公正であると思う。

1. Introduction

Banks have two main functions under Japanese law[1]. One is to function as an intermediary between fund suppliers and borrowers; for example, they take deposits from clients and lend them to firms. The other is to function as the provider of payments and clearing services. From the early 1950s until the middle of the 1980s, bank finance was the major fund-raising vehicle in the corporate sector in Japan, as the government took the initiative in consolidating the financial system in order to support the reconstruction of the economy because capital markets were still underdeveloped. As a result, banks played a key role in providing funds to firms in Japan during this period; one might also say that Japanese banks assisted national economic policy. Even after this period, banks have continued to retain an important role in corporate finance, and their troubles and failures have an enormous impact on their borrowers and the overall economy.

The financial industry worldwide has been challenged by large and rapid changes since the 1980s, and many countries adopted the changes by financial system reform[2]. One could cite globalisation, deregulation, securitisation and progress in computer and communication technology as

6 銀 行 法

examples of such changes. Japanese banks have inevitably been affected. These changes have encouraged financial transactions to expand in quality and quantity, and also induced risks inherent in the industry to materialise. Financial institutions have responded to these changes in various ways, some with mergers, others with specialisation.

After explaining the ongoing changes which Japanese banks face, the authors wish to offer some clues to solving the issues involved in the changes, and to look at some future developments in the banking law field.

2. The roles of major commercial banks

(1) *The Banking Law 1981 and other relevant statutes*

Banks are corporations established in accordance with the Commercial Code, and licensed to conduct banking business in accordance with the Banking Law or with specialised bank laws[3]. Banks in Japan were separated from other financial services institutions such as insurance and securities companies, and further segmented into various groups according to the type of business they specialise in (see Table at p. 138). Ordinary commercial banks are governed by the Banking Law and originally established for short-term finance, and specialised financial institutions—such as those for long-term credit or for small and medium-sized firms, and cooperatives for agriculture, forestry and fishery workers—are governed by laws stipulated for each category of specialisation.

The main statute related to the subject of this paper is the Banking Law 1981, which governs the deposit-taking ordinary commercial banks and derived largely from revisions to the Banking Law 1927. The 1927 Law provided for the organisation of financial institutions, but the details of bank regulation were not written down in the statute[4]. The regulation of banks was essentially a government policy matter, and 'no rules has meant prohibition' represented Japanese banking practice.

The 1981 Law reorganised the law and practice of banking:
- The public nature of banking business was emphasised, to conduct appropriate businesses to ensure smooth financing and protection of

THE IMPACT OF GLOBALISATION ON JAPANESE BANKING LAW

   depositors ;
- the scope of banking businesses was defined ;
- a special provision was made for the credit limit on large-scale loan extensions[5] ;
- 'disclosure' of banks' activities was made a duty ;
- Saturdays and Sundays were made bank holidays ;
- the fiscal year of banks was made the same as ordinary business corporations and the comparison became easier ; and
- provisions for foreign banks were newly introduced.

As regards the scope of banking businesses, the 1981 Law allows banks (or their subsidiaries) to conduct five major categories of business, which cover a wider range of businesses in response to the changes in the financial environment after the 1950 s :
- the traditional banking business mentioned earlier, stipulated in Article 10(1) of the law—namely, the financial intermediary function or to take deposits and lend funds[6] or discount bills and notes—and the clearing function, or to transfer funds in order to settle payments ;
- 'ancillary' businesses, supplementary to the traditional banking business, including guarantees in compliance with Article 10(2), and securities custodian business ;
- securities business stipulated in Articles 10(2) and 11, including retail sales and dealing of government bonds, government bond underwriting[7], and private placement arrangement ;
- other businesses stipulated in Article 12, such as trust businesses and registration of corporate bonds ; and
- 'peripheral' businesses, such as leasing and investment advisory servies.

Japanese banks have been segmented into various groups by the type of business they offer, as this was the most effective way to allocate the limited resources to meet the demands of industries and sectors of the economy when many of the statutes were stipulated in the 1950 s. The Banking Law was stipulated for ordinary commercial banks which were originally founded for short-term finance, while specialised bank laws were stipulated to affect each type of institution—for example, the Long-

6 銀行法

Term Credit Bank Law 1952[8], the Foreign Exchange Bank Law 1954[9], the Mutual Savings Bank (*Sogoginko*) Law 1951[10], the Labour Banks Law 1953, the revised Trust Business Law 1954 (based on the 1922 original law)[11], and other laws for institutions specialised in lending to 'small and medium-sized firms', or to 'agriculture, forestry and fishery' workers. There are also several statutes providing for 'government financial institutions' including postal savings.

In addition to the above primary laws, banks are subject to various other laws[12] : The Bank of Japan Law 1942 ; the Temporary Interest Rates Adjustment Law 1947 and the Law Concerning the Restriction of Interest 1948, on interest rates ; the Law Concerning the Reserve Requirement System 1957 ; the Deposit Insurance Law 1971 ; the Anti-Monopoly Law 1947 ; the Foreign Exchange and Foreign Trade Control Law 1949 ; the Securities Exchange Law 1947 ; and the law Concerning Amalgamation and Conversion of Financial Institutions 1968, on bank mergers or changes in type of business.

(2) *Role of major commercial banks in corporate finance*

As seen above, the current financial system in Japan was consolidated under the government leadership in the early 1950 s after World War II, with the primary and urgent purpose of supporting the reconstruction of the economy by facilitating the fund-raising of the corporate sector[13]. In doing so, the government designed a financial system that concentrated on indirect financing through banks, which were regulated and protected throughly.

Capital markets in Japan have developed since then ; however, firms' heavy reliance on bank finance is still evident. Bank lending in Japan was 105 per cent of nominal GDP at the end of 1994, compared with 38 per cent in the US, where direct financing through capital markets is much more popular.

Banks, particularly the major commercial banks among ordinary banks, have been the main players in finance in Japan, and their troubles and failures have an enormous impact on the country's financial system and on the overall economy.

Also, even after the 1950 s Japanese banks have continued to play an important role in corporate finance, particularly that related to large manufacturing firms, by offering services far beyond lending. Principal lender banks, or the so-called main banks, have exerted large and long-term influence on the management of borrower firms as advisers. They have supplied information on their trade counterparts or markets and in return obtained confidential information on the firms' financial conditions; assisted their asset liability management; and participated in the firms' management, often as stockholders—ie through holding the firms' shares[14] (or, in many cases, stabilised their relationship through cross-shareholdings between the firms and their main banks). When the bank saw that a firm was in trouble, it sent officers to directly control the business of that firm.

Another notable practice unique to Japanese banking is the collateral requirement which has been set for most financial transactions, including corporate debenture issues, bank lending[15], and inter-bank transactions. Land and securities have been used for collateral, and this practice, together with a loophole in the stringent laws and requlations—ie the special provision included in the 1981 Banking Law on the credit limit on large-scale loan extension—expanded the non-performing loans of the *jusen* (housing loan companies) as will be seen below.

(3) *Bank lending*

Banking business to a considerable extent still consists of 'taking deposits' from depositors and 'extending credits' to firms. Therefore, the regulations on interest rates affect bank lending businesses.

Banks were governed by detailed regulations on interest rates on deposits imposed by type and size of institutions; these regulations were gradually relaxed around the mid-1970s (now they have been fully liberalised since 1995[16]). Financial deregulation on interest rates started in response to the shift of fund-raising vehicle from bank lending to capital market instruments which were developed to circumvent controls.

The nature of bank deposit and lending contracts is as follows:

- A deposit contract is a 'general deposit contract for consumption' under Articles 657 and 666 of the Civil Code. A deposit contract is formulated at the time when a bank receives funds from a depositor and pledges to keep the money in deposit (Article 657 of the Code); and the bank has to return the same amount of money to the depositor after their consumption (Article 666).

- A lending contract is a 'contract for consumption' under Article 587 of the Civil Code. Such contracts are carried out with negotiable instruments—ie bills (usually for short-term credits), certificated (for long-term credits), or with overdrafts on the customer's accounts. A lender bank receives bills or certificates in place of the funds it lends, and the borrower returns the same amount of money to the bank. Banks can also buy undue bills at a discounted rate and extend credits to those who presented the bills ('discounting of bills'[17]).

(4) *Payment and settlement systems* [18]

The important roles and functions of banks as providers of payment and clearing services are historical. In Japan, the most widely used means of payment in terms of volume is banknotes and coin, and in terms of value, it is fund transfers between demand deposits at banks and between banks' current accounts held with the central bank.

Cash is extensively used in economic activities, as illustrated by the high ratio of outstanding cash in circulation to GDP (9.9 per cent in 1994, compared to 2.8 per cent in the UK, and 5.4 per cent in the US; see Table at p. 139). To meet the strong demand for cash, banks have developed nationwide networks of inter-bank cash dispensers/automated teller machines to facilitate small-value payments.

Non-cash payments are processed through the banking system by funds transfers, either paper-based or electronic (see Table at p. 140).

Paper instruments, namely bills and cheques, first began to represent 'money value', although their share has recently been declining. These instruments are brought to banks, cleared through clearing houses[19], then settled between banks' current accounts held with the central bank. Government agencies and firms often use cheques for payments. Personal cheques are rarely used in Japan.

When a financial transaction is conducted between two parties at a distance, banks process such trade without physically carrying cash—

THE IMPACT OF GLOBALISATION ON JAPANESE BANKING LAW

thereby reducing the risk, cost and time involved—through electronic funds transfers.

An increasing number of domestic transactions are conducted through electronic funds transfers, and direct credits/debits between demand deposits have been popular in Japan. Banks make contracts with both payer and receiver of funds, and offer direct debit payment services including those for credit card bills, television and periodicals subscriptions, public utility charges, instalment payments, tax and school tuition fees; and direct credit payment services including those for salary payments, dividends and pensions[20]. These payments are conducted through the inter-bank clearing system, the *Zengin* system, then settled between banks' current accounts held with the central bank.

The BOJ-NET or the Bank of Japan Financial Network System settles most interbank clearing balances resulting from domestic funds transfers, using the banks' accounts held with the central bank, as mentioned above. The BOJ-NET also clears and settles cross-border yen transactions using a part of the system, the Foreign Exchange Yen Clearing System[21], and government securities against funds. The BOJ-NET began operations in 1988.

(5) *International banking businesses*

Cross-border financial transactions and foreign-currency denominated trades were strictly requlated after World War II by the General Headquarters of the Occupation. In 1947 private trade was once again permitted, albeit partially; and in 1949 the Foreign Exchange and Foreign Trade Control Act was enacted, setting exceptions only on government orders (the exceptions were those judged by the government to be absolutely necessary to the reconstruction of the economy). Since then, the exchange control had gradually been eased but still remained rather restrictive.

Globalisation of financial markets in Japan progressed after the shift to floating exchange rates in 1973, and the foreign exchange control was eased in stages after 1977: Capital transactions were liberalised in 1980 as the Foreign Exchange and Foreign Trade Control Act was revised; bans were lifted on foreign-currency denominated deposits and Euro-yen transactions; and the Tokyo Offshore Market was established in 1986. As a result, cross-border financial transactions and foreign-currency denominated trades expanded.

International businesses of Japanese banks changed in nature, from trade financing to assisting fund-raising of Japanese firms overseas in the 1970 s, then to trade with overseas firms and governments in the 1980 s. Japanese banks' share in trade outstanding on gross asset basis increased from 21 per cent at the end of 1983 to 39 per cent at its peak at the end of March 1989.

Expansion of cross-border transactions also invited domestic markets to develop in order to compete with overseas markets.

3. Bank supervision

In order to maintain the soundness of banks, there are four categories of measures depending on by whom and when they are taken—namely, preventive measures and after-the-fact measures taken by the authorities, and those taken by the private sector.

Examples of preventive measures taken by the authorities are the conventional laws and regulations mentioned above governing banking operations, balance-sheet requlations and on-site bank examinations, while after-the-fact measures of the authorities are emergency lending extended by the Bank of Japan, the deposit insurance system and resolution schemes by the government.

Banks are requlated by the Banking Law and other relevant statutes covering the whole range of financial services and institutions involved, and are also subject to the 'administrative guidances' of the Ministry of Finance based on those laws. The Ministry of Finance supervises banks on the basis of these laws. The Ministry grants licences once it has approved entry into new businesses, the opening of new branches, proposed business hours and other matters; it conducts examinations; and it has the right to impose penalties for misconduct by suspending businesses or taking away licences. On the other hand, the Bank of Japan conducts bank examinations[22] and daily monitoring of financial markets and of payment systems, in order to maintain the stability of the currency and of the financial system—which is the purpose of the Bank, as stipulated in the Bank of Japan Law.

Throughout the post-war reconstruction period and the high growth period in the 1970 s, banks were regulated and controlled according to the so-called 'convoy' system by which all banks were expected to steam in the same direction and at the same speed, while ensuring that the slowest and weakest institution was in line. In other words, banks were guided and protected by the authorities and their policy administration to keep in convoy. When some institutions ran into trouble, the authorities intervened and arranged mergers with healthier institutions. Until last year, not a single Japanese bank had failed since World War II. Now such mergers have become difficult since even healthy banks have some bad debts and cannot accept mergers; also, the financial condition of failed banks is worse as resolution tends to be left to the last minute, leading to the need for larger disposal costs.

Recently, however, emphasis has been put on individual banks' efforts to strengthen their self-regulatory preventive measures, particularly regarding risk management, since too much intervention by the authorities can thwart innovations and competition in the markets. The authorities are now working to improve regulations and infrastructures to maintain the soundness of the financial system, through balancesheet regulations, a deposit insurance system and other safety-net measures.

4. The impact of changes in the late 1980 s and thereafter

(1) *Deregulation and globalisation*

Financial deregulation progressed particularly after the turn of the 1980 s as the new Banking Law came into effect (1982) and rules that had restricted competition were gradually relaxed.

After years of discussions held on the segmentation of financial businesses, the Financial System Reform Law passed the Diet in 1992. The Law allowed banks, trust banks and securities companies to establish subsidiaries to operate in other businesses-securities and trust businesses for banks; securities business for trust banks; and banking or trust businesses for securities companies. Accordingly, these institutions entered

6 銀 行 法

into new businesses through subsidiaries.

In addition to deregulation in buisiness areas, the easing of interest rate regulations encouraged both financial innovations to circumvent controls and competition among various types of financial services institutions. As a result, capital market instruments, including government bonds and deposit instruments offered by government financial institutions, competed with the liberalised deposit instruments of banks.

Another feature of deregulation was the evolution of non-banks and their businesses. 'Non-banks' refers to institutions that extend credits without receiving deposits; they are established by banks, securities companies, insurance companies or ordinary commercial firms. Banks, in particular, engaged actively in these businesses through their subsidiaries.

Among these non-banks, developments of *jusen* or housing loan companies have been the focus of attention recently, as their financial problems have surfaced (see sections below for details). These institutions were established on the basis of the Law Concerning the Regulation of Receiving of Capital Subscription and Interest Rates on Deposits 1954, to lend funds for housing on the security of real estates.

Another major type of non-bank is *shinpan* companies or consumer credit institutions, which are registered with the Ministry of International Trade and Industry to mediate in instalment purchases such as credit card payments on the basis of the Instalment Sale Law 1961.

As the credit outstanding of non-banks expanded and delinquencies of lenders and borrowers increased, the laws applied to the non-banks were revised with the Law Concerning Regulation of the Money-Lending Industry 1983 and the Law of Partial Revision of Laws Concerning the Regulation of Receiving of Capital Subscription, Deposits, Interest Rates, and Funds on Deposits 1983.

Cross-border transactions were also deregulated, and new instruments started to be offered in Tokyo markets; for example, the Tokyo International Financial Futures Exchange started trade in 1989. Euro-yen transactions also expanded in and outside Japan. Further relaxation of exchange control is in sight.

Under the impact of deregulation, banks started to take more risks than they used to, engaging in activities far beyond conventional deposit-taking and lending, and a larger proportion of their income has been gained from volatile trading business. Moreover, their competition with other financial servies institutions intensified as markets began to be integrated in terms of both types and places of business. In order to survive competition, many banks have become bigger in size through mergers, or have diversified businesses; but now it is not a case of 'the larger, the safer'.

Deregulation and globalisation of businesses meant the spreading of risks. Now the question is how to buttress internal controls of institutions in order to control risks. Transparency of banking activities is necessary and disclosure is needed to maintain the soundness of individual institutions. At the same time, regulations have been revised to ensure against system failures.

(2) *Non-performing assets of banks*

As seen above, banks had a large presence in corporate finance due to Japan's post-war policy and firms continued to rely heavily on bank finance even after the 1980 s. However, as in many other countries, banks' profits were squeezed in the 1980 s as interest rates on deposits were progressively deregulated, and fees and commissions were lowered in competition. Banks expanded their clientele in response to changes in the economic situation, to include small and medium-sized firms, non-manufacturing firms (notably those in the real estate industry) and individuals[23]. This was due mainly to the following factors:

- diminishing demand for funds, particularly among large manufacturing firms—the conventional borrowers—as the pace of economic growth slowed down in the early 1980 s;
- a general trend to shift fund-raising vehicles from bank lending to capital market financing as deregulation and securitisation have progressed; and
- an increase in demand for funds among the new clientele reflecting the growing share of services industry in the economy.

Banks lent aggressively to the non-manufacturing sector—particularly firms in the real estate industry and small firms—on the security of real estate during the easy monetary phase from the mid to the end of the

6 銀 行 法

1980 s, when prices of assets such as stocks and real estate increased rapidly.

When the markets of real estates and stocks crashed in the late 1980 s, banks were left with huge bad debts, with only these assets as collateral. At the end of March 1996 the non-performing assets held by depository institutions in Japan amounted to ¥35 trillion. Since then banks have been rigorously disposing of their non-performing assets. During the fiscal year 1995 (1 April 1995—31 March 1996) banks reported huge loss reserves and charge-offs of non-performing assets, while the oprating profits of the member banks of the Federation of Associations of Banks fell to ¥2,946 billion losses for the first time, with net income (after tax income) going into the red to the tune of ¥4,077 billion.

In the meantime, 11 banks failed in 1995. The deteriorated creditworthiness of Japanese banks led to the emergence of the Japan premium in markets worldwide, and the funding rates for Japanese banks were raised.

(3) *The jusen problem*

Jusen, or housing loan companies, were originally established by banks to offer housing loans to individuals on the security of real estates. However, during the asset inflation period around the mid-1980 s, *jusen* borrowed funds from banks and agricultural financial institutions and expanded lending to the real estate industry. These companies increased their shares by offering easier procedures and requirements on loan applications than banks, and by providing funds for commercial loans such as for building shops and offices. Also, these companies were not subject to the credit limit on large-scale loan extensions imposed on banks[24].

With the deregulation of banks' retail banking services offered to individuals, *jusen* concentrated their lending on real estate firms. The crash of the real estate market in the late 1980 s therefore affected these firms heavily and by 1996 their non-performing assets amounted to ¥6 trillion.

5. Key factors in the future banking laws and practices in Japan

(1) *Solution of the jusen and non-performing asset problems*

Considering the large role played by banks in the Japanese economy, and also the recent slow recovery of economic growth, the government urged the development of a scheme to solve the problems. After heated discussions, particularly concerning whether government funds should be used in the scheme, the Diet passed laws in June 1996 to solve the problems.

The outline of the resolution schemes are as follows. The seven *jusen* were to be dissolved; the Resolution and Collection Bank (RCB) was established to purchase and collect the assets of the *jusen*; ¥680 billion was to be granted to the RCB from government funds via the Deposit Insurance Corporation (DIC) [25]; and the financial base of the DIC was to be strengthened [26].

The Ministry of Finance and the Bank of Japan respectively announced measures to improve and enhance banking supervision and oversight. The reinforcement of risk management and internal control, and the disclosure of non-performing assets on the side of financial institutions were also emphasised in delivering these measures.

Another legal measure related to the solution of the *jusen* and non-performing asset problems is the application of the Criminal Code. A Bill is now being discussed in the Diet for strengthening penalties on the criminal conduct of bankers, such as false reporting to the authorities and to stockholders regarding operations and financial conditions, and misconduct such as accepting bribery.

Also in the *jusen* resolution scheme, stockholders' representative actions to the parties involved in the problems—ie bank executives or directors—have been discussed. This option has become more realistic after the amendment of the Company Law in 1993, which resulted in an increase in the number of actions brought to the court; there were 84 in 1993 and 145 in 1994, whereas the total number of actions in the 50 years after the enactment of the statute in 1950 was only about 60.

131

6 銀 行 法

The followings are the statutes related to stockholders' representative actions. Article 267(1) of the Commercial Code provides that a stockholder who has continuously kept a firm's share for six months or more may demand that the board of directors bring a representative action against the misconduct of a director and, if the board fails to do so, he may bring it to the court on behalf of the board. A stockholder can sue the directors for damages for illegal distribution of dividends (Article 290 (1)), illegal donation of benefits in favour of a third party (Article 249 (2)), favourable loan to a particular director or directors (Article 266 (1)), self-dealing of a director (Article 265), and other offences of statutory prohibitions (Article 266(1)). In addition, there are certain cases in which a stockholder may bring action for the breach of the director's duty to act faithfully.

Japanese stockholders have rarely used the right to sue dispite the above statutory provision for stockholders' representative actions. This was because they were required to deposit a large amount of money for bringing such actions to the court. Now the provision has been amended: the value of the action shall be presumed to be ￥950,000 and the court fees shall be fixed at ￥8,200, which is only nominal. The amended provision also provides that expenses necessary for the investigation of the case shall be borne by the firm.

(2) *Payment system stability*

Although deregulation, globalisation and other factors have rapidly expanded the coverage of regulations in recent years, the fundamental concept of regulation has remained unchanged: banks are regulated to secure the stability and soundness of the payment system, and subsequently of the overall financial system. In this regard, rules concerning business operations and segmentations are set to limit entries of institutions wishing to participate in the payment system; rules on the soundness of banks are set to maintain the soundness of the asset portfolio of participating institutions; and rules on safety nets are set to stop the operations of failing institutions.

The financial and banking system in Japan will further develop and change, and the direction is toward the unbundling of banking businesses

THE IMPACT OF GLOBALISATION ON JAPANESE BANKING LAW

into various functions, with the help of progress in information and communication technology and improved computer networks between economic entities. Banks will respond to such changes in various ways; some may continue to have various functions, whilst others, perhaps most, will specialise in a limited number of them. Banks can outsource some functions, such as information processing, or conduct businesses through subsidiaries which they control. In such ways many of the expanded banking businesses can be divided, and the risks involved in these businesses can be controlled in smaller units.

Among banking functions, payments and clearing should be protected by limiting the number of institutions allowed to participate in the business. In the course of ongoing technological progress, the reliability of payment and settlement systems, as well as the service providers, needs to be strengthened, since any loss of credibility in the systems would result in going back to cash or paper-based payments which involve more risk, time and cost.

Regulations will have to be reviewed and conducted by function, since extending the traditional thorough regulations to all sophisticated banking businesses may be too costly and difficult[27], as more and more expertise will be needed to fulfil the duty. To stop market participants searching for legal and requlatory loopholes, the worldwide standardisation of rules and regulations in necessary. Coordinated reforms of payment systems and other institutional arrangements regarding financial transactions are thus necessary[28], and international policy coordination and standardisation of supervision are indispensable.

Risk-control measures effective on the side of market participants in the private sector are setting exposure limits on transactions, adequate collateral and loss-sharing rules. The improvement of market functions is also necessary—for example, through shortening time lags in settlements.

(3) *'Rule of law' in Japan*

As seen above, the validity of present banking laws and practices in Japan have been tested in the course of financial globalisation and other changes. Indeed, Japan is now at a crossroads : to acquire the 'rule of law' or not? To do so, and in order for the system to survive the com-

6 銀 行 法

ing years, Japan needs to review and improve the overall legal system to accommodate the changes.

In other words, globalisation necessitates the adoption of new rules and standards that were not necessary in the closed society of Japan's past, where most transactions were domestic and controlled and legal disputes and lawsuits were not a popular way to solve problems[29]. These new global rules and standards have to be the minimum necessary, whilst remaining clear, transparent and constructive for the market participants. Clear rules themselves eliminate discretionary bureaucratic administration.

Below are some examples of the areas of finance in which new rules and standards have to be introduced in Japan:

- Regarding the segmentation of financial businesses, the establishment of bank holding companies has to be reconsidered, in order to build appropriate firewalls that separate businesses and the consequent risks involved. Business entries into new areas of financial services are allowed, in the form of establishing subsidiaries, but firewalls do not function under this form of business participation with Japan's conventional lifelong-employment system[30].
- As regards international banking and deregulated businesses, the current exchange controls should be fully revised to set only minimum rules for contingency arrangements for financial transactions (particularly in cross-border trades) in emergencies (eg wartime transactions). A significant degree of deregulation is needed in this area.
- For the solution of *jusen* and non-performing asset problems, legal procedures for bankruptcy have to be expedited and improved. For example, under Japanese laws the Department of Justice and the courts are supposed to be the legitimate authorities to announce bankruptcies and to execute resolution schemes for troubled banks and *jusen*, but political solutions have been brought in due to the financial authority's claim that these legal procedures are slow and timid.
- Regarding the payment system issues, new rules should be introduced to accommodate new payment transactions. One such example is the rules related to netting by novation, which in turn facilitate

THE IMPACT OF GLOBALISATION ON JAPANESE BANKING LAW

bankruptcy procedures by minimising the debts and obligations of payment-system participants. The other example is the rules governing electronic funds transfers which protect consumers in computer-based transactions.

(1) See Art. 2 of the Banking Law 1981. Roughly speaking, private financial institutions in Japan are separated into depository institutions—or banks—and other financial institutions—ie insurance and securities companies (see the Table at p. 138)—and banks consist of ordinary commercial banks and specialised financial institutions.
(2) The US enacted the Financial System Reform Act 1980, the UK enacted the Bank Act 1979, and Canada enacted the Bank Act 1980.
(3) See, for details, Federation of Bankers Associations of Japan (*Zenginkyo*), *The Banking System in Japan* (1994).
(4) The law defined and introduced a banking system in order to overcome the financial crisis at the beginning of the Showa era in 1925, by promoting sound management of individual institutions to gain the credibility of banks.
(5) A circular issued by the Bank Bureau of the Ministry of Finance in December 1974 was the statutory provision prior to the 1981 Law.
(6) Deposit contracts are also based on Arts. 657 and 666 of the Civil Code, and lending on Art. 587 of the same Code.
(7) For public bond-related businesses, banks are exempted from Art. 65 of the Securities Exchange Law which separates banking and securities businesses.
(8) The principal role of these banks is 'to issue debentures and to extend credits with regard to long-term working capital or business fixed investment'. See Art. 6 of the Long-Term Credit Bank Law 1952.
(9) This law applied to the former specialised foreign exchange bank, the Bank of Tokyo (now the Bank of Tokyo-Mitubishi).
(10) To date, all *sogo* banks have been converted into ordinary banks.
(11) The 1954 law authorised only the specialised banks and a very limited number of commercial banks (including long-term credit banks) to engage in trust business. The Financial System Reform Law 1992 relaxed this limitation.
(12) The following laws have been amended and revised, notably thorough the Financial System Reform Law 1992, by which banks were allowed to engage in securities business either by themselves or through subsidiaries with the approval of the Ministry of Finance.

6 銀 行 法

(13) Developing an efficient infrastructure is particularly important when a country's resources are limited. On this point, Ibrahim F. I. Shihata states as follows : 'Institutional aspects are presently receiving greater recognition in development circles. The development of infrastructure has particular institutional aspects which go beyond the general requirement of having in place a framework of rules, processes and institutions meant to ensure that a country's resources will be managed efficiently and responsibly' (I. F. I. Shihata, *The World Bank in a Changing, World, Selected Essays and Lectures,* volume Ⅱ, (Martinus Nijhoff Publishers, 1995) p. 350).

(14) Article 11 of the Anti-Monopoly Law prohibits financial institutions (institutions operating in banking, trust, insurance and securities businesses) from holding more than five per cent (ten per cent for insurance companies) of shares issued by one domestic ordinary business corporation.

(15) From 1962, such practice was standardised and included in bank loan contracts.

(16) Except for current account deposits, on which it was stipulated to put no interest in the Temporary Interest Rates Adjustment Law 1947.

(17) Banks are also often asked to guarantee payments by issuing letters of credits. When the guaranteed party fails to perform the contract, the bank may decide to enforce its collateral and consequently act as the principal party in selling the secured property to a third party.

(18) See, for details, Bank for International Settlements, *Payment Systems in the Group of Ten Countries* (December, 1993) pp. 247-288 ; and Bank of Japan Institute for Monetary and Economic Studies, *Wagakuni no kinyu seido* (The Japanese Financial System) [in Japanese] (1995) pp. 83-106.

(19) Among the 182 clearing houses nationwide (as of the end of March 1994), the majority of the total clearing value is concentrated and cleared at the Tokyo Clearing House.

(20) In order to enhance this pre-arranged debit service, banks introduced the 'integrated account'service, which has been widely in use, in 1972. An integrated account offers an overdraft facility by combining the customer's demand deposit account—used for settlement purposes—and savings account in a single passbook ; the shortage in the demand deposit account is automatically made up for by an overdraft against collateral in the savings account (including bonds).

(21) Dollar payments arising from foreign exchange transactions are han-

136

THE IMPACT OF GLOBALISATION ON JAPANESE BANKING LAW

dled by Tokyo branches of the US banks. These branches transfer the net credit/debit positions of individual banks to their head offices in the US, and debit/credit correspondent accounts of these individual banks.

(22) The Bank examines banks which hold current accounts with the Bank for settlement purpose, upon agreement with these banks.

(23) For details, refer to '*1980 nendai ikou no kigyou no balance sheet no henka ni tuite*' ('changes in corporate balance sheets since the 1980 s') in *Nippon Ginko Geppo (Bank of Japan Monthly Bulletin)*, in Japanese (July 1996).

(24) Aggregate loan exposure to a single borrower can not exceed 20 per cent of the broadly-defined capital (capital and reserves) for an ordinary bank; and 30 per cent for a long-term credit bank and a trust banks.

(25) The Deposit Insurance Corporation was established in 1971. Deposit pay-offs are conducted up to 10 million yen per account.

(26) The Deposit Insurance Corporation decided to raise the insurance premium rate in February this year, effective from fiscal 1996.

(27) See, for details, Thomas M. Hoenig (1996) 'Rethinking Financial Regulation', *Federal Reserve Bank of Kansas City Economic Review*, Second Quarter, vol. 81, no. 2.

(28) See, for details, T. J. T. Baliño, E. G. Omotunde, A. Johnson & V. Sundararajan, 'Payment System Reforms and Monetary Policy', *Finance & Development*, (International Monetary Fund, March, 1996).

(29) In relation to this point, legal officers in both public and private sectors have to be increased by relaxing qualifications for both prosecutors and lawyers, so that the number of legal-minded professionals rises to deal with the increasing number of lawsuits and disputes.

(30) In Japan many employees stay at one firm all their working career and are often posted to a wide range of responsibilities, each for a short period of time (two to five years). Therefore, once an employee starts working at a bank and the bank expands its businesses by establishing trust and securities subsidiaries, there is a possibility that the employee may be posted to banking, trust and securities businesses within one firm, so that the firewall in the firm does not work to prevent possible insider trading.

6 銀 行 法

Table : Financial institutions in Japan (as of the end of April 1996)[i]

Central Bank : Bank of Japan

Private financial institutions :	Depository institutions	
	Orginary commercial banks :	
	City banks	10
	Regional banks	64
	Member banks of the Second Association of Regional Banks	65
	Foreign banks	93
	Specialised financial institutions	
	For long-term credit :	
	Long-term credit banks	3
	Trust banks	30
	For small and medium-sized firms :	
	Zenshinren Bank	1
	Shinkin banks (credit associations)	416
	National Federation of Credit Cooperatives	1
	Credit Cooperatives	369
	Shoko Chukin Bank (Central Cooperative Bank for Commerce and Industry)	1
	Labour banks	48
	For agriculture, forestry, and fishery :	
	Credit federations of agricultural cooperatives	47
	Agricultural cooperatives	2,264
	Credit federations of fishery cooperatives	35
	Fishery cooperatives[ii]	1,335
	Other financial institutions	
	Insurance companies :	
	Life insurance companies	29
	Non-life insurance companies	58
	Securities companies :	
	Banks and Finance corporations	283
Government financial institutions	Postal savings	11
	Others	1

Notes : i . Figures represent the number of institutions.
　　　　ii . As of the end of January 1996.
Source : *Federation of Bankers Associations of Japan,* Japanese Banks '96 ; Bank of Japan Institute for Monetary and Economic Studies, *Wagakuni no Kinyu Seido* (The Japanese Financial System), in Japanese, 1995.

THE IMPACT OF GLOBALISATION ON JAPANESE BANKING LAW

Table: Comparative figures on payment and settlement (1994)

Notes and coin in circulation

	US$ per inhabitant[i]	As % of GDP	As % of narrow money[ii]
Japan	3,736	9.9	30.7
UK	504	2.8	4.6
USA	1,385	5.4	30.8

Notes: i. Year-end figures converted at end-of-year exchange rates.
  ii. M1, except for the UK (M2).

Transferable deposits held by non-banks

	US$ per inhabitant[i]	As % of GDP	As % of narrow money[ii]
Japan	9,424	25.8	85.3
UK	10,493	58.6	95.4
USA	3,098	12.0	68.8

Notes: i. Year-end figures converted at end-of-year exchange rates, except for Japan (end-March figure converted at end-March exchange rate).
  ii. M1, except for the UK (M2). End-March figure for Japan.

Settlement media used by banks

	Column A		Column B	
	Banks' reserves at central bank (US$ billion)[i]	Column A as % of narrow money[ii]	Transferable deposits at other banks (US$ billion)[i]	Column B as % of narrow money[i]
Japan	30.4	2.0	91.6[iii]	6.6[iv]
UK	2.3	0.4	349.8	54.5
USA	30.8	2.6	29.1	2.5

Notes i. Year-end figures converted at end-of-year exchange rates.
  ii. M1 except for the UK (M2).
  iii. End-March figure converted at end-March exchange rate.
  iv. End-March figure.

6 銀行法

Cach dispensers and ATMs

	Number of machines per 1 million inhabitants	Number of transactions per inhabitants	Average value of transactions in US $ [i]
Japan	978	3.6	418.3
UK	334	22.1	71.2
USA	418	31.8	67.2

Note: i. Converted at yearly average exchange rates.

EFT-POS terminals

	Number of terminals per 1 million inhabitants	Number of transactions per inhabitants	Average value of transactions in US $ [i]
Japan	227	0.006	80.2
UK	5,993	—	—
USA	1,440	2.4	25.0

Note: i. Converted at yearly average exchange rates.

Value of transactions handled by payment systems in Japan (in trillions of yen)

	1990	1991	1992	1993	1994
Bill and cheque clearing	4,797	4,037	3,563	3,262	2,770
Zengin System	1,870	1,777	1,725	1,793	1,894
Foreign Exchange Yen Clearing System	7,258	6,258	6,208	5,951	6,647
BOJ-NET	36,870	33,980	35,892	39,295	40,705

Source: Payment and Settlement Statistics; Economic Statistics Annual Bank of Japan; and other national data.
Bank for International Settlements, Statistics on Payment Systems in the Group of Ten Countries —figures for 1994, December 1995.

7 アメリカの連邦企業法

一 序　説

1　課題の設定

　アメリカ法は「企業法学」の主要科目の一つである。現在では、アメリカ法の「企業法学」に関係するほとんど全部の法領域に研究の手が付けられている。しかし、「州際通商条項」は最も重要な規定でありながら、これについては本格的な研究がまだなされていない。それは、日本のような単一法制度には関係のないアメリカ法の二元性に関係する条項であること、また、その条項に関係する判例の数が数万件にも及ぶため論文にまとめにくいことなどの事情によるものと思われるが、この研究はアメリカ法研究の核心をなすものであり、放置されてはならない。

　ここにいう「州際通商条項」とは、合衆国憲法第1条8節3項の規定を指している。その規定は、連邦議会が「外国との通商並びに各州間およびインディアンの部族との間の通商を規制する」権限を有することを定めている。連邦法の立法管轄は非常に制限されている[1]が、現行の連邦法の多くは、この条項を非常に拡張し、かつ弾力的に解釈し、これを基礎として制定されている。また、ある法律問題が、州法の問題ではなく連邦法の問題として扱われ、連邦の行政・司法の規律に従うべきものとするためにも重要な意味をもつ。理論的には、現実に「自由競争」が行われるようにするために通商のさまざまな制約を取り除くことを目的とした通商規制が、本当にその目的を達成しているか否かを検討してみる必要がある。

7 アメリカの連邦企業法

2 「通商」の定義

具体的な論考に入る前に、前提となる一般的なことを説明しておこう。まず第一に、憲法制定当時の歴史についてであるが、「州際通商条項 (interstate commerce)」は最も多くの議論を呼んだ憲法条項である[2]。議論は多岐にわたるので全部を一つ一つ説明することはできないが、一般的には、北部諸州の利益と南部諸州の利益の対立であったとみてよい。北部諸州は、戦争に備えて連邦政府が軍隊を維持し、統一通貨を発行し、財政的な基礎を確保するため連邦政府が利権をもつべきであると主張した。これに対して、南部諸州は、貿易に関してはイギリスとの関係を独立後も強化したいと考えており、また農場経営のために黒人奴隷を買い取らなければならないが、州際通商条項による規制を名目にして、連邦政府はこれらの南部の在り方を否定するであろうと恐れたのである。しかし、最終的には、政治的な妥協によって暗黙の合意が作られ、連邦議会の権限の一つとして州際通商の規制権限が認められた。その妥協の結果、憲法の条文の上では「通商 (commerce)」の定義をせず、将来の具体的な事件ごとに判断するという方針がとられた。

第二に、州際通商条項は一般条項であるから、それだけにその憲法解釈が重要であるが、「連邦法と州法の二元性」の観点から、連邦の権限と州の権限とをどのように配分するかに関する考慮がその解釈に大きな影響を及ぼしている。マーシャル裁判官は、1824年のGibbons v. Ogden 判決の中で、州際通商条項で使われている「通商 (commerce)」という文言は、「交通 (traffic)」、つまり、商品の移動を意味するが、「交通」は「交流 (intercourse)」と同義であると理解し、その結果、諸判例において、単なる人の移動や情報の電送についてまで、連邦の規制権限が及ぶものと解釈されるにいたる[3]。

一般条項であるだけに、そのときどきの時代精神ともよぶべきものがその解釈に影響を与えていることも事実である。たとえば、ソーシャル・ダーウィニズムの時代の裁判官たちは、「通商」を「生産」と区別していたし、「取引契約」を規制する考えは19世紀にはほとんどなかった[4]。1937年以

降には、その基本思想がはっきり否定され、連邦政府の積極的行政が肯定されるにいたるが、現在においても、「州際通商」という概念に明確な定義は与えられていない。後に詳しく説明されるように、そのときどきの状況に応じてプラグマティズムの思想により弾力的に解釈されてきた。

第三に、州際通商条項そのものは「インディアンとの取引」や「外国との取引」にも言及しているが、その規制は合衆国内で行われる通商の規制と原則的には同じである。ここではアメリカ合衆国の諸州間の取引規制を中心に論ずることになるが、その考えはインディアンとの取引にも当てはまる[5]。「外国との取引」については、若干の付加的考慮が必要となるが、これについては、三で租税法を説明する中でのべることにしたい。

3 州際通商条項の積極面と消極面

(1) 積極的側面

州際通商条項による規制は、積極的な側面と消極的な側面がある。積極的な側面は、その条項を根拠に連邦議会が規制立法を行い、これに基づいて積極的に行政することを意味している。1887年に制定された州際通商法[6]が、その典型的な例である。この法律によって州際通商委員会が設置され、その機関が「輸送」の行政規制に当たっている。具体的には、この委員会は、バス、鉄道、トラック、水上輸送、航空輸送、その他あらゆる運輸事業の規制を行う義務を負わされているのである。同法により州際通商委員会は規則を制定し、輸送（transportation）を規制することになっているが、聴聞を行った後、一般旅客運送の交通のルートおよび料金を決定することが特に重要な職務である[7]。今日ではその権限はいっそう強化され、輸送における安全性の規制にまで及び、違反に対して刑事罰を科することさえも許されている[8]。まだ、ここでは「輸送」を例として説明したが、後に述べるように、銀行法、会社法、環境法など多岐にわたる積極的連邦立法の例をあげることができる。

(2) 消極的側面

7 アメリカの連邦企業法

　州際通商条項によって州の立法、行政などを否定した諸事例にそのネガティヴな側面をみることができる。たとえば、Edwards v. California 事件では、いわゆる「アンタイ・オーキー（Anti-Okie）」と呼ばれる州法が違憲と判決された[9]。当該の法律は、「貧困者をそれと知りながらその州へ移住させること」を犯罪と規定している。このような法律は、州の住民の健康、道徳および経済的負担に関するもので、ポリス・パワーの権限に含まれるものであるとは言えるが、州相互間に報復的な立法を呼び起こし、合衆国全体の統一を傷つけるので、違憲な移動禁止であると言わなければならないと判決した。アメリカの憲法のケース・ブックなどでは、この事例のように州への移入を規制する州法と、移出を規制する州法とを分けて分析しているが、筆者はその区別は意味がないと考えている[10]。

　連邦法の先占の理論と呼ばれるものがあるが、これはたとえ連邦法が明文によって規制していない場合であっても、州法を違憲とする理論枠組である。1851 年の Cooley v. Board of Wardens 判決[11]で萌芽的考えが示され、City of Burbank v. Lockheed Air Terminal, Inc. 判決[12]で明瞭に説明されている。たとえ連邦法が明瞭に禁止政策を示していなくても、連邦法の領域であると一般的に認められ、その連邦政策が強力なものであると考えられる場合には、連邦法によって先占されており、州法が干渉することは許されないとする理論である。この理論は、「いわゆる休眠中の通商条項」によって違憲無効とされるとするものでもある[13]。つまり、違憲判決が下される場合には、休眠中の通商条項を州の立法が起こしてしまったことになるのである。

(1) 合衆国憲法第 1 条 1 節は、「この憲法によって付与される立法権は連邦議会に属する」と規定している。そして、第 10 修正は、連邦憲法に規定されないことは州の主権に留保される旨を規定している。合衆国憲法第 1 条 8 節は、連邦議会の立法権を 18 項目に限定している。しかし、その第 18 項には「必要かつ適切」な付随的権限をもっていると規定しており、また憲法解釈の弾力性のために、比較的自由な解釈がなされてきた。

(2) 歴史については、C. WARREN, THE SUPREME COURT IN THE UNITED STATES

一　序　説

HISTORY（1922）が信頼できる文献である。(a) 連邦議会の下院議員の選挙において、その定数が人口に比例して決められることになっているので、南部へ大量の黒人が移入されることによって支配力を失うことを北部諸州は恐れたが、(b) 南部は「市民権」の概念を導入して黒人には選挙権を付与しないことにしたので、反対論は力を失い、「州際通商条項」が連邦憲法に入れられることになった。

(3)　Gibbons v. Ogden, 9 Wheat. 1 (1824). 通信社が新聞社へニュースを電送することも「通商」とされた。Associated Press v. United States, 326 U. S. 1 (1945).

(4)　田島「ソーシャル・ダーウィニズムが適正手続条項の解釈に与えた影響について」法哲学年報（法的推論）(1971年) 178-187頁に掲載した研究ノートで考察した。そこで述べたことは、州際通商条項の解釈についても当てはまる。

(5)　インディアンに関する事項はもともと連邦問題 (federal question) である（先占されている）。従って、インディアンの土地利用やタバコ売買の州法による規制は、連邦法による授権がある場合に限り、合意とされる。New Mexico v. Mescalero Apache Tribe, 462 U. S. 324 (1983) ; California State Board of Equalization v. Chemehuevi Indian Tribe, 474 U. S. 9 (1985).

(6)　49 U. S. C. A §§10101 et seq. (1887).

(7)　歴史的には、「航海 (navigation)」も交通 (traffic) の重要な一部門であり、海上輸送は、商品の輸送と深い関わりをもっており、航行可能な河川は連邦政府の通商規制のもとに置かれてきた。水路や港湾の建設・整備も通商に影響を与えるので、ダムの建設は連邦の許可を得なければならない。洪水等の防止も、航海の安全を確保するために必要であり、環境の改善も連邦の権限に含まれると理解される。

(8)　18 U. S. C. A. §2101 (1968). この法律は、有名なシカゴ・セヴンの事件である Dellinger et al. v. United States, 472 F.2d 340 (1972) において、2対1で合憲と判決された。

(9)　Edwards v. California, 314 U. S. 160 (1941).

(10)　この区別は、いわゆる original package の理論（Brown v. Maryland, 12 Wheat. 419, 6 L. Ed. 678 (1827)）を説明するために必要であったと思わ

れる。しかし、現在では、この理論は採られていない。
(11) 12 How. 299, 13 L. Ed. 996 (1851).
(12) City of Burbank v. Lockheed Air Terminal, Inc., 411 U. S. 624 (1973).
(13) この理論は、Pennsylvania v. Nelson, 350 U. S. 497 (1956) でウォレン首席裁判官が説明したものであるが、合衆国憲法第6条の解釈として導入された。Cf. H. P. Hood & Sons, Inc. v. Du Mond, 336 U. S. 525, 535 (1949).

二 連邦法による取引規制

1 取引規制の連邦法

アメリカの独占禁止法、証券取引法、消費者信用法などの竹内昭夫教授の研究は、そのほどんと全部が「州際通商条項」を立法管轄の根拠として制定された連邦法の研究である(14)。この領域では、最近の立法例も少なくない。例えば、1994年に制定された電気、ガスなどの公共サービスを行う事業の持株会社等を厳しく規制することを目的とした連邦法がある。この法律は、通常の会社規制は州法によるべきものであることから、わざわざその規制が州際通商の促進のために必要であることを規定している。もう一つの最近の例をあげれば、電話による販売を規制する消費者保護法 (Telephone Consumer Protection Act) がある。この法律は、その規制が州際通商に適用されることをわざわざ規定している。この種の立法例は枚挙にいとまがないが、ここでは「州際通商」の説明を主眼としているので、その目的のために4つの連邦法に注目するのみにとどめたい。

2 消費者保護・投資家保護の連邦政策

(1) 独占禁止法

まず第一に独占禁止法と州際通商条項の関わり方から説明を始めることにする。1890年にシャーマン法が制定され、その第1条は共謀等を違法とすることを規定している。1895年のUnited States v. B. C. Knight Co. 事

件[15]では、アメリカン砂糖精製会社が全米の砂糖輸入・精製の会社の株式を買い占め、その業界を完全に支配したことが問題となった。フラー裁判官が法廷意見を書き、この事件では「生産」の独占が問題となっていて、「通商」とは関係がないから、連邦政府は規制する権限をもたないので、合衆国憲法第 1 条 8 節 3 項の適用は認められない、と判決した（フラー裁判官による法廷意見、但し、ハーラン裁判官反対意見）。このように、19 世紀においては、「通商」は商品の売主と消費者の関係のみに関する規定であると厳格に解釈されていた。

しかし、20 世紀になると商品の流通（current of stream）全体を規制の対象としなければ州際通商規制の意味がないとされるようになり、その後の判例法はその動向を変えた[16]。Stafford v. Wallace 判決[17]において、連邦最高裁は、商品の流れに関係があれば独占禁止法により規制できると判決した。通商条項の適用される射程距離が著しく拡大され、ただ単に商品の流通だけでなく、人や情報の移動も通商条項の規制対象となった[18]。さらに、その流れに直接はまっていなくても、「実質的に通商に影響を及ぼすならば連邦の規制が及ぶ」とする理論がとられるようになり、通商条項が連邦の立法権を制限する枠としてはほとんど意味をもたなくなった。

独占禁止法と州際通商条項の関係は、「プロ野球リーグ制」に関する判例でよく説明されている。Federal Baseball Club v. National League 事件[19]では、プロ野球選手本人の同意なしにトレードによって移籍させるのは独占禁止法によって禁止される「共謀」に当たると主張して争われたが、ホームズ裁判官は、「野球は生産に関係なく、従って通商の対象にはならない」と述べて、独占禁止法の適用を否定した。Toolson v. New York 判決では、連邦議会がその適用を認めていないことを理由にその先例に従ったが、最近の裁判所は、プロのサッカーなどのスポーツについては、独占禁止法に違反することを認めている[20]。リーグ制による独占が許されれば、プロ選手は道具に化してしまい、人格を失うことになる。不当な取引制限がもたらす害悪が明瞭に見られるからである。

7 アメリカの連邦企業法

(2) 証券取引法

1933年の証券法、および1934年の証券取引所法は、不況の中でもっとも苦境に立たされた一般投資家の利益を保護するために、公正な証券取引を行わせることを主要な目的としている[21]。その基本的な考えは、「重要な事実」を一般投資家に対して開示させ、詐欺まがいの取引を防止することにある。従って、証券取引法の中で特に注目しなければならないのは「投資契約」である。ちなみに、わが国の証券取引法は、これに倣って作られたものであるといわれるが、日本経済を立て直すための資金獲得という国家政策の道具として使われており、一般投資家の利益保護は軽視されて、アメリカ法とはかなり異なったものになっている。

「契約の自由」は大原則であるが、一般投資家は、証券（商品）の知識という点では無知に等しく、専門家と対等で契約させるためには、十分な情報を提供して教育することが公正であると考えられている。重要な情報の開示義務を課することは「州際通商」の促進に役立つと考えられる[22]。この考え方は、1935年に制定された持株会社法（Holding Company Act）[23]でとられている。契約法の基本原理である caveat emptor を廃棄して、「完全な開示」を要求するものであり、売り主の側に、より高度の企業倫理を守る義務を負わせている。

(3) 消費者信用保護法

1968年に貸付真実法（Truth-in-Lending Act）が制定された[24]。この法律は、消費者信用取引の重要な条件（特に利息の実質年率）を開示することを要求している。そして、3営業日以内に無条件解約する権利（クーリング・オフ）の告知義務を定めている。その後、強要的信用取引、賃金債権の差し押さえ、信用情報規制、信用機会平等、資金電子移転等に関する法律が制定され、これらを包括して消費者信用保護法と呼ばれるようになった。Mourning v. Family Publications Service, Inc. 事件では、貸付真実法が、5回以上の割賦で弁済される消費者信用貸付の重要事項の開示を刑事罰によって強制するのは「州際通商条項」に違反すると争われたが、連邦最高裁は合

二　連邦法による取引規制

憲と認めた[25]。

(4)　電話販売消費者保護法

　販売方法の規制の問題は、竹内教授が深い関心を示したテーマであるが、比較的最近、電話販売の消費者を保護するための法律が制定されたので、この法律についても少しふれておこう[26]。それは 1991 年 12 月 20 日に制定され、通信委員会は、電話受信者のプライヴァシーなどの利益を保護する目的のために、聴聞を開いた後に、実施規則を作成して規制を実施することが義務付けられている。そして、消費者に十分な情報を提供することを義務づけるとともに、意思形成に瑕疵がある場合に、取引を取り消す権利を認めている[27]。

3　全国的経済政策と取引倫理規範

　上で取り上げた連邦法に関する諸判例を分析してみると、州際通商条項は、連邦の経済的利益と州のそれとを調整するための基準として使われてきたのではないかと思われる。その調整を行うにあたり、言論の自由の規制の考え方に似た考え方が働いているように思われる。すなわち、当事者の自由意思を前提とした「契約の自由」は絶対的に守るが、その契約の方法、場所等の合理的規制は合憲とする。さらに別の視点からこれらの判例を分析してみると、州際通商条項が独占禁止法を適正に運用させる倫理的色彩の強い指導原理となっていることが分かる。その指導原理は「契約の自由」という言葉に包含される自由競争の原理であるということができるが、販売方法の規制を行うために使われる「不公正」などの用語は倫理規範である。「公益」の保護という観点からとらえるならば、功利主義の倫理を含むものであるが、単純な経済理論のみで説明することはできない。一種のキリスト教的倫理観ないし潔癖感が判例のなかに見られるのである。

　(14)　例えば、田中英夫＝竹内昭夫『法の実現における私人の役割』（東京大学出版会、1987 年）や竹内昭夫「消費者信用」比較法研究 36 号（1974 年）

2，125頁。なお、竹内昭夫教授の業績は、岩原紳作編『現代企業法の展開』(有斐閣、1990年) 782-794頁に掲示されている。

(15) United States v. B. C. Knight Co., 156 U. S. 1 (1895). Kidd v. Pearson, 128 U. S. 1 (1988) でも、「製造」を「通商」と区別し、ビールなどを州内で製造することを禁止したアイオワ州法を合憲とした。

(16) Swift and Company v. United States, 196 U. S. 375 (1905).

(17) Stafford v. Wallace、258 U. S. 495 (1922).

(18) White Slave Act (1911), 18 U. S. C. A. §§ 2421-2424 がその例である。

(19) Federal Baseball Club v. National League, 259 U. S. 200 (1922).

(20) Flood v. Kuhn, 407 U. S. 258 (1972) では、観客の3分の1以上が他州の住民であり、全国ネットワークのテレビジョンに放映されれば、州際通商条項の規制の対象となり、独占禁止法が適用されると判示した。プロ野球のリザーブ制が争われた Toolson v. New York Yankees, Inc., 346 U. S. 356 (1953) では、「ホームズ裁判官の先例を否定する法案がたびたび議会に提出されたにもかかわらず、国会を通過しなかったことは、その先例を強めるものである」と判示し、「その先例は悪法であると考えるけれども、それを改めるのは立法による以外にない」と判決した。

(21) Securities Act of 1933, 15 U. S. C. A. §§ 77a et seq., Securities Exchange Act of 1934, 15 U. S. C. A. §§ 78 et seq.

(22) Gorden v. New York Stock Exchange, 422 U. S. 659 (1975).

(23) 15 U. S. C. A. § 79 to § 79z-6.

(24) 15 U. S. C. A. §§ 1601 et seq.

(25) Mourning v. Family Publications Service, Inc., 411 U. S. 356 (1974).

(26) Telephone Consumer Protection Act of 1991, 47 U. S. C. A. § 277, 105 Stat. 2394 (1994 Cum. Annual). ちなみに、Cable Television Consumer Protection and Competition Act of 1992, Public Telecommunications Act of 1992 なども同種の立法である。

(27) 連邦取引委員会も「郵便または電話注文による商品販売」を規制する規則を1993年9月21日に制定し、1994年3月1日から実施している。16 C. F. R. 435. 1 (1995).

三　州際通商条項に基づく課税権

1　州際通商条項を根拠とする連邦租税法

　租税法の領域については、合衆国憲法第1条8節1項が、連邦議会は「租税、関税、輸入税、消費税を徴収する権限を有する」と定めているので、連邦が課税権をもっていることは疑いない(28)。しかし、課税権は（国家）主権の主要な部分であり、原則として州に主権があるとされるアメリカ憲法において、州の主権を侵さないで課税を行うことは容易なことではない。課税の仕方や間接税と直接税の区別等の問題については、やはり「州際通商条項」の解釈が必要となることがあり、租税法の領域でも、州際通商条項は重要な意味をもっている。とくに、課税によってえられた財源の支出が「州際通商」の促進に役立つか否かが争点とされる事例も少なくない(29)。

2　州際通商規制のための課税

　まず Bailey v. Drexel Furniture Co. 判決を紹介することにしよう(30)。この事件では、年少者労働課税法（Child Labor Tax Law）の合憲法性が争われた。この連邦法の問題の条文は、14歳以下の子供が製造した商品が州外に移動されるときに10パーセントの消費税（excise tax）を課するとするものであった。連邦最高裁は、14歳以下の子供を労働者として雇用することを禁止する連邦法を違憲と判決（5対4）していたが、その法律の目的を課税権の行使によって実現しようとした新しい連邦法を合憲と判決した。課税の目的は問題ではなく、課税の権限が連邦にあるか、州に留保されているかだけが問題なのであり、連邦にその権限があると認められる以上、連邦裁判所がその立法に干渉する理由はないというのである。

　この判決について検討すべき点は、Hammer v. Dagenhart 判決(31)において違憲と判決された連邦法と実質的に同じ法律が、連邦の課税権を根拠にすることによって合憲とされたということである。このように、課税という手

段をとることによって、連邦の州際通商規制を強化できるし、実際そういう事例がある。しかし、連邦の課税は「均一なものでなければならない」とされている。課税権はむしろ一般的には州の主権に属すると考えられるので、後に述べるように第14修正の平等保護条項に反する事実が認められない限り、州の租税法が違憲とされることはない(32)。

3 多国籍企業に対する課税と外国通商条項

Barclays Bank PLC v. Franchise Tax Board of California 事件(33)は、州際通商条項よりは外国通商 (foreign commerce) 条項が問題となった事件である。この事件では、キャリフォーニア州のフランチャイズ課税法に基づき単一課税方式により多国籍企業に課税がなされ、原告は納税した後、同法が違憲であることを争って、その還付を求めた。問題の州法によれば、全世界における原告外国籍企業の総所得、人件費、会社財産、売上額を申告させ、当該の州に住所を有する外国法人の人件費等の比率の平均をその総所得に掛け合わせ、その積を同州における課税所得とみなして、これに対しフランチャイズ税が課税されることになっている。これに対し、連邦の法人税は、各法人の本拠 (domicile) を特定して、それが同州にあると認められれば独立の会社として扱う分離課税方式を採っている。租税条約もまた、この分離課税方式を支持しており、原告は、キャリフォーニア州法は外国通商の妨げになると争ったのである。

理論的にはキャリフォーニア州法の方が現実に合っており、より理想的な課税であると思われる。分離課税方式を採用する場合、外国または他州に本拠を有する関連会社との取引が公正市場価格によってなされたか否かの審査があるとはいうものの、その審査は実際には困難であり、租税回避が比較的容易に行われる。しかし、単一課税方式の場合にも、別の問題がある。州法を違憲とする判決を得るためには、納税者は、(1) 州の課税の根拠（とくに nexus）、(2) 公正な配分、(3) 州際通商に不利であること、(4) 州のサービスに対する対価が不釣り合いであることを立証しなければならない。さらに、

三 州際通商条項に基づく課税権

バークレー銀行の訴訟の場合のように「外国との通商」が問題となっている事件では、国際法と関連する2つの問題がある。第一に、政策が一人の口（主権者）から発せられるべきであること、第二に、各国の租税法は、むしろ分離課税方式を採用しているので、州税の個々の算定の仕方によって、結果的に二重課税が行われるおそれがあることである(34)。

先に紹介したバークレー銀行事件で問題になったフランチャイズ課税法は、租税法研究者から批判をうけており、筆者も改めて本格的に検討する必要を感じている。しかし、その点は別として、ここではどの政策を採用するかは州議会の権限であり連邦裁判所が干渉すべき問題ではないと判示した部分に注意を喚起するにとどめる。

(28) U. S. Const. art. 1, sec. 3, cl. 1 は、連邦債務の弁済、国防、一般福祉の目的のために、租税、関税、輸入税、消費税を賦課徴収することができることを定めている。また、第16修正は、所得税について、連邦税は合衆国を通じて均一でなければならないと規定しており、この条項が一定の歯止めとなっている。

(29) United States v. Butler, 297 U. S. 1 (1936).

(30) Bailey v. Drexel Furniture Co., 259 U. S. 20 (1922).

(31) Hammer v. Dagenhart, 247 U. S. 251 (1918).

(32) Trinova Corp. v. Michigan Department of Treasury, 498 U. S. 358 (1991) (ミシガン州の付加価値税は州際通商条項にも適正手続条項にも違反しない)。

(33) Barclays Bank PLC v. Franchise Tax Board of California, 512 U. S 298 (1994).

(34) 第一点について、Japan Line, Ltd. v. County of Los Angeles, 441 U. S. 434 (1979)、また第二点について、Container Corp. of America v. Franchise Tax Board, 463 U. S. 159 (1983) 参照。

7 アメリカの連邦企業法

四　州際通商条項の解釈と司法管轄権

1 「州際通商」の司法判断基準

(1) 連邦最高裁判所の役割

合衆国憲法第1条8節が、連邦議会に付与される立法管轄を規定するものであり、連邦法の違憲立法審査の一つの判断基準を示している。二および三で分析・検討した諸判例にも示されているように、「州際通商条項」は立法管轄が連邦に属するものであるか、州に属するものであるか、管轄権配分の一応の基準を示している。しかし、その基準は、判例法上、大きく揺れており、判例法の動向を正確に理解していなければ、たとえ断片的に1、2の判例を読んでみても、州際通商条項の意味を正確に理解したものとはいえないのである。

その動向について、あえて一般的に述べるとすれば、次のように言うことができる。1888年以前には、その条項は積極的に諸州間の通商を促進する目的で使われてはいない。1888年から1933年までは、商品の流通（current or stream）に注目し、せいぜい仕入れまでしか規制が認められなかった。1933年から1936年までの期間はニューディールの時代であり、それ以前の時代のように「契約の自由」を概念的にとらえて一刀両断に連邦法を違憲と判決することはさけ、憲法によって付与された権限を逸脱して行政権が付与されていないかどうか判断するアプローチがとられた[35]。そして、1937年以降になって、プラグマティズムの影響により、現実的な解決を図るための便利な道具として使われるようになった。理論上の判断基準の問題は今日でも未解決のままに残されている。

(2) 現在の基準

州際通商条項の問題は通常は財産権の問題であるから、憲法判断の二重の基準により、連邦法はいちおう合憲と推定される[36]。連邦の立法管轄を積極的に肯定した事例として、ワグナー法（Wagner Act）に関するNational

四　州際通商条項の解釈と司法管轄権

Labor Relations Board v. Jones and Laughlin Steel Corp. 判決(37)を紹介しよう。この事件では労働組合を組織することを許す全国労働関係法の規定の合意法性が争われたが、ヒューズ首席裁判官の法廷意見は、それ以前の先例(38)の適用を否定し、合憲であると判決した。州際通商条項の解釈と関連して、この判決は、第一に、その条項が全国の経済に関係するものと理解し、州際通商への影響が間接的か直接的かを問題とするアプローチを放棄したという点で重要である。

全国的経済政策が連邦の州際通商条項による連邦の権限に含まれるとすれば、連邦農業法を制定することは容易である。実際上、Wickard v. Fulburn 事件(39)では、小麦生産量を連邦政府が設定した場合、たとえ一農家の小麦栽培がその自家用にのみ使うことを目的として行われていて、他人に何等の関係のない行為であっても、連邦の経済政策に影響を与えうるので、連邦の規制が及ぶと判決した。このようにして、現在では、連邦の農業立法は、一つの体系をもつほどまでに成長している(40)。

「輸送」の規制を根拠にして、実際上、環境利益の保護も州際通商条項によって図られている。国民経済の適正化が州際通商の促進に役立つという上述の判例の考え方によれば、連邦政府が国民経済の促進のために環境保護行政システムを連邦が導入してもおかしくない。事実、1969年の全国環境政策法 (National Environmental Policy Act) により連邦環境保護局が設置され、同機関は環境基準を設定して、様々な連邦の事業が環境に与える影響を評価し、その観点から規制を行っている。現在では、清浄な空気に関する法律 (Clean Air Act)、包括的環境措置・補償・責任法 (Comprehensive Environmental Response, Compensation and Liability Act) など多数の個別的な環境関連の連邦法が制定されている(41)。ここでは詳しく説明する余地はないが、これと類似の論理を使って、連邦法の領域は銀行法、会社法などへも拡張されてきている。

(3)　連邦のポリス・パワー

上述のように、環境法の領域にも連邦法の権限が及ぶとされるならば、そ

7 アメリカの連邦企業法

の権限はポリス・パワーと呼ばれる州ないしその地方自治体の権限であるとされてきた、従来の常識が否定されることになる。実際、Fort Gratiot Sanitary Landfill, Inc. v. Michigan Department of National Resources 判決(42)では、ミシガン州が自然環境や住宅環境を保護するために、固形汚物を他州から運んで同州内で処理することを禁止しようとしたが、環境保護は連邦政策の問題として、その規制は州際通商の妨げになると判決した。同様に、連邦のポリス・パワーは、売春犯罪など不道徳な行為を禁止するためにも使われるようになっている(43)。

(4) 「州際通商」規制の限界

上述のような現状に照らせば、「州際通商条項」の適用範囲を連邦の権限の枠を画定して示すよりは、州の権限がどれだけ残されているか、という捉えかたをした方がより現実的である。実際、いくつかの最高裁判決において、連邦最高裁判所は、その限界にふれている。例えば、Willson v. Black Bird Creek Marsh Co. 事件(44)では、航行可能な小川にダムを建設する権限を付与したデラウェア州法が合憲とされた。この判決でマーシャル裁判官は、たとえダム建設が航行の妨害となっても、住民の生活に直接関係する場合には、州のポリス・パワーの正当な行使であると認められると判示した。また、Lottery Case 判決(45)において、トーニ裁判官は、「商品を州から輸出することに対する連邦の課税は許されない」と述べている。州は主権をもっており、外国法人が州内で事業を行うことを差別的に規制したり、営業活動を全面的に禁止することができる(46)。前章で述べたように、一定の課税権は州主権に固有なものであり、連邦政府が州に対してその税を課することはできない。しかし、そのような主権侵害のない場合には、最近の Fort Gratiot Sanitary Landfill 判決が説明しているように、「健康および安全が他の方法では適切に保護できない」ということを立証して、非差別的に規制を行わない限り、州による通商規制は連邦法によるコントロールに従わされる。

2 「州際通商条項」と他の憲法規定との関係

　州際通商条項によって合憲であるとされても、他の憲法条項に抵触すれば、違憲とされる可能性が残っている。また、その逆の場合もある。National League of Cities v. Usery 事件(47)では、州際通商条項の審査はクリアできたのに、陪審による審理（第6修正）の権利および第6修正の権利が侵害されたものと判決された。以下、通商条項との関係がしばしば問題となる第10修正、第11修正、第14修正（平等保護条項および適正手続条項）および第21修正の解釈を示しておこう。

(1)　第10修正

　本稿で示したように、現在では、連邦の権限は著しく拡大され、「州際通商条項」が連邦政府の権限を制限するために用いられることはめったにない。そしてまた、合衆国憲法第10修正の規定が「憲法により合衆国に委任されておらず、憲法により州に対して禁止されていない権限は、それぞれの州または人民に留保される」と定めており、州の権限を残しておくべきとされる場合がある。例えば、White v. Massachusetts Council of Construction Employees, Inc. 事件(48)において、「全部または一部が公の財源によって行われる建設工事のために雇われる労働者の半数はボストン市民でなければならない」と規定する市条例の合憲法性が争われた。連邦最高裁判所は、ボストン市が市場参加者（工事注文者）として機能している限り、市は条例によって「規制」しているとは言えず、州際通商の妨げになるとは言えないと判示した。ボストン市が失業対策のために市民の職場を確保することを目的とする条例は、同市のポリス・パワーに含まれる。

(2)　第11修正

　合衆国憲法第11修正は、「合衆国の司法権は州にまでおよぶものと解釈されてはならない」と規定している。従って、2で論じた独占禁止法の事件に州がなんらかの形で関与している場合、州の責任が免責されるかどうか、などの形で訴訟が起こる(49)。州が主権者として行為していない場合には、免

7 アメリカの連邦企業法

責は認められない。

(3) 適正手続条項

適正手続条項も州際通商条項と同じように重要な一般条項であり、その解釈は複雑であるが、別の論文(50)で詳しく説明したので、ここでは重複して説明することは避けたい。具体的な事例で説明すれば、先に紹介したバークレー銀行事件がその一例である。キャリフォーニア州の課税所得の計算において、その計算がある程度まで恣意的に行われざるを得ないこと、また申告が義務づけられた情報は各国の会社法が要求する会計報告の中には含まれないことがあり、それを別途作成するのに不当な負担を原告が負わされることなどが不適正な課税手続きであると争われた。

課税が適正な手続によってなされたことが認められても、さらに州際通商に不当な負担を負わせる違憲な課税であると争われることもある。Quill Corp. v. North Dakota By and Through Heitkamp 事件(51)では、デラウェア州法人がイリノイ州等の倉庫からノース・ダコウタ州の消費者に対して商品の通信販売を行っていた。しかし、ノース・ダコウタ州が消費税(use tax)を課するのは適正手続きに違反しないと判決された(52)。

(4) 平等保護条項

平等保護条項に関しては、市民的権利の保護に関する法律の解釈を争った多くの判例がある。例えば、Heart of Atlanta Motel v. United States 判決(53)では、高速道路の近くに建てられたモーテルが黒人の客を拒否したのは、合衆国憲法第14修正の平等保護条項が禁止する差別によって、州際通商の妨げとなっているとする判決を下した。同様に、レストラン、鉄道、バスなどの利用における差別を禁止した(54)。しかし、Lindsley v. Natural Carbonic Gas Co. 事件、Railway Express Agency v. New York 事件などでは、人種差別以外の差別が争われたが、最高裁判所は、合理的な差別か否かは原則的に立法裁量の問題であり、合理的な差別は合憲とされるとして、問題の差別を合憲と判決した(55)。

いわゆるウォレン裁判所の時代以降には、裁判所は実質的な平等を実現す

四 州際通商条項の解釈と司法管轄権

るために積極的な審査を行うようになった[56]。Dandridge v. Williams 事件[57]では、メアリーランド州法が、生活保護の最低基準を設置したのを合憲とした。Hunt v. Washington State Apple Advertising Commission 事件[58]では、リンゴの商品表示は、州の基準に従ってなされるべきではなく、連邦の基準に従ってなされることが「州際通商」に役立つと判決された。また、K-S Pharmacies, Inc. v. American Home Products Corp. 事件[59]でも、薬品の卸売り価格の差別を禁止したウィスコンシン州法を合憲とした。同様の論理により、Houston, East and West Texas Railway Co. v. United States (The Shreveport Case) 判決[60]では、テキサス州内の駅の間の切符代金に比べて、州外の駅への運送料金が高すぎる場合、通商条項に違反すると判決された。

(5) 第21修正

第21修正は、酒類の輸入等を禁止する法律を廃止し、これにより酒類の取引に関する州の立法裁量が拡げられた。しかし、上述のような諸州間の差別を禁止する政策は、このような取引にも当てはまる[61]。

3 司法管轄権

上に述べたことだけですべての説明が尽くされているわけではないが、最後に司法管轄権と州際通商条項との関係を述べて本章を終わることにしよう。「州際通商」の問題は連邦問題（federal question）であり、連邦裁判所がそれについて裁判管轄権をもっていることは言うまでもない[62]。しかし、「通商」という言葉の理解は時代によって大きく変わっていて、現在でもその解釈が揺れ動いている。事件によっては、「州際通商条項」の事件として連邦裁判所が審理するのが適切かどうかという裁判管轄権の問題が争われることがある[63]。Gilmer v. Interstate / Johnson Lane Corp. 判決[64]では、市民権に関する法律に違反して年齢に基づく差別が行われたか否か争われたが、当該事件に適用のある証券取引所の規則には仲裁条項が含まれており、仲裁によって紛争が処理されるべきか否かがまず問題になった。その法律は強行法

159

7 アメリカの連邦企業法

規であるから、直接裁判によって解決されるべきであるとした原告の主張は認められなかった。連邦最高裁判所は、仲裁による解決は州際通商を促進するのに役立つとする解釈をとっている。しかし、独占禁止法の違反に関する紛争についてまで仲裁による解決が強行されることになれば、アメリカの司法制度上、二で説明した連邦の規制に一種の抜け穴が生じることになるのではないか、と危惧される(65)。

(35) Carter v. Carter Coal Co., 298 U.S. 238 (1936)(炭坑労働者の労働時間と最低賃金を定めた連邦法は純粋に地域的な経済活動を規制するもので州際通商条項の権限を踰越している);Schechter Poultry Corp. v. United States, 295 U.S. 495 (1935)(全国産業復興法(NIRA)は州際通商条項の範囲を超えた違憲な立法である)。

(36) United States v. Carolene Products Co., 304 U.S. 144, 152 n4 (1938).

(37) National Labor Relations Board v. Jones and Laughlin Steel Corp., 301 U.S. 1 (1937).

(38) *Id.* at 28. 前掲注(17)および注(35)の判例。

(39) Wickard v. Filburn, 317 U.S. 111 (1942).

(40) 7 U.S.C.A. §601 *et seq.*

(41) Clean Air Act, 42 U.S.C.A. §7401 *et seq.*;Comprehensive Environmental Response, Compensation and Liability Act, 42 U.S.C.A. §§9601-9675;Federal Insecticide, Fungicide, and Rodenticide Act, 7 U.S.A. §§136-136y などがその例である。

(42) Fort Gratiot Sanitary Landfill, Inc. v. Michigan Department of Natural Resources, 504 U.S. 353 (1992).

(43) Cleveland v. United States, 329 U.S. 14 (1946).

(44) Willson v. Black Bird Creek Marsh Co., 27 U.S. (2 Pet.) 245, 7 L.Ed. 412 (1829).

(45) Lottery Case, 188 U.S. 321, 373-4 (1903).

(46) Atlantic Refining Co. v. Commonwealth of Virginia, 302 U.S. 22 (1937)(差別的規制);Paul v. Virginia, 75 U.S. 168 (1869)(全面的禁止)。

(47) National League of Cities v. Usery, 426 U.S. 833 (1976).

⑷⁸ White v. Massachusetts Council of Construction Employees, Inc., 460 U. S. 204 (1983). この判決の意義について、アメリカ法 1986-1 号 (1986 年) 193-199 頁参照。

⑷⁹ *Cf.* Goldfard v. Virginia State Bar, 421 U. S. 773 (1975).

⑸⁰ 田島裕「デュープロセス法理の研究」『英米法論集』(1987 年) 143-182 頁。

⑸¹ Quill Corp. v. North Dakota By and Through Heitkamp, 504 U. S. 298 (1992).

⑸² National Bellas Hess, Inc. v. Department of Revenue of Illinois, 386 U. S. 753 (1967) は、適正手続 (due process) 条項が physical presence を要求するとしていたが、通信販売による事業活動の事実が証明されればそれで足りると判示した。*Cf.* Complete Auto Transit, Inc. v. Brady, 430 U. S. 274 (1977).

⑸³ Heart of Atlanta Motel, Inc. v. United States, 379 U. S. 241 (1964).

⑸⁴ Katzenbach v. McClung, 379 U. S. 294 (1964) ; California v. Thompson, 313 U. S. 109 (1941).

⑸⁵ Lindsley v. Natural Carbonic Gas Co., 220 U. S. 61 (1991) (天然のミネラル水を保護するためのニューヨーク州法による規制は平等保護条項に違反しない) : Railway Express Agency v. New York, 336 U. S. 106 (1949) (自動車に広告を掲示するのは交通を妨害し、危険であるとして、市条例によって軽罪と定めたことは、州際通商条項に反しない)。

⑸⁶ Brown v. Board of Education, 347 U. S. 483 (1954).

⑸⁷ Dandridge v. Williams, 397 U. S. 471 (1970).

⑸⁸ Hunt v. Washington State Apple Advertising Comm'n, 432 U. S. 333 (1977). ちなみに、事業者団体などの訴えの利益がこの事件の争点となっているが、一般的消費者利益代表が当事者となることは適切であると判決している。

⑸⁹ K-S Pharmacies, Inc. v. American-Home Products Corp., 962 F. 2d 728 (7th Cir. 1992).

⑹⁰ Houston, East and West Texas Railway Co. v. United States (The Shreveport Case), 234 U. S. 342 (1914).

⑹¹ Healy v. Beer Institute, Inc., 491 U. S. 324 (1989). *Cf.* Solman Dis-

161

tributors, Inc. v. Brown-Forman Corp., 888 F. 2d 170 (1989).
(62) 合衆国憲法第 3 条 2 節参照。
(63) 連邦の政策が非常に強力なものである場合には、連邦法により排他的な司法管轄権の規定が置かれることがある。例えば、2(4)で紹介した電話販売消費者保護法、47 U. S. C. A. §227(e)。
(64) Gilmer v. Interstate / Johnson Lane Corp., 500 U. S. 20 (1991).
(65) 仲裁に関する最近の連邦最高裁判所の考え方について、田島裕『国際仲裁の主要判例—仲裁判断の蓄積による国際仲裁法の形成』(国際商事仲裁協会、1993 年) 参照。本文で指摘した問題については、改めて検討する必要がある。

五　州際通商条項の今日的意味

　合衆国憲法が制定されたとき、その起草者たちは、州の主権をできるだけ尊重し、独立戦争等の目的に対外的に必要な限度でのみ、連邦政府に権限を付与しようとしたものと思われる。戦争に必要な軍隊を維持し、統一通貨を管理し、郵便事業を行うことぐらいが、連邦の権限の主要なものだったのである。通商条項の立法権を付与することにより、いかなる目的を実現しようとしたかは、憲法の条文だけからでは明らかでない。しかし、今日の「州際通商条項」は、連邦政府の立法、行政、司法の権限を著しく拡大させる礎石となっている。その条項は、本研究によって明らかにしたように、第一に、連邦議会が積極的に立法を行う根拠となっている。具体的には、当然、輸送機関の通行権、路線、料金、免許税等に関する規制が中心となるが、海上輸送・水上輸送との関係で環境保護立法へと拡がっている。インディアンとの取引との関連で狩猟権に関する規制も行っている。さらに、連邦課税の他、牧畜業経営、ミルク製造、酒類の取引、銀行、薬品売買、火薬、爆発物の取扱い、住宅、ハイジャック、出版、不動産、トレードマーク、雇用関係などの領域まで立ち入っている。
　第二に、州際通商条項の解釈が連邦裁判所で争われるとき、州法の規制を監視し、抑止する機能も果たしている[66]。この機能を果たすことについて

五　州際通商条項の今日的意味

は、3つの異なる視点がある。第一に、連邦政府の一般政策をポリス・パワーの行使の形で強制するものである。第二は、州法の規制が通商に悪影響を与えることを実際に問題にするものである。第三に、諸州の規制の間に不統一があり、不当ないし差別的な州法の規制を抑止するものである。この3つの視点に立つ規制のために、理論的には、州際通商条項の解釈に関する「連邦先占理論」や「休眠理論」が使われる。また、「連邦先占」の原理は、実際には、アメリカ合衆国全体の経済政策を実施するに当たって、微調整をするのに役立ってきたのではないかと思われる。いずれの理論も、現実の市場の力関係には不公正ないし不公平なものが含まれており、裁判所がそれを除去するための道具として使われてきた。その意味で、「州際通商」条項は、倫理規範の性質をもつ。

　最後に、本研究の結果、何が示唆されているか。連邦最高裁判所は、憲法の番人であり、その主たる義務は基本的人権の保護にあると説明されてきた。このことに間違いはないが、それ以上に、連邦最高裁判所は、合衆国の経済政策の実施に当たってきたと言えるのではあるまいか。ただ単に独占禁止政策を理論的に説明してきただけでなく、環境問題、消費者問題など国民生活全体にわたって、重要な利益調整の役割を果たしてきた。換言すれば、一方で「契約の自由」を徹底的に守ろうとした場合、結果として起りうる不正に対する手当てをしてきた。最近のヨーロッパ法の形成の過程を仔細に研究してみると、筆者には本稿で示した法の発展の歴史をたどりつつあるように思われる。そのような理由からも、州際通商条項の研究はこれだけにとどめることなく、さらに深く、精密に検討がなされることを期待したい。

　(66)　アメリカ法の二元性の問題をめぐって考察した、田島裕「エリー判決の再検討」『企業法学』第2巻（商事法務、1993年）172-188頁もこの視点に立った研究である。

8　消費者保護法

一　わが国の消費者信用法制の問題点

I　序　説

　「消費者信用」とは、主として消費者個人、家庭または世帯による消費を目的として、金銭、物品または役務の貸付、売買または賃貸借がなされるときに供与される信用をいう(1)。数回の割賦で返済がなされる取引もこれに含まれる。消費者個人の人格を担保として信用が供与されるのであるから、物的担保は必要でない。法人の信用取引と質的に異なるものではないが、取引の額がきわめて少額であること、また消費のための信用供与であることにその特徴がある(2)。

　消費者信用取引の一例として、わが国でも既に規制されている割賦販売の事例を仮定しよう。割賦販売の制度があるために、定収入のない大学生でさえ、自動車を買うことができる。このことは、販売人の側から見れば客層を広げたことになるが、それのみにとどまらず、さらに重要な意味をもっている。第一に、客との関係が数年にわたって継続するから、新商品への買い替えをすすめたり、部品を売りつけるのに有利な立場に立つことができる。第二に、割賦の返済のときに、当然利息が支払われるので、販売人は、実質的に金融業を営んでいるのと同じことになり、その限度で金利収入を期待できる。これは経営を安定させるのにも役立つ(3)。さらに、法的に問題はあるが、取引の書類に記載された諸情報から適当な人を選んで第三者（ダイレクト・メール会社や百貨店など）に売りつけることもできる。

このようなことは、自動車に限らず、ステレオ、カメラ、コンピューター、冷蔵庫、旅行、その他種々な商品について言えることである。最近では、このような取引がカードで簡単にできるようになり、急速に増加しているように思われる[4]。しかも、カードによって少額のローンを受けられるようになっていて、これにより融資された金は、何の目的のためにも使うことができる。

欧米の国民生活の水準が相対的に高いのは、かかる消費者信用の制度を上手に利用しているからであるといえなくもない。しかし、消費者信用とサラ金との差は紙一重であり、非常に慎重でかつ適切な規制が必要である。

(1)　加藤一郎・竹内昭夫編『消費法講座5・消費者信用』(1985年) 1ページ以下の前田教授の論説参照。ちなみに、この講座5 (以下『消費者法講座』という) には、アメリカ (望月)、イギリス (長尾)、西ドイツ (植木)、フランスとOECD (島田) の消費者信用法も解説されている。また、経済企画庁国民生活局消費者行政第一課編『消費者信用の新たな課題』(1985年) には、諸外国の法制と実態が説明されている。
(2)　原則として、アメリカでは2500ドル以下、イギリスでは1万5000ポンド以下、フランスでは10万フラン以下の取引に消費者信用法が適用される。このような少額取引の場合、経費や手数料が割高になり、中小規模の金融業者と平均的な国民との取引が、最も典型的なモデルとなると思われる。
(3)　消費者に対する債権を証券化し、第三者に売ることも可能である。
(4)　わが国では、カードによる割賦販売はまれであるが、金融制度調査会はむしろ奨励されるべきであると考えているようである。消費者信用研究会編『消費者信用のあり方について』(1987年) 122-124ページ。後に少しふれるように、カード利用の取引には別個の問題があり、普通、消費者信用法の中に特別な規定が置かれる。

II　消費者信用法の意義

消費者信用法が存在するのは、経済的に発展した国に限られる[5]。消費者信用法の典型的なモデルとして、しばしばアメリカの消費者信用保護法が

注目されるが、同法は「十分な判断資料に基づく信用の利用は、経済の安定性を高め」かつ種々の利益をもたらすものである、と述べている(6)。この法律にいう消費者信用取引は、文字通り消費者の信用を担保とする取引であって、返済の見込みが確実であり、公正かつ安全な取引でなければならない。換言すれば、消費者の信用を総合的に判断し、その返済能力の範囲内でのみ取引がなされるべきである。見込みが裏切られることがありうるが、その場合には、法律は無理な取り立てを許さず、信用供与者の側でその危険を負担することとしている(7)。

　ところで、1968年に制定されたアメリカの貸付真実法〔消費者信用保護法第1編〕は、消費者保護を目的としていた。しかし、いわゆるマネー・センター銀行が個人ローンをはじめるための条件整備の意味ももっていたと思われる。同法第108条は、法律の実施機関として、まず第一に、通貨監督官、連邦準備組織理事会、連邦預金保険会社理事会をあげているのである(8)。実際上、多くの企業に資本のゆとりがでてきて銀行から金を借りなくなり、しかも自己の商品を買う客にクレジットを認めて銀行等と部分的に競争関係に立つようになり、銀行も積極的に優良な個人客に融資を働きかけるようになった。連邦準備組織などもこのような銀行の大衆化の傾向に目を向けざるをえなかったのである。

　さらにまた、消費者信用法は、国民経済全体にも大きな意義をもつ。物的担保付きの取引だけの場合と比較すると、信用取引は、経済活動の規模を国民の総資産の何倍にも大きく拡大させる効果をもつ。アメリカでは、ベトナム戦争後に大きな経済的危機をむかえたが、消費者信用法の制定がその問題の解決に役立ったと聞く。最近の経済学によれば、国の経済問題を検討するとき、金利に注目するのがよいとされており、消費者信用法はそのためにきわめて好都合な法律である(9)。法律の実施機関や諮問委員会は、ローンなどの金利について正確な情報をいつでも集めることのできる立場に置かれている。

　(5)　アメリカが最も進んでおり、イギリスとフランスがこれに続いている。

8 消費者保護法

また、OECDでヨーロッパの消費者信用法が準備されており、その他のヨーロッパ諸国でも、立法の準備がなされている。ちなみに、とくにアメリカでは、国民生活は一応安定していて重大な社会的不安はなく、国民が貯金をしないことが、消費者信用取引を促進させる遠因になっているとも思われる。

(6) Consumer Credit Protection Act §102, 15 U.S.C.A. §1601.(以下CCPAという)。同条は、金融関係の種々な業種の取引を統一された開示によって比較をできるようにすることが、業種間の自由競争を高め、ひいては消費者利益を守ることにもなる、とも述べている。ちなみに、この法律は連邦法であり、連邦制の制約のために分かりにくい部分もあるが、よい立法モデルの一つである。州法のモデルとして作成された統一消費者信用法典もモデルとして参考にされるべきであろう。

(7) 実際上、信用供与者の側で一種の保険制度を利用することになろう。

(8) 第108条は、さらに連邦住宅ローン銀行局、連邦信用組合監督機関の長官、民間航空局、農務長官、農場信用局をあげている。ちなみに、貸付真実以外の問題については、連邦取引委員会などが主務機関となる。

(9) もっとも、最近の金利自由化の問題と関連して、種々の議論がなされているが、具体的な点については、意見がわかれているようである。

Ⅲ 消費者信用法の基本構造

消費者信用法によってまず最初に要求されることは、消費者が信用のコストを知り、本当に自分がそれを必要とするかどうか判断できるようにすることである[10]。この目的のために、意義のある信用条件の開示を義務づけられる。開示を要求されることの中で最も重要なことは、消費者によって支払われる実質的対価を、一定の方式に従って算定された金融料の年パーセント率を使って、明瞭かつ顕著に記載することである[11]。

重要なことのもう一点は、取引の無条件解除権（クーリング・オフ）の通知である[12]。アメリカは、ヨーロッパ諸国に比べ、非常に厳しい制裁によってこれを強制した。しかし、1980年に法改正が行われ、現在では、開示の仕方がかなり簡略化され、しかも行政機関がモデル開示様式を作成する

ようになった⁽¹³⁾。そして、現在では、ここで述べた限りでは、アメリカもヨーロッパ諸国もよく似た規制になっている。

　次に、消費者信用取引を適正に行わせるために、消費者の公正な信用評価が要求される[14]。アメリカの消費者信用法は、信用適格（credit worthiness）、信用条件（credit standing）、信用能力（credit capacity）の観点からこれを行うことを要求している。この評価のためには、ブラック情報だけでなく、むしろ多くのホワイト情報が必要とされるであろう。個人情報産業が急速に成長したことには、このような背景がある。探偵業と類似した面をもっており、秘密保持義務が課されることはいうまでもないが、情報の集め方や情報提供の仕方などについても、厳しい法的規制が行われている[15]。

　最後に、種々の紛争の処理に関する諸規定にも言及しておこう。第一に、信用取引が拒絶されたときに、消費者が判断資料の間違いを正すことのできることや、取引が解除されたときに、消費者が不当な違約金などの負担を負わされないようにした諸規定がある[16]。第二に、取引成立後の支払請求の間違いについての争いに関する諸規定がある[17]。第三に、債務の取り立て手続きに関する諸規定がある[18]。これには、強要的手段による取り立てを犯罪とする規定も含まれている。第四に、差し押さえの制限に関する諸規定がある[19]。

　⑽　これは諸国の消費者信用法に共通して見られる考え方である。名目のいかんを問わず、消費者が負う実質的な債務の内容を本人に理解させ、その他の取引と比較して損か得かを自分で判断させることに、その基本理念がある。

　⑾　これについて、規則Z（通常、Reg. Zと呼ばれる）12 C. F. R. 226（銀行規則―貸付真実）が、非常に詳細に規定している。

　⑿　これの意義および諸外国の法制を比較した資料として、経済企画庁国民生活局消費者行政第一課編『無店舗販売と消費者』（1983年）442ページ以下参照。

　⒀　前掲注⑴、『消費者信用の新たな課題』50～55ページを見よ。

8 消費者保護法

⑭　アメリカでは、1970 年に Fair Credit Reporting Act, 15 U. S. C. A. §§ 1681-1681 t が制定され、CCPA 第 6 編となっている。公正な信用評価は、各信用供与者が、それぞれ独自に行うべきである。

⑮　これらのことについて詳しくは、田島裕「消費者信用情報の取扱いとプライヴァシー保護」ジュリスト第 841 号（1985 年）27 ページ以下参照。なお、消費者差別の問題について別に Equal Credit Opportunity Act, 15 U. S. C. A. §§ 1691-1691 f（1974）が制定され、CCPA 第 7 編となっているが、老人問題は困難な問題の一つである。

⑯　種々の規定をここで説明することはできないが、抗弁権の切断も困難な問題の一つであり、特別の規定を置く立法例がかなりあることにも注意を喚起しておきたい。詳しくは、竹内昭夫「善意者保護か消費者保護か——手形法・小切手法と消費者保護法の交錯」『現代商法学の課題』（上）（1975 年）561 ページ以下参照。

⑰　CCPA 第 1 編 4 章 161 条以下（15 U. S. C. A. §§ 1666 et seq）参照。

⑱　1977 年に Debt Collection Practices Act, 15 U. S. C. A. §§ 1692-1693 q が制定され、CCPA 第 8 編となっている。なお、刑罰規定は、連邦法典第 18 巻 42 章を見よ。

⑲　CCPA 第 3 編（15 U. S. C. A. §§ 1671-1677）参照。

Ⅳ　信用取引に付随する諸問題

消費者信用法の運用にあたって、取引に付随する諸問題にも十分注意を払わなければならない。付随問題の相互間では相関関係があるわけではなく、本節で述べることは別個の法律に定められることも少なくない。

まず第一に、信用取引が業者の側の積極的な働きかけによってなされることが多いので、消費者が不必要なものを買わされないように配慮する必要がある。先に述べたクーリング・オフは、この配慮による規定である。また、ほとんどの消費者信用法が広告規制を含んでいるのも、そのためである。さらに、消費者信用取引は詐欺的取引と結ばれやすいので、典型的な詐欺的取引に関する規定が置かれることがしばしばある[20]。

第二に、契約約款の諸問題がある[21]。免責条項や抗弁権切断条項などが、

とくに問題になる。また、カードを利用した取引の場合、普通契約約款に従って行われ、しかも多数の当事者が錯綜するから、基本的事項を法律で定めておくことが必要であろう。これは、クレジット・カードに限られたことではなく、新しい考案物（device）についても言えることである[22]。

第三に、個人情報の取り扱いについては、わが国でもかなり検討が進められており、ここで議論を繰りかえすことは避けたいが、要するに、間違った取り扱いによって、人の名誉や人格を傷つけないよう十分な配慮が必要となる[23]。とくに、コンピューターに集められた情報については、技術的な問題もあり、特別法によってその取り扱いや苦情処理について、特別な規制システムを定める国もある[24]。

最後に、消費者破産のことにも一言のべておきたい。消費者が、返済の見込みがないのに借金をし、自己破産を申し立てて債務を逃れることは、アメリカでもしばしばあった。そこで、破産法を改正し、一種の和議が試みられるようになった[25]。破産裁判官が債務者の諸事情を考慮して、新しい返済計画を承認し、返済を続けさせるものである。この法改正とともに、破産裁判所の組織そのものが大きく変えられた。このことと関連して、いくつかの地方自治体が、補完的救済制度を試みているということも、注目すべき点である[26]。

[20]　とくに訪問販売を中心として、特殊販売の諸問題を論じた田島裕「訪問販売法―イギリス・アメリカ」ジュリスト第808号（1984年）21ページ以下で、この問題が説明されている。わが国でも問題になっている「投資契約」も消費者信用と結びやすい事例の一つである。

[21]　これは契約法一般の問題であり、消費者信用法に含めないのが普通である。約款については、『比較法研究』第49号（1987年）および経済企画庁国民生活局消費者行政第一課編『消費者取引と約款』（1984年）を見よ。

[22]　一例として、1978年のElectronic Fund Transfers Act〔CCPA第9編第902条以下〕15 U.S.C.A. §§1693 et seq. をあげておこう。

[23]　これについては、前注[15]の論文が詳しい。

8　消費者保護法

(24) イギリスの Data Protection Act 1984 がその一例である。イギリスの場合、準司法的な機関（tribunal）を弾力的に利用している点にその特徴が見られる。
(25) 前掲注(1)『消費者信用の新たな課題』70 ページを見よ。
(26) 同 71〜73 ページにワシントン DC のカウンセリング・システムが説明されている。これはうまく補完機能を果たしている実例である。

V　わが国の立法の必要性

　消費者信用法の基本的な考え方を一通り説明したが、わが国でもこのような立法が必要であるということは、かなり以前から強く主張されてきたことである(27)。1987 年 7 月 27 日の金融制度調査会専門委員会の報告書は、「諸外国の例をも参考にしつつ、わが国においても総合的かつ統一的に規制する法律をできる限り早期に制定すべきである」と結論しているが(28)、全くその通りである。
　実際上、わが国でも本稿で述べたことは、かなりの程度まで立法化されている(29)。しかし、わが国の法制には根本的な欠陥がある。それは、この法律が保護しようとする最も重要な利害関係人である消費者自身に、それが全く分からないということである。複数の法律のあちこちに関連する規定が置かれており、消費者が自分に都合のよい規定をさがしだすことが困難であるし、どの条文により具体的にいかなる救済が得られるかを正確に理解することはほとんど不可能であろう。個々の法律についても、規制対象に関し指定商品制などがとられているために、その法律の条文だけでは、判断ができないことが多い(30)。
　これまで経済企画庁、通産省など関係省庁の行政的な努力によって、いくつかの難問が解決されてきたが、このような解決には限界がある。もはや一般的な議論のためではなく、具体的な草案作りを行う専門委員会を直ちに設置し、その作業にとりかかるべきであろう。そして、この委員会は、法律制定後も常設機関として残されるべきである。というのは、はじめにも述べた

通り、この法律は慎重でかつ適切な規制を要求するし、新しい事態に素早く対応できるよう、常に監視の目を光らせていなければならないからである。

⑵7　例えば、竹内昭夫「消費者信用の適正化—総合的な消費者信用保護法はどうであるべきか」月刊クレジット第200号（1978年）18ページ以下、同「消費者信用」比較法研究第36号（1974年）2ページ以下、特に131ページ。
⑵8　前注⑷『消費者信用のあり方について』109ページ。
⑵9　割賦販売法、訪問販売法などいくつかの法律のあちこちに規定されている。前注⑴、『消費者法講座5』に詳細に説明されている。
⑶0　本稿で説明したように、実質的に金利が関係する取引がもれなく規制されなければ、消費者信用法の意義は半減する。

二　イギリスの消費者保護法

I　序　説

　イギリス消費者保護法の基本的な枠組は、主にコモン・ロー（契約法、不法行為方、刑法）からできている。そして、エクイティがそれを補充し、それでも不都合があれば制定法により手直しをする、という伝統的なパターンがそこに見られる。しかし、最近では、自由競争原理の単なる修正だけでは処理できない新しい問題について、アメリカとは異なった形においてではあるが、行政的規制が行われるようになってきている[1]。本章では、このような歴史的発展の順序に従って、イギリス消費者保護法を概観することにしたい。

　本論に入る前に、二つのことをことわっておかなければならない。第一に、イギリスには「消費者保護法」という名称の法律[2]があるが、後に説明されるように、これは適用範囲の狭い法律であり、その説明だけでは全く不十分である。ここでは「消費者」という用語を「商品を買ってそれを使用または消費する者」と定義[3]し、かかる者の保護を直接目的とした諸法をひととおり概説したいと思っている。第二に、イギリスでは、アメリカの場合とは違って、自律的な諸慣行による私的自治が比較的に広く行われている、ということを指摘しておきたい。この点と関連して、自力救済もかなり広い範囲まで許されていると思われることも、ここで述べておきたい[4]。これらの点は、重要ではあるが、紙面の都合上、本稿では十分に論じることはできない。

(1)　この新しい問題は、竹内昭夫「消費者保護」『現代の経済構造と法〔現代法学全集52巻〕』（筑摩書房、1975年）24-31頁に明快に説明されている。ところで、イギリスもアメリカも、コモン・ローの国であり、共通の面をもってはいるが、イギリスでは、歴史的事情から、行政法を嫌う傾向が強

かった。しかし、行政法の意義が最近見直されている。この点について一般的にスカーマン・イギリス法——その新局面（東京大学出版会、1981年）80頁以下参照。ちなみに、アメリカの消費者保護法で行政法の領域に含まれる法律は、救貧法的性格をもつものが少なくない。一般的に D. CAPLOVITZ, THE POOR PAY MORE (N.Y. Free Press 1963)、またそのプロパーの問題に焦点を当てた研究として、J. Crawford, *Poverty, Minorities, and Respect for Law*, 〔1970〕Due L. J 452. そして、これと関連して、Javins v. First National Realty Corp., 428 F. 2d 1071 (1970) ; Williams v. Walker-Thomas Furniture Co., 350 F. 2d 445 (1965) を見よ。

(2)　Consumer Protection Acts of 1961 & 1971. この法律については、167頁および169頁で説明する。

(3)　加藤一郎「消費者と法」国民生活センター編『消費生活と法』（第一法規、1981年）1頁の定義に従ったものであるが、そこでも説明されているとおり、最近では、各種のサービス、例えば、運輸、保険、銀行などの業務によるサービスを受ける者をも含めて使われているので、ここでも、できる限り広い意味での消費者の保護について説明するよう努めた。

(4)　私的自治の慣行については、終りの部分で少し触れるつもりであるが、自力救済に関する説明は省く。後者について、田中英夫『英米法総論（下）』（東京大学出版会、1981年）528-34頁が詳しい。

II　契 約 法

1　「買主に警戒させよ」の原則(5)

コモン・ローの歴史的発展の順序から言えば、不法行為法から説明を始めるべきであるかもしれない(6)。しかし、消費者保護の問題については、売買が問題の不可欠の要素であり、それが契約法の領分に属するものであるということからも、契約法による消費者保護の説明から始めることにしたい。

第一に、売買の終了後には売主は商品の品質および特定の目的への適合性を保証する責任を負わない、という原則がある。これは、すでに中世のころからよく知られていた法諺であるが、判例法上の原則として確立したのは、

1603年のチャンドラー対ロウパス判決によってであると言われている[7]。この事件では、売主がただの石を牛黄[8]であると言って100ポンドで売りつけたが、買主は後で嘘であることを知って訴訟を提起したのであるが、売主は積極的な保証または約束をしていないという理由で、原告の請求は先の原則により斥けられた[9]。

当時としては、この判決は極めて妥当なものであった[10]。しかし、19世紀になると、先の原則は、経済社会の変化に対応してある程度修正されはしたが[11]、自由放任の思想と結びついて、買主に過酷すぎるのではないかと思われるような結果を生むようになる。例えば、ウォード対ホッブズ事件では、売主は、自分の豚がチフスにかかっていることを知りながら、健康な豚の値段で売りつけ、買主に大きな損害を与えたが、買主の救済は認められなかった[12]。もし同種の事件が日本民法の下で起こっていたら、「詐欺」、「錯誤」、「公序良俗」などの理由によって救済が認められたのであろうと思われる事例も少なくないが、イギリスではそれができない事情があった[13]。

2 黙示の担保責任

(1) 1893年の物品売買法

19世紀の終りごろまでに、判例法上も「買主に警戒させよ」の原則はほとんど完全に侵食されてしまっていたが消費者保護のためにその原則の廃棄を立法により明らかにした[14]。1893年の物品売買法14条は、1項で「法律に定める場合を除き、品質または特定目的への黙示の担保責任は存在しない」という一般原則を述べてはいるが、2項では、「売主が別段の契約を結んだ」か、または「買主が特に欠陥の検査を行った」のでなければ、売主が商品としての品質を保証することを義務づけている。そして、同条3項は、買主が商品の使用目的を売主に知らせたときは、売主はその目的への適合性を保証する義務を負うことを定めている[15]。さらに13条は、売買が説明によってなされるときはその説明どおりの商品が、また15条は、見本によってなされるときはその見本どおりの商品が、買主に引き渡されなければなら

ない、と定めている[16]。

ところで、物品売買法の適用がある消費者取引はどのようなものか。1893年法11条1項c号[17]は、「契約が不可分のものであってその対象となる物品またはその一部を買主が受理した」場合には、瑕疵担保責任を問うことはできても、契約の解除は認められない旨を定めているが、かかる場合の取引であって、物品の供給を業とする者とそうでない者との間でなされるものをいう[18]。さらに、1977年の不公正契約条項法は、消費者取引であるための要件として、取引の対象物が個人的な使用または消費のために通常供給されているものであることを付け加えている[19]。

一定の種類のハイヤー・パーチェスは、この定義による消費者取引には当たらない。ハイヤー・パーチェスは、しばしば買取権付賃貸借と訳される売買の取決めであるが、物品売買法17条は「物品の権原は当事者が意図したときに移転する」と定めているので、売主が所有権留保をし、買主が約束どおりに賃料（実際には割賦売買代金）を支払った場合には売主が物品の権利を放棄することになっているときは、物品売買法の適用を免れることができる[20]。しかし、1965年のハイヤー・パーチェス法は、2,000ポンド以下の取引については、かかる取決めの場合も消費者取引として取り扱うことにした[21]。

(2) 最近の展開

1970年代の立法は、消費者保護を直接の目的としている[22]。第一に、1973年の物品供給法がそうである。この法律は、1893年法の黙示の担保責任に関する諸規定を改正し、商品性の保証をいっそう強化した[23]。第二に、1977年の不公正契約条項法もそうであるが[24]、これについては次項で説明する。第三に、物品売買法に関する諸法規が併合されて現在では1979年の物品売買法となっていることも、ここに附記しておきたい。

最近では、売主（時には製造者または販売元）が商品の広告を出すことがあるが、広告自体が商品性の保証契約を別個に構成しうるので、これにより消費者が救済される場合がないわけではない[25]。もっとも、広告の問題を別

の部分で説明する紙面の余裕がないので、ここで触れたけれども、物品売買法の問題とは別個の問題である[26]。

3 普通契約約款

今日のように商品売買が大量に行われる時代にあっては、普通契約約款の利用は認めざるをえない。しかし、契約内容を定める自由が供給者（または売主）に完全に握られてしまっており、不公平な契約条項が約款の中に含められることがありうる。例えば、免責条項がその典型的な例である[27]。後に説明する「基本的違反」の原則によって救済が得られる場合もありうるが、それは不安定なものである。そこで、ロー・コミッションズは、かかる契約条項についての本格的な検討を行い、その勧告に従って、1977年の不公正契約条項法が制定された[28]。

この法律は、第一に、死亡または傷害に関する責任を免除する契約条項は無効であることを定めている[29]。第二に、その他の契約条項で不合理であると思われるものについては、裁判所はその効力を認めず、強制を拒否できることを定めている[30]。この「合理性」の基準は、アメリカ統一商事法典第2-302条の「非良心性」の基準と類似したものであるが、前者は後者とは異なった基準であるとする見解もある[31]。

4 個別的な契約の規制

一定の類型の契約について、その特質に応じた個別的な規制が消費者利益の保護のために行われることがある。例えば、運送契約について、古くから事業者は特別の注意義務を負わされてきた[32]。ボーリおよびダイヤモンド両教授は、「消費者・社会・法」と題する著書の中で、同じように特別の注意義務を負わされる諸事業を大衆業と呼び、簡潔な説明を与えている[33]。ここでも、主要なものについて若干触れておきたい。

(1) 運送事業

(イ) 鉄道運送　鉄道事業は、1825年にストックトンとダーリングトン

の間にはじめて鉄道が敷かれてから、急速に発達した。1830年には運送業法が制定され、鉄道会社に対し大衆業者としての義務が課せられた[34]。しかし、20世紀中頃に鉄道は国有化され、それ以後、特別の注意義務は課せられていない[35]。今日、鉄道事業は、普通の事業者と同じように普通契約約款によって行われているが、免責条項を含んでおり、これが前項で説明したような厄介な問題をしばしば引き起こしている[36]。

(ロ) 航空運送および海上運送　これらの事業は、大衆業ではあるが、コモン・ローよりも条約によって規制されている部分が多い。航空運送については、1929年のワルソー条約および1955年のヘーグ条約が主要な条約であるが、これらはいずれも国内法化されている[37]。海上運送については、ヨーロッパ諸国との法規の統一を目的とした取決めが主たるものであるが、これらは、1972年のヨーロッパ共同体法によってただちに国内法としての効力をもっている[38]。

(2) ホテル業および旅行代理店

ホテル業は、いわゆる大衆業の典型的なものである。支配人は、建造物の占有者として客の身体の安全を守る義務を負い、また、客の荷物に対し寄託契約の場合に類似した厳格責任を負う[39]。旅行代理店は、客に代わってホテルの予約を代行する者ではなく、ホテル業者の代理人である。したがって、代理の法により連帯保証責任を負う[40]。

(3) 保　　険

各々の保険の種類に応じた異なる特色はあるけれども、保険業者は、いずれの場合でも、保険契約者に対して「最高度の信義誠実義務」を負う[41]。本節2で説明した「買主に警戒させよ」の原則は完全に排除されており、保険業者はすべての重要な事実の開示を義務づけられている[42]。

しかし、日本の場合と同じように、保険勧誘員の行為がしばしば問題になることがある。勧誘員が客の家庭を訪問し、客の説明を聞きながら保険契約申込書に必要な事項を記入することは少なくなく、記載もれや誤記が問題になることがある[43]。しかも、客は、最後に「保険契約の諸条項の意味を十

分理解し、真実を記載しました」という旨の誓約書に署名させられるのが通例であり、記載もれや誤記を問題にすることは困難である。保険約款に含まれている免責条項や補償制限条項が障害になることもある。しかし、現在では、事実を誤認せしめるような情報によって保険契約を誘引することを犯罪と定めるとともに、保険勧誘員を行政規制に服せしめることによって、先の問題はある程度解決された[44]。

(4) その他の事業

銀行法、証券取引法などの領域でも、特に消費者または利用者の側の利益の保護を目的とした若干の法原理があるが、ここでは省略したい。本講座の企画では、不動産取引も消費者保護の一領域に含まれているが、イギリスは日本とは事情が異なっており、それはむしろ「買主に警戒させよ」の原則が適用される領域である[45]。

(5) この「買主に警戒させよ (caveat emptor)」の原則は、わが国でもかなり研究されているが、特に来栖三郎「小売商人の瑕疵担保責任」契約法体系(7) (有斐閣・1965年) 189頁以下を見よ。また、長尾治助・英国消費者私法の研究 (成文堂・1974年) 15-31頁もその起源や意義について詳しく説明している。

(6) 不法侵害訴訟 (trespass) から場合訴訟 (actions upon the case) が15世紀ごろに分離し、その一類型として引受訴訟 (assumpsit) が現われた。契約法は、この引受訴訟から生まれたものである。この歴史的発展については、P. S. ATIYAH, THE RISE AND FALL OF FREEDOM OF CONTRACT (Oxford Univ. Press, 1979) およびA. W. B. SIMPSON, A HISTORY OF THE COMMON LAW OF CONTRACT : THE RISE OF THE ACTION OF ASSUMPSIT (Oxford Univ. Press, 1975) が詳しく、優れている。ちなみに、この引受訴訟に関する主要判例は、Slade's Case, (1602) 4 Co. Rep. 92b, 76 E. R. 1074 であるが、この判決の主要部分がコモン・ロー裁判所の裁判管轄権の枠付けに関係している点に注意すべきである。引受訴訟については、多少古い文献ではあるが、Ames, *The History of Assumpsit*, 2 HARV. L. REV. 1, 53 (1882); Salmond, *The History of Contract*, 3 L. Q. REV. 166 (1887); Pollock,

Afterthoughts on Consideration, 17 L. Q. REV. 415（1901）が優れた研究である。

(7) Chandelor v. Lopus,（1603）Cro. Jac. 41, 79 E. R. 3 ; 8 HARV. L. REV. 282-84（1894）. コモン・ロー裁判所である王座裁判所の買主勝訴の判決を、訴訟原因の欠如を理由として財務裁判所が覆した判決である。

(8) ペルシャの山羊の胃からとった石であって、当時、解毒のために使われる非常に貴重な薬とされていた。

(9) もっとも、最終的にはコモン・ロー裁判所が詐欺を理由として買主の請求を認めた。

(10) 前掲注(3)に見られるような訴訟方式の形式的要件の点は別としても、当時訴訟で争われた売買は、馬とか宝石とかの高価な商品の売買が多く、買主は、いわゆる公開市場（market overt）で十分吟味した上でそれを買っている。もっとも、争訟額の比較的少ない厄介な事件にはかかわりたくないという気持が裁判所の側にあったようでもある。M. MARK, CHALMERS, SALE OF GOODS 126（17th ed. 1975）.

(11) 例えば、買主が商品を実際に検査する機会がなかった事例（Gardiner v. Gray,〔1815〕4 Camp. 144）や、買主が売主に対し商品の使用目的を説明し売主の判断を信頼して売買を行った事例（Randall v. Newson,（1877）2 Q. B. D. 102（C. A.）では、caveat emptor は適用されなかった。

(12) Ward v. Hobbes,（1878）4 App. Cas. 13.

(13) 「詐欺」は、キリスト教倫理に直接反する行為であり、犯罪としても厳しく罰せられるので、コモン・ロー裁判所は、それを認めることについては非常に慎重であった。Atiyah, *supra* note 1, 468-70 は、具体的な諸判例を挙げながら、これを示している。「錯誤」や「公序良俗」についてはエクイティの節で説明するが、これらは、当事者の内的意思や良心にかかわるので、コモン・ロー裁判所で利用されるのは稀であった。

(14) その当時のコモン・ロー（判例法）を正確に法文に書き移したものであると一般的に言われてきたが、実際には、フランス契約法を意図的に継受した面があることも否定できない。1893年法の立法に重要な役割を果たしたチャルマーズは、前掲注(6)で引用した著書の序文の中で、次のように述べている。「（起草の際に）私は、イギリス法の主要原理を、大陸法のほとんどすべての法典が起草されるときにモデルとされたナポレオン法典の対

応する諸規定と対比した。……ローマ法学者が、万民法（jus gentium）である法の諸準則に特別の価値を認めたのは正当であった。私はまた、ポチエの売買契約の研究もしばしば参照した」と。CHALMERS, *supra* note 10, at ix.

(15) この義務は、特許または商標のついた商品の場合には生じない（同項但書）。なお、この義務は、1973年の物品供給法によって強化されている。これについて、後掲注(19)参照。

(16) もし商品の説明だけでなく見本も示して売買がなされたときは、見本にも合致することが要求される（13条1項後段）。また、見本による売買の場合、大部分の商品が見本と同じものであることを買主に示し、かつ、明白な欠陥のない商品性をそなえたものであることを売主は保証しなければならない（15条2項）。

(17) 現在では、Sale of Goods Act 1979, s. 11(4)となっている。

(18) この定義について、Supply of Goods (Implied Terms) Act 1973, ss. 2 and 15 および Consumer Credit Act 1974, sch. 4, para. 36 を見よ。後段の部分は、Fair Trading Act 1973, s. 137 の「消費者」の定義によるものである。なお、この定義では、取引の対象物は「物品」だけでなく「役務」にも拡げられている。

(19) Unfair Contract Terms Act 1977, s. 12(1)(c).

(20) 例えば、Helby v. Mathews, [1895] A. C. 471. *Cf.* Lee v. Butler, [1893] 2 Q. B. 318.

(21) Hire-Purchase Act 1965, ss. 1 and 17(4). この法律については本稿の六 3(3)で説明するが、これと関連した売買慣行について、BORRIE AND DIAMOND, THE CONSUMER, SOCIETY AND THE LAW 155-96 (3rd ed. 1973) を見よ。

(22) これ以前の法律では「消費者」という用語は使われていない。もっとも、オックスフォード大英辞典は、「生産された商品を使用し、それにより当該の商品の交換価値を消滅させる者」という意味でその用語が用いられた例として、1745年の文例を挙げているが、消費者という言葉は使っていなくても実質的にそのような者の保護を目的としたと思われる立法例は、すでに1823年のFactors Act に見られる。

(23) Supply of Goods (Implied Terms) Act 1973 は、3条で1893年法14条

8 消費者保護法

を修正し、商品性（merchantable quality）の保証の規定を置き、また、4条で同法55条を修正し、物品売買法は消費者売買（この用語は同条7項で定義されている）に適用されるものであることを明記した。ちなみに、この1973年法が、5条で1967年の国際売買に関する統一法を国内法化していることも、重要な点である。

(24) Unfair Contract Terms Act 1977, s. 2 参照。

(25) Hedley Bryne & Co. v. Heller & Partners, [1964] A. C. 465 参照。なお、1日3回、2週間続けてこのアメ玉（カゼ薬）を飲めばカゼをひきません、もしカゼをひいた人があれば、その人に100ポンドを差し上げます、という旨の新聞広告により契約が有効に成立していることを認めた Carlill v. Carbolic Smoke Ball Co., [1893] 1 Q. B. 256 も見よ。ちなみに、Borrie & Diamond, *supra* note 21, at 107-11 は、本文で述べた見解を支持しているが、ストリート教授はこれと反対の見解をとっている。H. STREET, FREEDOM, THE INDIVIDUAL AND THE LAW 231 (Penguin Books, 1963).

(26) 広告については、表示規制と関連して、197-8頁でもふれる。

(27) 例えば、Thompson v. London, Midland and Scottish Railway Co., [1930] 1 K. B. 41 で問題となった普通旅客運送約款の免責条項（後掲注(36)）を見よ。鉄道側の過失により文盲の老婆が怪我をしたが、その条項のため損害賠償は認められなかった。ちなみに、この老婆が文字を読めたとしても、老婆が買った周遊券の表面には、裏面を見よと書かれており、裏面には、旅客運送約款により発行されたと書かれているだけで、駅長室の壁にはられた紙に細かい字で印刷された当該約款を読むことはなかったであろうと思われる。

(28) この法律の制定過程および内容について、田島「過失責任の契約による免責——イギリス不公正契約条項法の制定」田中英夫編・英米法の諸相（東京大学出版会・1980年）を見よ。なお、ロー・コミッションズの報告書は、The Law Commission and the Scottish Law Commission, Exception Clauses : Second Report, 5th Aug. 1975 である。ちなみに、不公正契約条項法は、JCA ジャーナル28巻（1981年）1号ないし4号に全訳（訳者小泉氏）されている。

(29) 2条1項。この規定の解釈について、田島・前掲注(28) 584頁を見よ。

(30) 2条2項。この規定の解釈について、田島・前掲注(28) 585頁を見よ。

二　イギリスの消費者保護法

(31) R. CRANSTON, CONSUMERS AND THE LAW 78 (Weidenfeld & Nicolson, 1978). クランストンは、「非良心性」の基準は当事者の経済力の違いのために一方の側にあまりにも有利に偏りすぎている場合にその「著しい不公正」を是正するためのものであるのに対し、「合理性」の基準は不当な抑圧を防ぎ、不公正な驚きを与えないようにするものであるという。しかし、田島・前掲注(24) 577、588 頁を見よ。

(32) 寄託に関する Coggs v. Barnard, (1703) 2 Ld. Ray. 909 ; 92 E. R. 107 (per Holt, C. J.) は、不可抗力による場合を除き、受寄物の保管についての絶対的な責任を確立した判例であるが、これに従ったものであると思われる。ただし、海上運送の場合には、運送業者が耐航能力 (seaworthiness) まで保証する義務を負わされるが、普通の陸上運送の場合には、道路条件のよさの保証まで義務を負わされることはない。

(33) BORRIE AND DIAMOND, *supra* note 21, at 23-24. そこでも説明されているように、客を差別しないこと、建造物の占有者として客の身体の安全を守ること、荷物の受寄者としてホテル等が特別の注意義務を負うことなどが、その主な特色である。

(34) さらに 1851 年の立法で産業省に鉄道事業の検査権が与えられ、また 1868 年に事故に関する紛争の仲裁権も与えられた。これらと類似した制度が、次注で引用する現行法の下でも行われている。ただし、諸権限は鉄道委員会に移されている。

(35) Transport Act 1962, s. 43 (6) 参照。2 国以上にわたる委託運送契約については、鉄道による物品の運送に関する国際条約（1961 年）国内法化した Carriage by Railway Act 1972 に従っている。

(36) 物品の輸送、生物の輸送、石炭等の燃料の輸送、水上輸送の 4 種類の貨物輸送約款のほか、普通旅客運送約款がある。この普通旅客運送約款の 552 頁には、「周遊券は、原因が何によるものであれ、傷害（死亡したか否かにかかわらない）、損失、危害または遅延に関して、その券の保持者もその他の者も会社に対する訴権をもたないことを条件として、発行される」という規定がある。この規定に関する前掲注(23)の判例を見よ。もっとも、この規定は、現在では前掲注(25)の規定によって無効とされるものであると思われる。

(37) Carriage by Air Act 1961（この法律は、1967 年 6 月 1 日から実施され

8 消費者保護法

ている)。ただし、貨物輸送、純粋に国内だけの運送などの場合については、Air Acts Order 1967 によっている。さらにまた、条約の適用が問題となる場合でも、裁判所によって独自の解釈が示されることもある。例えば、Fothergill v. Monarch Airlines Ltd., [1977] 3 All ER 616, [1978] Q. B. 108 (ヘーグ条約26条2項は、荷物の「損害 (damage)」について受領後7日以内に苦情を申し立てなければならないと定めているが、「滅失 (loss)」の場合にこの規定を適用しなかった)。

(38) 1972年のヨーロッパ共同体法について、スカーマン・前掲 [175頁] 注(1)の訳者解題 148-65頁を見よ。

(39) この準則は、14世紀にすでに確立していた (前掲注(29)の引用部分参照) ようであるが、現在では、Hotel Proprietors Act 1956 によって定められている。占有者責任について、自動車の駐車場に関する Thornton v. Shoe Lane Parking Ltd., [1971] 2 Q. B. 163. この点と関連して、田島・前掲注(28) 581頁、特にその注(45)を見よ。

(40) 例えば、パッケージ式の海外旅行において、予約の際の説明どおりのサービスをホテルが提供しなかったときは、旅行代理店が代金払戻などの責任を負う。Trackman v. New Vistas Ltd., The Times, 24th Nov. 1959. 約款の免責条項は無効である。Anglo-Continental Holidays Ltd. v. Typaldos Lines (London) Ltd., [1967] 2 Lloyd's Rep. 67.

(41) 生命保険、火災保険、損害保険があるが、これらの事業は Insurance Companies Act 1974 によって行われている。また、海上保険は Marine Insurance Act 1906 によって行われている。保険契約者の利益を保護するために特別裁判所が設置されている。Policyholders Protection Act 1975, s. 1. 「最高度の信義誠実」の義務は、BORRIE AND DIAMOND, *supra* note 21, at 244-46 に簡潔に説明されている。

(42) Marine Insurance Act 1906, s. 18. 海上保険以外の保険については、Blackburn, Low & Co. v. Vigors, (1886) 12 App. Cas. 531; London Assurance v. Mansel, (1879) 11 Ch. D. 363 などの判例により、本文の準則を確立している。

(43) 例えば、Newsholme Brothers v. Road Transport and General Insurance Co., [1929] 2 K. B. 356. 保険勧誘員は客の代理人であって会社のそれではないという原則が、契約の自由は神聖であるという思想の強かった

二 イギリスの消費者保護法

時代に確立し、その当時の先例が今日の諸判例を拘束しているようである。L'Estrange v. Graucob, [1934] 2 K.B. 394 におけるスクラトン裁判官の意見参照。保険勧誘員を会社の代理人とみなす考え方は、双方代理はコモン・ローに反するという理由で否定された。Anglo-African Merchants Ltd. v. Bayley, [1970] 1 Q.B. 311 (*per* Megaw J.).

(44) Insurance Companies Act 1974, ss. 63 and 64. また現在では、免責の範囲は保険料とも関係があるので、この点は考慮されるであろうが、前項で説明した不公正契約条項法によって免責条項が無効とされることもありうるであろう。

(45) ANSON, LAW OF CONTRACT (25th [Century] Edition) 268-69 (Guest ed. 1979) 参照。

III 不法行為法

1 序

前節で説明した契約法による消費者の保護は、消費者が売主と「契約関係」にある場合に限られる(46)。しかし、今日では商品の製造者または販売元が商品を直接包装し、売主が内容を点検しないでそれをそのまま買主に売る場合が少なくない。この場合に欠陥商品の責任を問うためには、製造者または販売元を訴えなければならないが、これを可能にしたのがドノヒュー対スティーヴンスン判決である(47)。この判決によって確立された過失の法理により、消費者保護は著しく拡大した。

2 過失の法理

(1) ドノヒュー対スティーヴンスン判決

この判決は日本でもよく知られているので、詳しい説明は省略したい。一口で言えば、この判決は、友人にパブでごちそうになったジンジャー・エールの中に腐ったかたつむりが入っていて、そのために急性胃炎を起こした原告がその製造元を相手に請求した損害賠償を認めた判決である。貴族院判決

の中で、アトキン卿は、「生産者が、通常その者の製品が中間で検査されることは予想されず、その者の手を離れた時の状態で窮極的な消費者に届くことを望んだと思われる形でそれを売る場合、当該の製品の準備または製造の際に相当の注意を払わなければ消費者の生命または財産に危害を与える結果になることを知っているときは、生産者は消費者に対し相当の注意を払う義務を負う」と、判示した[48]。これは、避けるべき損失の発生を避けなかった不作為に対する責任を問う過失の法理を述べたものである。

(2) 因果関係

過失の法理は不法行為法の一類型であり、原因と結果との間の近接性は[49]重要な要件となっている。3で説明する厳格責任の場合は別として、中間に直接の因果関係を切断する要因が加わっている場合には、製造者の責任は認められない。

(3) 損害賠償の範囲

製造者が負う注意義務は、通常人ならば予見できるであろうと思われる危害を避けることにあり、この義務違反が損害賠償責任の基礎となる。したがって、合理的な予見が可能な範囲の相当な損害に対する賠償が認められることになる[50]。ところで、先の注意義務は、商品の買主に対してだけでなく、ドノヒュー事件がそうであったように、その友人に対しても及ぶ。ロー・コミッションズは、その義務の及ぶ範囲は「普通商品を使用もしくは消費すると思われる者、またはそれにより影響を受けると思われる者」であると解釈している[51]。

(4) ヨーロッパ製造物責任法

イギリスは、1972年にヨーロッパ共同体法を制定し、ヨーロッパ諸国との協力を余儀なくされた。ヨーロッパの国際諸機関は、この領域の法の統一に強い関心を示しており、現在のところ特筆すべき大きな影響はないが、この動向には注目する必要がある[52]。

3 厳格責任

(1) アメリカ法の影響

アメリカでは、先に説明した過失の法理をさらに発展させ、多くの州法で厳格責任の原則を採用しているが、イギリスでも、限られた範囲でこれを採用しようとする動きがある。

(2) グリーンマン判決[53]とリステイトメント402条A

1963年のカリフォルニア州最高裁判所のグリーンマン判決は、不法行為法による消費者の保護のために重要な意義をもっている。この判決は、第一に、食品、薬品、自動車などによる人身傷害については、過失の証明がないときでも製造者が責任を負うことを判示した[54]。第二に、この責任は不法行為責任であって、契約責任ではないので、免責契約条項の有無は事件と無関係であることにした。第三に、後に説明する責任保険の新理論を発展させる基礎を与えた。グリーンマン判決の準則は、次々に各州で採用され[55]、現在では、リステイトメントにも入っている。402条Aは、1項で、「消費者にとって理に合わない危険な欠陥のある製品を売る者は、それにより最終的消費者に与えた人身傷害について責任を負う」という原則を述べている。そして、2項では、(a)製造販売者ができるかぎりの注意を払い、しかも(b)消費者はその者と全く契約関係をもたない場合であっても、その原則が適用されることを定めている。

この原則は、経済的観点から法理論を論じる研究者たちによる支持を受け、責任保険に関する新しい考え方を生む基礎を与えた[56]。アメリカの多数の州においてだけでなく、イギリス法を使っているニュージーランドにおいても、消費者は、病気にかかったときの国民健康保険による補償と同じように、訴訟によって責任を立証しなくてもすべての事故による損失に対して補償が得られる制度が確立されつつある[57]。

(3) ピアソン報告書とイギリス法の厳格責任

サリドマイド事件を直接のきっかけとして、ピアソン委員会は、民事責任

の基礎理論を再検討し、それと関連してグリーンマン判決の準則を継受する可能性について考察している[58]。しかし、厳格責任は政策上の見地から個別的に特に法律によって認められる責任であると考えているようであり、一般的な法原則としてそれを採用することには消極的である[59]。これは、不法行為責任の基礎は行為者に対する倫理的非難と一般的抑止効果にあるとする伝統的な理論がイギリスには根強く残っている、ということを示している[60]。訴因についても、契約責任と不法行為責任は競合するものと考えられているようであり、例えば、医療行為の厳格責任（res ipsa loquitur による責任の推定）が認められるような事例でも、イギリスの裁判所は、契約理論を利用することを禁じてはいない[61]。

(46) 相手を拘束するには約因（consideration）を提供しなければならず、この要件を満たしていない者に対して訴えることはできないという準則が、Tweddle v. Atkinson, (1861) 1 B. & S. 393 による Prince v. Easton, (1833) 4 B. & Ad. 433 の解釈によって確立された。Buckley v. La Réservi, [1959] C. L. Y. 1330 は、次注の事件に類似した事件であるが、かたつむりによる食中毒の契約責任は先の準則により否定された。

(47) Donoghue (or McAlister) v. Stevenson, [1932] A. C. 562. この判例の解釈およびその後の展開について、田島裕「わたくしが出会った外国の法律家たち」ジュリスト 700 号（1979 年）323-27 頁を見よ。

(48) *Id.* at 580.

(49) 加害者の行為が損害の直接の原因（direct cause）または直近の原因（proximate cause）でなければならないといわれる。詳しくは、G. Williams, *Causation in the Law*, [1961] C. L. J. 62 を見よ。望月教授も、注意義務違反と関連して、いくつかの判例を分析しながら、これを説明している。望月礼二郎『英米法』（青林書院新社・1981 年）171-74 頁参照。

(50) この点について、田中和夫「不法行為における因果関係」英米判例百選（旧版）（有斐閣・1964 年）208 頁、田中英夫「判例紹介」比較法研究 26 号（1965 年）114-17 頁、および伊藤正己『イギリス法研究』（東京大学出版会・1978 年）425-26 頁参照。

(51) Law Commission's Working Paper No. 18 and Scot. Law Commission's

Working Paper No. 7, 19 th Jan. 1968 の 17 頁を見よ。アメリカ法では、注意義務の及ぶ範囲を「同一世帯の者およびその友」と定義しているが、ほぼこれと一致するのではあるまいか。UCC§2-318. ただし、アメリカでは、後で説明するように、ほとんどの州が厳格責任を採用しているので、この規定はほとんど意味がなくなったという。WHITE & SUMMERS, UNIFORM COMMERCIAL CODE 401-05（2nd ed. 1980）.

(52) わが国でもすでに紹介されているとおり、ロー・コミッションズがヨーロッパ法の影響について検討したが、現在のところ法改革は不要であるというのが、同委員会の実質的な結論である。経済企画庁国民生活局・欧米における消費者被害救済の現状（1978年1月）87-89頁参照。1968年にヘーグ国際私法会議の検討課題に取り上げられてから今日までの動向は、H. DUINTJER TEBBENS, INTERNATIONAL PRODUCT LIABILITY (T. M. C. Asser Institute, 1979) に詳しく説明されている。なお、ルーズリーフ式の MILLER, PRODUCT LIABILITY & SAFETY ENCYCLOPEDIA (1979) にはすべての関連法規が含まれている。

(53) Greenman v. Yuba Power Prods., Inc., 59 Cal. 2d 57 ; 377 P. 2d 897 (1963). この判例については、廣川浩二「製造物責任」英米判例百選Ⅱ私法（有斐閣・1978年）に紹介がある。また、Henningsen v. Bloomfield Motors, Inc., 32 N. J. 358 ; 161 A. 2d 69 (1960) も参照。

(54) これを支える理論は、Prosser, *Strict Liability to the Consumer*, 69 YALE L. J. 1099 (1960) ; Escola v. Coca Cola Bottling Co., 24 Cal. 2d 453, 461 ; 150 P. 2d 436, 440 (1944)（トレイナ裁判官の同調意見）に見られる。

(55) 1981年8月までにグリーンマン判決の準則を採用していないのは、マサチューセッツ、サウス・キャロライナ、サウス・ダコタなどの数州だけである。

(56) R. A. POSNER, THE ECONOMICS OF JUSTICE (1981) の第3章および第4章を見よ。また、わが国でも、藤倉皓一郎「不法行為責任の展開」同志社法学107号（1968年）1頁、森島昭夫「損害賠償責任ルールに関するカラブレージ理論」『私法学の新たな展開』（有斐閣・1975年）405-32頁、平井宜雄『現代不法行為理論の一展望』（一粒社・1980年）80-147頁などで詳細に検討されているカラブレージの諸研究（特に CALABRESI, THE COSTS OF ACCIDENTS〔1970〕）参照。さらに、最近、R. A. EPSTEIN, A THEORY OF STRICT

8 消費者保護法

(57) LIABILITY: TOWARD A REFORMATION OF TORT LAW (1980) が出ている。この点と関連して、田島「最近の判例」アメリカ法 1981-1 号（1981 年）203 頁、特に注(31)を見よ。

(58) ROYAL COMMISSION REPORT ON CIVIL LIABILITY AND COMPENSATION FOR PERSONAL INJURY (Pearson Report), March 1978, vol. 3, Cmnd. 7054-III, at p. 73、ならびに同報告書第 1 巻の第 22 章および 340 頁を見よ。

(59) 現行法の下では、原子力、民間航空、ガス、動物などによる人身傷害について厳格責任が認められているが、ピアソン委員会は、鉄道運送、一定の欠陥商品、ワクチン等の医薬品にも拡げられるべきであると考えている。

(60) 一般的に、イギリスの理論について、P. S. ATIYAH, ACCIDENTS, COMPENSATION AND THE LAW (3rd ed. 1980) の第 6 部および G. WILLIAMS & HEPPLE, FOUNDATIONS OF THE LAW OF TORT (1977) の第 4 章を見よ。後者は、新しい理論に対し比較的好意的な見解を述べている。

(61) WILLIAMS & HEPPLE, *supra* note 60, at 15-16 参照。

IV 刑 法

1 序

IIおよびIIIで説明した私法の諸原理による救済方法は、通常、金銭による損害賠償である。商品の製造者または売主は、賠償額をある程度まで正確に予測できるので、その支払の危険を冒しても、消費者に危害を与える商品の製造・販売を継続しようとすることが起こりうる。そこで、消費者保護のための抑止力をいっそう強めるために、刑事制裁に頼らなければならない場合がある。しかし、刑法もまた、その法体系は主にコモン・ローから成っており、その起源は古く、しかも歴史的継続性が尊重されるために、今日の消費者保護の諸問題に対処するのには適さない面が少なくない(62)。

もっとも、このような刑法の未成熟さが、法の弾力的な運用を可能にし、消費者保護のための刑事特別法を制定するのを容易にしているのも事実である。実際、本節で取り上げるべき細々とした規定の数は非常に多い。しかし、

二 イギリスの消費者保護法

すべてを網羅しつくすことはできないので、ここでは主要なものだけを説明することにしたい。

2 刑事特別法の実例

(1) 消費者保護法

この法律は 1961 年に制定され、その一部が 1971 年に修正された。この法律により、「死亡または人身傷害の危険を防止する目的」のために、国務大臣は、商品の成分、デザイン、構成、包装などに関し、またはそれに添付される注意書などに関して規則を定め、規制することができる[63]。この規則に違反した商品の「販売、賃貸またはそれを目的とした保有」は犯罪となる[64]。さらに、1978 年には、消費者安全法が制定され、先の国務大臣の権限は拡大され、消費者の身体の安全の保護は著しく強化された[65]。

(2) 度量衡法

この法律は、何度も立法されているが、現行法は、1963 年に制定された法律である[66]。これは 4 部から成っているが、最後の第 4 部は、消費者保護のための重要な諸規定を含んでいる。21 条は、取引産業省が特定の商品の売買で使われる「表示単位」について規則を作ることを義務づけている[67]。この規定に基づいて作られた規則に従わない者は、刑罰を科せられる。23 条は、特定の取引について、商品の量が所定の単位で書面により表示されることを要求しており、その違反も犯罪になる。24 条は、表示された数量に足りない商品の販売や不実表示による売買も禁止している。これらの諸規定の違反に対する刑罰はかなり厳しい[68]。この法律の一つの特色は、個々の消費者による私訴を認めない代わりに、地方自治体の中に法律の実施に当たる特別の職員を置いていることにある[69]。

(3) 取引表示法

表示に関する消費者の救済は、次項で説明するエクイティに関係することが多いが、それは曖昧でもあり、また消極的なものでもあるので、1968 年の取引表示法は、虚偽表示による商品の取引を禁止し、違反に対しては厳し

8 消費者保護法

い刑事制裁を科することにしている[70]。1人のパートナーが虚偽の事実を表示し、その後これについて何も知らない別のパートナーが交渉を引き継いで取引を完了させた場合でも、法律違反は成立する[71]。

(4) 食品・薬品法

個々の食品または薬品による危害から消費者を守る法律は古くからあった[72]。しかし、この問題についての一般法が制定されたのは、1955年になってからである[73]。この法律の1条は、「身体に危害を与える食品または混合した薬品」の製造、加工、販売等を禁止している。2条は、かかる製品を消費者に売る行為を犯罪として定め、この法律の一般的目的が食品または薬品の買主の保護であることを明記している。そして、別の規定で本法の実施に当たる専門機関を設置し、その調査官に対して立入権を与えている[74]。

(5) 特殊販売慣行の禁止

商品の種類に関係なく、一定の販売方法が禁止されている場合がある。例えば、1973年の公正取引法は、その第11章でピラミッド式販売を禁止している[75]。訪問販売についてはコモン・ローの規制に任せており、アメリカの若干の州に見られるような特別法を制定していないけれども、通信販売については、1971年に注文しない物品および役務に関する法律を作り、注文がないのに物品を送付してその代金請求をすることを犯罪として定めている[76]。広告による勧誘についても種々の規定がある[77]。さらに、割賦販売については、1974年の消費者信用法の中にいくつかの刑事規定が含まれている[78]。

3　刑法の強制と当事者の抗弁

本節で説明した法律の強制のためには特殊な専門知識が必要とされるので、警察以外の特別の法実施機関を置いていることが多い[79]。また、本節で取り上げた犯罪はほとんどすべてが法人による犯罪であり、罰金刑だけでは抑止力が十分ではないので、法人の役員または実際に犯罪行為に関与した者にも個人として刑事責任を負わせる両罰規定を置いていることも少なくない[80]。

二 イギリスの消費者保護法

　抗弁と関連して、法人の刑事責任の性質について一言触れておこう。刑事責任は、従業員の行為についての代位責任である場合と、擬制による本人としての責任である場合とがある(81)。後者の場合には、犯罪行為が法人を代表できる役員によって行われなければならないが、故意の要件 (mens rea) は必要とされない(82)。かかる場合に、法人の側に許される唯一の抗弁は、法人は犯罪を避けるために細心の注意を払ったことを証明することである(83)。

(62)　イギリス刑法に関する文献は枚挙にいとまがないが、歴史的観点から書かれた簡にして要を得た文献として、S. F. C. Milsom, Histrical Foundations of the Common Law 353-74 (1969) をあげておきたい。

(63)　Consumer Protection Act 1961, s. 1. この規定により、現在、簡易ベッド、寝間着、家庭用電気器具、電気毛布、調理器具、暖房機、鉛筆等の筆記用具および玩具に関する規則ができている。

(64)　Id. s. 2. この違反の禁止は、3条により強制されるが、1971年の修正は、第三者の作為または不作為によりその違反が起こっている場合にも適用されることを定めている。

(65)　Consumer Safety Act 1978. 国務大臣の規則によって定めうる事項は、消費者の身体の安全を守るためのほとんどすべての事項にわたっている（1条2項(a)号ないし(i)号参照）。

(66)　度量衡に関する最初の立法は、1795年の法律である。この法律により地方検査官の地位が設けられ、その者は自由に商店に立ち入り、商品の度量衡の表示が正確かどうかを検査し、必要ならば是正を命ずることができた。この命令に従わないことは犯罪になる。この伝統は、後掲注(8)で説明する現行の制度の中にも残されている。

(67)　Weights and Measures Act 1963, s. 21. 前掲一注(1)で引用した竹内教授の論文の48-50頁で説明されている日本の品質表示の制度に類似している。ただし、次注も参照。

(68)　Id. s. 51. 20ポンドないし100ポンド（再犯の場合は250ポンド）の罰金または2月以下の懲役刑が科される。ちなみに、この法律でいう「表示」とは、印刷による表示だけでなく、口頭の説明を含む。

(69)　51条は、訴追は41条によって任命される検査官から成る地方当局また

195

は地方警察署長によって行われることを定めている。今日、地方当局は正式には地方度量衡局と呼ばれるようになった。Local Government Act 1972, sch. 29, para. 18(2).

(70) Trade Descriptions Act 1968, s. 23 は、略式手続による場合には 400 ポンド以下の罰金刑、正式手続による場合には 2 年以下の懲役のほか、無制限の罰金刑を科しうることを定めている。この法律の場合、被害者は私訴を行うこともできるが、法実施機関による刑事訴追のときは、損害の立証は必要とされない。Thornley v. Tuckwell (Butchers) Ltd., [1964] Crim. L. R. 127. 商品の出所を顕著に表示することを義務づけた 1972 年の同名の法律やマーク等の表示を義務づけた法律に従わないときは、不作為が本法の違反を構成する。

(71) Clode v. Barnes, [1974] 2 All E. R. 1243 ; [1974] 1 W. L. R. 1056.

(72) 8 HOLDSWORTH, A HISTORY OF ENGLISH LAW 69 (7th ed. 1956). 1860 年には、腐敗した飲食品の販売を禁止する一般法ができている。Act for Preventing the Adulteration of Articles of Food and Drink.

(73) Food and Drugs Act 1955, 4 & 5 Eliz. 2 c. 2. この法律によって初めて食品と薬品が一緒に取り扱われるようになった。

(74) この機構をここで説明する余裕はないが、これについては 1955 年法 100 条参照。

(75) Fair Trading Act 1973, ss. 118-123. これに関して詳しくは、竹内・前掲一注(1) 107-12 頁参照。

(76) Unsolicited Goods and Services Act 1971, s. 2. 同法 1 条は、送り主が 6 月内に送付した商品の返還を求めなかったとき、または受領者がそれを返還する旨の通知をした後 30 日を経過しても送り主が取り戻しに来なかったときは、受領者はそれを無条件の贈与物として処分することができることを定めている。Unsolicited Goods and Services (Amendment) Act 1975 は、一定の細目を規則で定める権限を国務大臣に付与している。なお、訪問販売について詳しくは、田島「訪問販売法——イギリス・アメリカ」ジュリスト 808 号 (1984 年) 21-29 頁を見よ。

(77) 広告に関する規制は多岐にわたるので、一般的な説明はここでは不可能である。Sex Discrimination Act 1975, s. 38 (一定の用語を広告で使用することを禁止した規定) のように、広告については消費者保護と全く無関

係な法律が関係する場合もありうるので、注意を要する。
(78) Consumer Credit Act 1974, ss. 43-47.
(79) 例えば、前掲注(66)、(69)、(70)、(72)を見よ。
(80) 例えば、前掲注(68)、(70)を見よ。*Cf.* Jones v. Lipman, [1962] 1 W. L. R. 832.
(81) G. WILLIAMS, TEXTBOOK OF CRIMINAL LAW 946 (1978). なお、法人の刑事責任については、L. H. LEIGH, THE CRIMINAL LIABILITY OF CORPORATIONS IN ENGLISH LAW (1969) が詳しい。
(82) G. WILLIAMS, *supra* note 81, at 946.
(83) 例えば、Consumer Protection Act 1961, s. 3 ; Food and Drugs Act 1955, s. 113(1) ; Weights and Measures Act 1963, s. 27(1)参照。

V　エクイティと消費者救済の方法

1　エクイティの特殊性

コモン・ローには消費者保護に役立つ数多くの法準則が存在していることは、以上に見たとおりであるが、その体系には少なくとも二つの基本的欠陥がある。その一は、コモン・ローは市民法的性質の法であって消費者保護を直接の目的としておらず、その観点から見れば、そもそも体系をなしていない、ということである。その二は、コモン・ローは判例法の集積によってできているが、消費者保護の問題には裁判になじまない面があり、その解決のための新機構を必要としている、ということである。本節で、コモン・ローの補足的法源としてのエクイティを説明し、判例法による救済の範囲を明らかにした上で、VIでその新機構について述べることにしたい。

2　エクイティの諸原理

(1)　不実表示の原理

一定の不実表示に基づく契約はエクイティによって取り消すことができる[84]。1913年のハイルブート事件では、売主が過失によって虚偽表示をし、

197

それによる損害の賠償を買主が請求したが、この請求は拒否された[85]。しかし、1963年のヘドリー判決は、判例準則を修正し、契約の交渉中に真実でない事実を表示した者に対し責任を認めた[86]。判例法の準則をはっきりさせるために1967年の不実表示法が制定され、不実表示によって損害賠償も請求しうることは明確になった[87]。しかし、善意の不実表示の場合にもそれが認められるかどうかは明らかでない。デニング卿はそれを肯定しているが、貴族院はその点について確定的な判断を示していない[88]。現在では、売主の善意の不実表示を信頼してなされた意思表示が瑕疵あるものとして取消しを認めてもらうためには、買主は、少なくとも売主が表示した事実が真実であると信じたことが相当であったことを示すことを要求されると思われる[89]。

(2) 詐欺、強迫、不当威圧

これらもまた取消事由となる。詐欺は、コモン・ローのそれと区別してエクイティの詐欺と呼ばれることが多い[90]。さらに、意思表示の瑕疵を理由とする取消事由として、不当威圧がある。これは、弁護士と依頼人、医師と患者などの特別な関係が意思表示の誘因となっているときに認められるもので、擬制的詐欺とも呼ばれる[91]。

(3) 禁反言の原理

本来ならば無効であるか取消しが認められる場合であるが、信頼利益を保護するためにそれを認めないときに使われる原理である。表見代理人と取引をした買主や流通証券の譲受人の保護などのために使われる[92]。

3 救済方法

コモン・ローによる救済は原則として金銭損害賠償である[93]。不法行為であって故意の要件がそなわっているものは犯罪にもなるが、かかる場合には刑罰が科せられ、これによりある程度の一般的予防効果が期待できる。すでに見たとおり、よりいっそうの抑止効果を図るため、制定法によって、一定の事実を推定せしめたり、故意の要件を緩和していることもある。エクイ

二 イギリスの消費者保護法

ティは、日本の場合であれば意思表示の瑕疵としての詐欺や強迫または公序良俗違反などが問題となるような事例において取消しを認める法理である[94]。必要があれば、債権の行使を差し止めたり、売主の特定履行を強制したりすることを認める場合にも使われる[95]。

アメリカでは、少額訴訟、クラス・アクション、三倍賠償など、消費者保護のための特別の救済制度が行われているが、イギリスでも、これらの諸制度に関心が向けられている。しかし、これまでのところ、採用には消極的である[96]。ただ、出訴期限に関しては、判例法上は契約について6年、不法行為については3年であるが、アメリカのいくつかの州法にならって取引の安全を図るために短縮された[97]。

[84] Misrepresentation Act 1967, s. 1(a). CHESHIRE AND FIFOOT, LAW OF CONTRACT 243 (8th ed. 1972); ANSON, *supra* p. 185, n. 41, at 236 も見よ。

[85] Heilbut, Symons & Co. v. Buckleton, [1913] A. C. 30 (過失による不実な表示では契約を有効に締結できないというコモン・ローの論理で救済を求めたが、認められなかった事件)。

[86] Hedley Byrne & Co. Ltd. v. Heller & Partners Ltd., [1964] A. C. 465; [1963] 2 All E. R. 575. この判決はデニング卿による判決であるが、その背後にある考え方は、同裁判官自身の著書、LORD DENNING, THE DISCIPLINE OF LAW 270-76 (1979) で敷衍されている。

[87] Misrepresentation Act 1967, s. 2(1). この法律の解釈およびこの立法の背後にある諸判例の分析については、松本恒雄「英米における情報提供者の責任㈠——不実表示法理を中心として」法学論叢100巻3号 (1976年) 50-66頁が詳しい。

[88] デニング卿の意見は、Esso Petroleum Co Ltd. v. Mardon, [1976] Q. B. 801 に見られる。さらに、LORD DENNING, *supra* note 86, at 273-74 も見よ。

[89] Misrepresentation Act 1967, s. 2(2) 参照。Oscar Chess Ltd. v. Williams, [1957] 1 W. L. R. 370; [1957] 1 All E. R. 325 (中古自動車をディーラーに売るときに売主が善意で車の年型を誤って伝えた事件) も見よ。

199

8 消費者保護法

(90) 例えば、Nocton v. Ashburton, [1941] A. C. 932. コモン・ロー上の詐欺は、キリスト教倫理に反するので厳しく処罰された反面、それが書面上明らかでなければならないなど、成立要件は厳格であった。Statute of Frauds Amendment Act 1828, s. 6 参照。なお、表示による詐欺について、Derry v. Peek, (1889) 14 App. Cas. 337 も見よ。

(91) CHESHIRE AND FIFOOT, *supra* note 84, at 285 参照。

(92) 虚偽表示を信頼した者を禁反言 (estoppel) の原理によって救済した指導的判例として、Balkis Consolidated Co. v. Tomkinson, [1893] A. C. 396, at 410 (per Lord MacNaghten) を見よ。183頁注(21)で引用したボーリとダイヤモンド両教授の著書の第8章は、銀行の客に対して、また流通証券の取扱いについて、商慣習上その原理が使われている諸事例を説明している。

(93) これについては、早川武夫「コモン・ローの救済としての損害賠償制度の沿革」『損害賠償責任の研究〔我妻還暦〕(中)』(有斐閣・1958年) 835-58頁が詳しい。

(94) ホバート裁判官は、「公序良俗」は制禦しがたい暴れ馬のようなものであり、できるだけ使わない方がよい、という意見を述べたこともあって、これを理由として取消しが認められることは期待しがたい。一般的に、LLOYD, PUBIC POLICY (1953) 参照。また、イギリス法上、経済的損失のおどしだけでは強迫は成立せず、ブラックメールが問題になることが多い。

(95) 消費者救済だけに関して書かれた本ではないが、F. H. LAWSON, REMEDIES OF ENGLISH LAW (1972) は、コモン・ローやエクイティによって認められる救済方法を詳しく説明している。

(96) 少額訴訟については、簡易裁判所の改革によって試みられたが、実際には安易に行われた信用貸付の取り立てに利用され、消費者は利用しなかったという。クラス・アクションについては、最高裁判所規則により「代表訴訟」が可能であり、これで足りると考えているようである。これらの点について詳しくは、R. CRANSTON, CONSUMERS AND THE LAW 87-101 (1978) を見よ。懲罰的損害賠償については、判例法上も認められており、アメリカに比べれば消極的ではあるが、利用されている。それが使われる場合の基準について、Broome v. Cassell & Co., [1971] 1 All E. R. 187; Rookes v. Barnard, [1964] A. C. 1192 参照。

(97) Limitation Act 1980. ちなみに、Hire-Purchase Act 1938, 1 & 2 Geo. 6

c. 53, s. 11(1) は、買主が3分の1以上の代金を支払ったときに売主が債権の取り立てのために物品を取り戻すことを禁止しているが、このような規定も消費者救済の一つと見ることができるかもしれない。

Ⅵ 行政的規制（新機構の展開）

1 アメリカとの比較

イギリスでは、歴史的事情のために行政法は嫌われており、アメリカのように行政法に重点を置いた消費者保護法はできなかった。しかし、消費者保護の問題には市民法の諸原理だけでは処理できないものが含まれている。そこで、最近では徐々に行政的規則が見られるようになってきている。

新しい機構は3類型に分けて説明できるが、いずれもアメリカのような斬新なものではなく、何らかの伝統を基礎として新しく発展させたものである。その1は、独占の禁止や営業免許制に関するもので、その萌芽は中世に見られる。その2は、19世紀の自由競争の行き過ぎを是正するための不公正取引規制である。その3は、必要的な最近の消費者保護運動のイギリスでの帰結ともいうべき消費者情報、消費者教育などのサービス行政に関するものである。

2 独占の禁止と営業免許制

中世のイギリスの国王を財政面から実質的に支えていたのはバロンたちであったと思われるが、マグナ・カルタが認めた森の自由は、彼らの貿易特権を守ることをも含んでいたと思われる[98]。1602年の判例では、エリザベス女王がトランプ製造元に与えた特許権は無効であると判示されたことがあるが[99]、特許権の付与に対する見返りは、国王の収入源として重要な意味をもっていたようであり、その後も国王は議会を説得して数多くの独占団体を生んだ。

19世紀になると、アダム・スミスの思想に啓蒙され、自由競争の妨げと

8 消費者保護法

なる独占は社会悪であるという認識が生まれる。独占は、3で説明される再販価格維持などの不公正取引を生む支配力を売主の側に与え、消費者の選択の自由やその他の利益を害する(100)。そこでイギリスでは、行政的には営業免許制を採用することによって、その問題に対処しようとした(101)。しかし、アメリカの経験はイギリスにも警告を与え、現在では、1965年の独占・合併法の下で独占等を直接行政的に規制することができるようになっている(102)。

3 「営業の自由」の制限

(1) コンスピラシー法理

名誉革命以降、「営業の自由」の認識は著しく高まった(103)。しかし、19世紀の見えざる手による自然調和の神話は、その自由から種々の不公正取引を生ませた。そこで、公正な取引秩序を維持するために、コモン・ローのコンスピラシー法理が利用された(104)。現在では、1956年の法律によって初めて設置された行政裁判所により、その法律は運用されている(105)。

(2) 1973年の公正取引法

公正な取引秩序の維持が消費者保護に役立つことをはっきり認識して、1973年法は制定された。この法律にはピラミッド式販売を禁ずる刑事規定が含まれていることはすでに説明したが、ほかにも消費者保護のための規定が多数含まれている。その中で特に重要な規定は、消費者保護のためのオンブズマンを新設したものである(106)。このオンブズマンは正式には公正取引局長と呼ばれるが、同局長は、消費者保護のための立法、司法、行政に関する諸権限をもっている(107)。

(3) 1974年の消費者信用法

(イ) 本法の概要　この法律も、消費者保護のために非常に重要な法律である。この法律については、日本でも優れた研究があり、詳細はそれらの研究に譲りたい(108)。概要のみを示しておこう。第1章で公正取引局長の諸権限を定義し、信用事業の免許に関する苦情処理裁判所としての職務を新たに

加えている。第2章は、消費者信用契約や本法の適用除外などに関する諸規定を置いている。第3章は、信用事業の免許制を定め、また第4章は、取引の誘引にかかわる広告、訪問販売等を規制している。第5章ないし第7章は、契約の締結、効果、債務不履行および解除に関する諸規定を含んでいるが、特に68条のクーリング・オフの規定[109]は、日本でも関心をひいた規定である。第8章および第9章は、信用の担保および司法的統制に関する章である。これに続く残りの3章では、信用事業に関連した補助的事業、法規制の実施、用語の定義などの諸規定を置いている。

(ロ) 利息の制限　消費者信用に関する一つの重要な論点は利息にある。イギリスでは、利息を制限する法律が古くからあったが、消費者信用法では、マネタリズムの影響を受けて制限の限度はむしろ不明確になり、「法外な」利息であると思われる場合には裁判所が両当事者に利息の再交渉を行わせ、その監督の下で公正な利息を決定させることにしている[110]。

(ハ) クレジット・カード　今日、クレジット・カードは信用取引で重要な役割を果たしているが、消費者信用法の基となったクロウザ報告書は、アメリカの経験に注目する必要を説いているだけで、特別規定の制定は勧告しなかった[111]。しかし、1980年9月には、独占・合併委員会がクレジット・カードに関する報告書を作成し、カードの「無差別」政策を禁止して、適正なきめ細かい事業を行わせるよう立法すべきことを勧告した[112]。

4　消費者保護のためのサービス行政

(1)　業者間の自主規制

行政指導に従って業者間で自主規制が行われ、その結果、消費者の利益が守られることがある。ロンドンのシティをはじめとして種々の私的自治団体がイギリスには古くからあり、消費者保護の問題についても実質的にかかる伝統に頼るところは少なくないと思われる。しかし、いかなる行政指導が行われているか、またどのような自主規制が行われているか外部者には判らないことが多い[113]。

8 消費者保護法

(2) 消費者教育と市民運動

 消費者問題は、消費者の無知または情報の不足もしくは不正確から起こることが多い。そこで、種々の消費者団体が、消費者教育および消費者情報の提供のために活動している。特に目立った活動と言えば、消費者センターや「ウィッチ」誌の刊行を挙げることができるが、多くの消費者運動の実態はとらえがたい[114]。公正取引長官の諸活動は別として[115]、その他の半官半民または市民団体の諸活動は、絶えず変化しているからである。

> (98) 砂田卓士「Monopoly 理論における Restraint of Trade の法理」『英米私法論集〔末延還暦〕』(東京大学出版会、1963 年) 72-76 頁。Magna Carta, ss. 13, 41, 52, 60, 61 など参照。その歴史的背景について、1 POLLOCK AND MAITLAND, THE HISTORY OF ENGLISH LAW 171-73 (Milsom ed. 1968) も見よ。
> (99) Case of Monopolies, (1602) 11 Co. Rep. 84.
> (100) 19 世紀は、「契約の自由」と本節 3 で説明される「営業の自由」との衝突の時代であると言ってよいが、19 世紀末から 20 世紀の初めごろの諸判例は、それら二つの法価値のバランスを保つ形で「独占」の事件を処理した。Nordenfelt v. Maxim Nordenfelt Guns and Ammunition Co., [1894] A. C. 535; Attorney-General of Australia v. Adelaide Steamship Co. Ltd., [1913] A. C. 781 参照。
> (101) 消費者保護の観点から営業免許制を説明した、R. CRANSTON, CONSUMERS AND THE LAW 372-409 (1978) 参照。国の側から見れば、免許税という補充財源の確保に役立つが、「適任者」の認定、監視の困難、経費などの点で、営業免許制に対する批判はかなり以前からある。
> (102) 独占委員会は 1948 年に設置され、同委員会は、3 分の 1 以上の市場を支配する企業に対し分割の勧告などを行ってきたが、1965 年の Monopolies and Mergers Act によって、いわゆる「独占的状況」(例えば、テイク・オーバーを含む) 全般にわたる行政的規制の制度が作られた。さらに、1973 年の Fair Trading Act によって、本節 3 (2)で説明する公正取引長官への協力が義務づけられている。なお、アメリカ法の場合との簡潔な比較が、T. HADDEN, COMPANY LAW AND CAPITALISM 487-91 (2nd ed. 1977) に見られる。

⑽ 「営業の自由」の成立過程について、服部政男「イギリス革命と人権」東大社会科学研究所編『基本的人権の研究2歴史』(東京大学出版会、1968年) 339-81頁参照。なお、ここにいう「営業 (trade)」という言葉は、非常にデリケートな言葉であって、これについて多くの経済学者によっても論じられている。例えば、『大塚久雄著作集』6巻 (岩波書店、1969年) 162-81頁。

⑽ 田島「コンスピラシー法理の研究 (3・完)」大阪市大法学雑誌29巻1号 (1982年) 12-14頁を見よ。

⑽ これ以前にも独占委員会が制限的取引の規制を行っていたが、1956年のRestrictive Trade Practices Actは、取引を制限するすべての協定または合意が違法であると推定されるものとした。適法にこれを行うためには、制限的取引裁判所にそれが合理的なものであることを納得させ、登録しなければならない。これと関連して特に重要な問題は、再販価格維持協定であるが、これについては、砂田卓士『英国再販規制法の研究』(国際商事法研究所、1980年) が詳しい。

⑽ Fair Trading Act 1973, ss. 1 and 2. 田島裕『議会主権と法の支配』(有斐閣、1977年) 158頁も見よ。

⑽ 公正取引局長の役割については、砂田卓士「公正取引長官の職務権限」比較法研究36号 (1974年) 154-63頁が詳しい。

⑽ 加藤良三『イギリス消費者信用取引法』(千倉書房、1978年) および長尾・前掲二注(2)135頁以下。なお、この法律は、竹内教授により月刊クレジット269号 (1979年8月) で簡潔に説明され、同雑誌にそれに引き続き全訳が掲載されている。ちなみに、1977年以降刊行されているルーズリーフ式の GOODE, CONSUMER CREDIT LEGISLATION (Butterworths) には、関係法規がすべて含まれている。

⑽ 署名により契約が締結されてから、解除権の通知がある場合には、それを受理した日の翌日から5日目まで、その通知がない場合には、署名の日の翌日から14日目まで、契約を解除できる。署名後一定の要件を満たした時に契約が成立することになっている場合には、契約のコピーを受理した日の翌日から5日目まで、契約を解除できることを定めている。

⑽ Consumer Credit Act 1974, ss. 137-140. ちなみに、ヘンリー8世の時代には利息は10パーセントと定められ、アン女王はこれを5パーセントに

下げた。アダム・スミスやベンサムらは、市場の力関係によって利率が決定されるべきであると主張していたが、1927年のMoneylenders Actは48パーセントを超える利息を暴利として禁止していた。

(111) Royal Committee Report on Consumer Credit (Crowther Report), vol. 1, March 1971, Cmnd. 4596, pp. 26 (s. 1-3-46), 314-20 (s. 6-12).

(112) これは、1973年の公正取引法に基づいて付託された公正取引長官の質問に答えたものである。Monopolies and Mergers Commission, Credit Card Franchise Services, September 1980, Cmnd. 8034.

(113) CRANSTON, supra note 4, at 29-64 は、公正取引局が認定した12種類の自主規制規約（旅行業、自動車販売、通信販売など）を説明している。

(114) 飯塚和之「イギリスにおける消費者問題の最近の動向」ジュリスト増刊総合特集13号（消費者問題）（有斐閣、1979年）296-97頁は、この動向および関連文献を紹介している。

(115) 公正取引局長は、諸活動についての年次報告書を議会に提出する義務を負っている。Fair Trading Act 1973, s. 125. ちなみに、この報告書は、イギリスの消費者保護の実態を知るために好都合な資料である。

Ⅶ　ま と め

イギリス消費者保護法には法体系はない。判例、法令、その他の法源で事実上消費者の利益を守るものの集合体である。「消費者保護法」という名称の法律があり、これが消費者を人身事故から守ることを目的とした刑法であることからも判るように、個人の生命または身体を保護することに主眼が置かれている。身体傷害については、民事上も厳格な責任が問われる。

その他の問題に関する消費者保護法には、次のような特色があると思われる。第一に、公正な取引または取引の安全の保護の観点から消費者の利益を守る法理が多い。第二に、一定の問題については、アメリカ法の場合のように直接消費者を保護する必要を認めながらも、できるかぎり伝統的な救済の方法を利用しようとしていることである。

〔附記〕　本章の基になっている初出の論稿は、1984年に出版されたものであ

る。本書の初めに書いた「凡例5」で述べたように、引用した判例などの参考資料を新しいものに差し替えることはせず、原則として初出まま残した。しかし、オンライン・データベースである Lexis を使って調べなおしたところ、少なくとも立法に関しては、追加すべきものはない。初出原稿の附記に書き記したように、1982年7月13日に制定された Supply of Goods and Services Act 1982 は、別の視点から説明したい規定を含んでいるが、この説明は著作集第4巻に入れる予定である。1987年5月15日に Consumer Protection Act 1987 が制定されたが、この法律は併合法（consolidation act）であって、Consumer Safety Act 1978 など、いくつかの法律を集めて整理したものであるにすぎない。さらに、Contracts（Applicable Law）Act 1999 があるが、この法律は条約を国内法化したものであり、著作集第7巻で扱われるべきものである。

三　アメリカの信用統制法

1　はしがき

　今日のインフレの問題は、一国だけの問題ではなく、国際的な問題になってきている。日本でもよく知られている通り、アメリカは深刻なインフレ問題をかかえているが、アメリカの国際関係の中でその解決の道を求めなければならなくなっている。カーター大統領によるアジア諸国との国際取引の規模の拡大の努力や中東問題の行方など、一見それとは無関係であると思われる事柄でさえ、インフレ問題と間接的に微妙な関係を持っていると思われる。今回のインフレは従来のものとは性質上異なったものであると言われ[1]、種々の努力がなされているにもかかわらず、余り良い効果があらわれていない。

　アメリカでは、1980年になってから不気味な景気後退の傾向が顕在化してきている。カーター大統領は、この問題の一つの解決策として、同年3月14日に消費者信用の統制に踏みきった。この政策の具体的な内容は、『月刊クレジット』第279号及び第280号に詳しく紹介されている[2]。この紹介は非常に正確なものであり、金融・経済・政治に無知な筆者には、それ以上付け加えることはないが、その後、この統制は大きく揺れ動いている。このことは、問題の複雑さとむつかしさをよく示している。

　ここでは、このカーター大統領の政策が実際にいかなる意味を持つかを考察しようとする。しかし、筆者はその法的意味を説明すること以上のことをする能力はない。筆者は1979年12月下旬から1980年の4月末までバークレーで講義をしていたので、そのときの実感を若干まじえながら、カーター大統領による消費者信用規制の法的基礎となるものを解説するだけにとどめたいと思う。核心となる法律は1969年の信用統制法であるが、短い法律であるから、まず法律それ自体を翻訳の形で紹介することにしたい。

8　消費者保護法

(1) 三和銀行調査部（斎藤）、今月の問題点——米国におけるインフレの根拠とその行方（1980年6月20日）は、「過去4回のインフレは戦時の財政支出急膨張に伴なう財政インフレである」が、現在のインフレは「平和時で初めての深刻なインフレの経験」であると述べて、現状分析をした後、その後の展望を予想していた。

(2) 本社調査部、アメリカのインフレ対策『月刊クレジット』第279号（1980年6月）6-10頁、および同第280号（1980年7月）6-7頁。

2　信用統制法の翻訳

信用統制法の正式の名称は、Credit Control Act, 12 U. S. A. §§1901-1909 ; 83 Stat. 376（1969年12月23日制定、公法第91-151号）である。その翻訳（仮訳）は、次のようなものである。

第1条（定義）

(a) 本条に定める定義および解釈の原則は本法の諸規定に適用される。

(b) 「理事会」とは、連邦準備制度理事会[3]を意味する。

(c) 「団体」とは、法人、政府もしくは政府の部局または行政機関、信託、財団、組合、協同組合もしくは社団を意味する。

(d) 「人・者」とは、自然人または団体を意味する。

(e) 「信用」とは、債務の支払を繰延べる権利、または債務を負担しかつその支払を繰延べる権利であって、債権者によって債務者に与えられるものを意味する。

(f) 「債権者」とは、金銭貸付または財産もしくは役務の売買に関してであると否とを問わず、信用を供与の斡旋をする者を指す。

(g) 「信用売買」とは、それに関して売主により信用が供与されまたはそれが斡旋される売買を指す。この言葉は、レンタル＝買取契約および、金融方法として使われる場合、財産の寄託または賃貸の契約もしくは取決めを含む。

(h) 「信用の供与」および「信用取引」は金銭貸付、信用売買、証券の引取、分配もしくは取得による、証券の売出し、分配もしくは取得すること、ある

いはその他の方法での参加に直接関与したり、援助したりすることによる基金の提供を含む。
(i)　「債務者」とは、信用の供与を受けた全ての者を含む。
(j)　「金銭貸付」は、信用売買に関連して供与された信用を含む全ての種類の信用を含む。
(k)　「州」とは、州、プエルト・リコ共和国、コロンビア特別区および合衆国の準州または属領を指す。
(l)　本法の規定によって課せられる要件について定める場合、本法または当該の規定に基づく理事会の規則を含む。

第2条（連邦準備制度理事会の規則）

　理事会は、本法の目的を遂行するために規則を定めるものとする。その規則は、理事会が本法の目的を実現するため、またはその脱法を防ぐため、またはその遵守を促進するため、必要または適切であると判断する分類、区分その他の規定を含むことができ、また取引の種類の調整および例外を定めることができる。

第3条（利息）

　理事会により別段の規定が定められる場合を除き、信用取引に関する利息の金額は、理事会規則により、信用供与の対価として信用を供与する者に直接または間接に支払われる全ての料金の総額として算定されるものとする。

第4条（信用統制）

(a)　大統領が、過度の信用供与によって生じるインフレーションを防止または統制する目的のために、その措置が必要または適切であると決めた場合、大統領は、信用供与の一部または全部を統制する権限を理事会に与えることができる。

(b)　理事会は、本法を実施するとき、連邦準備制度銀行およびその他の利用可能で適切な連邦もしくは州の機関のサービスを利用することができる。

第5条（規制の範囲）

　理事会は、本法第4条により大統領が定める期間のあいだ権限を付与され

211

た場合、規則によって次のことを定めることができる。
(1) 取引または人または種類の登録もしくは免許を要求すること、
(2) その登録または免許のための適切な制限および条件を規定すること、
(3) 本条の規則の規定の、または本法に基づいて出される規則、通達もしくは命令の違反に対し、登録または免許の停止を定めること、
(4) 記録の保存に関し、また、契約、先取特権もしくは関連する文書の形式、内容または実質的規定に関し、適切な要件を規定すること、
(5) 本法に基づく規則、免許または登録の要件の脱法もしくは回避を勇気づけるような債権者による勧誘を禁止すること、
(6) 金銭貸付、買取りもしくはその他の信用供与によって、またはそれと関連して、供与できる最高限度額を規定すること、
(7) 信用供与について、利息の最高率、最長満期、最低定期支払額、支払日間の最長期間およびその他の諸条件の定めもしくは限界を規定すること、
(8) 買取代金もしくは市場価格または許容される信用供与額もしくは頭金の計算の基礎を決定する諸方法を規定すること、
(9) 新品もしくは中古の商品に関する特別もしくは異なった諸条件または諸免除、当初の最小限度現金支払、現金購入に付随するのみの臨時の信用、信用の清算のために使いうる支払もしくは預金、およびその他の調整もしくは特別な状況を規定すること、
(10) 一もしくは複数の形態または全ての形態の金銭貸付に関し、あらゆる種類の債権者もしくは債務者または双方に適用される、
　(A) 一もしくは複数の形態または全ての形態の預金に対する、
　(B) 一もしくは複数の形態または全ての形態の資産に対する、
最大限度率を規定すること、
(11) 理事会が適切であると思料する諸情況の下で信用供与の禁止または制限を行なうこと。
第6条（報告、記録の提出）
　本法に従って理事会がその職務を行なうことができるようにするため、必

要または適切なこととして理事会が規則もしくは命令で定めるように、宣誓の上または宣誓なしで、定められた時または随時に、定められた者は、本法に従う全ての信用供与の種類、金額および性格に関する報告書、または、かかる信用供与に関連のある諸情況に関する報告書を作成しなければならない。理事会は、いかなる者に対しても、本法の範囲に含まれる全ての取引に関する完全な情報を宣誓の上、または宣誓なしで提出することを求めることができる。これには、その者の管理下もしくは支配下にある会計帳簿、契約、書簡またはその他の関連文書の提出も含まれる。

第7条（遵守を求める差止命令）

ある者が本法に基づく規則に違反した行為もしくは慣行を行なったか、行なっているか、または行なおうとしているものと理事会が認める場合、その職権により、かかる行為もしくは慣行を差止めるため、合衆国の適切な〔連邦〕地方裁判所または合衆国の管轄に服する準州等の適切な合衆国裁判所に訴えを提起することができ、永久もしくは一時的差止命令または抑止命令が適切であることの立証があるときは、供託金なしにそれが認められるものとする。理事会の申立てにより、かかる裁判所は、何人に対しても、本法に基づく理事会規則を守ることを命じる〔特定の行為を行なうことを内容とする〕強制命令を出すこともできる。

第8条（民事罰）

(a) 本法に基づく規則の故意の各違反について、理事会は、規則が適用される者に対し、また当該の違反に故意で参加したパートナー、取締役、役員または雇人に対し、1000ドルを越えない民事罰を課することができる。

(b) ある者が本条により課せられた罰金を支払わない場合、理事会の職権により、合衆国の名前でその回復を求める民事訴訟を提起することができる。

第9条（刑事罰）

本条に基づく規則に故意で違反した者は、1000ドルの罰金若しくは1年を越えない懲役またはその両方に科せられるものとする。

8 消費者保護法

(3) Board of Governors of the Federal Reserve System の訳語、この機関がカーター政策の実施について重要な役割を果すのであるが、アメリカ独特の制度で分りにくいので、少しく説明しておこう。連邦準備制度は、強制的に加盟させられる全国銀行（2州以上にまたがり事業を行なう national bank）と任意に加盟した州法銀行（state bank）からなるが、加盟銀行は全国12に区分された各地区に設置された連邦準備銀行の一定のコントロールを受ける。連邦準備制度理事会は、連邦の行政機関であるが、連邦準備銀行の政策決定を行なう。制度全体として、日本銀行の役割に近い役割を果している。この制度について、詳しくは、ベックハート（矢尾監訳）『米国連邦準備制度』（東洋経済新報社、1978年）参照。

3 信用統制法制定の意義

先に翻訳した信用統制法は、1968年に作られた消費者信用保護法を補足する一種のフィードバック装置とでも言ってよい法律である。これら二つの法律が作られた社会的背景として次のようなことがあった。

ベトナム戦争の頃からインフレの傾向が強まり、消費者物価が急に上昇しはじめると共に個人所得も急激に増えはじめた。このような情況の下で、消費者たちの間で、商品を先に買って代金の支払を繰延べるのが得であるという認識が生まれた。業者の側にとっても、国民生活にいちおうの潤いが出てきて取引拡大に悩んでいたときであり、信用売買によって購買力を強めることは歓迎すべきことであった。政府や金融機関にとっても、この傾向はベトナム戦争後にあらわれた経済のかげりを取除くのに役立つものと考えられた。そして、第二次世界大戦の終了時には56億ドルであった信用取引は、1967年には959億ドルまで膨張するに到った（これは経済成長率の4.5倍の伸びである）。このような状況の下で、一方では、信用取引を適切に規制しかつ助長するために消費者信用保護法が制定され、他方では、信用売買の拡大に伴なう信用インフレに対する強力な手綱として信用統制法が制定された[4]。いずれも、ケネディ大統領の時から続けられてきた研究調査の結果作られた法律である。

三 アメリカの信用統制法

　消費者信用保護法は、信用貸付の年率の計算方法を明確に定め、これを画一的な方法で消費者に開示することを義務付けていることが著しい特色となっている。第二に、種々な消費者に対し信用の機会を平等に与えることを義務づけている。第三に、消費者に一定の権利を付与している。これには、信用情報の濫用によるプライヴァシーの侵害を防いだり、給与の25パーセントを越える差押を禁止したりしたことなどが含まれる。

　この法律は、一方では、大手の都市銀行には余り関係しない法律であるが、説明の便宜上、信用統制法の説明に入る前にその法律についても少しくふれておきたい。詳細は既に竹内昭夫教授によって解説がなされているので[5]、ここでは省略したいと思うが、主要な点は次のようなことにある。第一に、信用取引の重要な諸条件を開示することを義務づけた。特に金融料無担保で個人消費者に貸付を行なうのを勇気づけ、また、クレジット・カード事業の拡大にも役立った。他方、小規模の信用貸付業者が事業をするのを困難にした。実際、この法律はかなり複雑な規定を含んでいて分にくいので、多くの銀行は、特別講師を招いて一週間程度の研究会を行なったほどである[6]。かかる法律の合憲法性が、実施後直ちに提起された多くの訴訟において争われたのであるが、最高裁判所は、これまで説明してきたような社会的背景を分析し、その立法には合理的根拠のあることを認め、それを合憲とする判決を下した[7]。

　もっとも、話は少し先走ることになるが、消費者信用保護法には二つの重要な弱点があり、これらが後に説明するカーター大統領の消費者信用規制につながる社会的状況を生み出すことになる。その弱点の一は、法律の実施を委ねている機関が複数あり、実施の仕方について必ずしも統一がとれていないということである。カーター政策と関連して書かれた一論説は、公正取引委員会は大きな期待をかけられてきたにもかかわらず、実施について適切な役割を果さなかったと非難している[8]。その弱点の二は、消費者信用保護法は連邦法であるから、実際の信用規制に効果をあげるためには州法に頼らなければならないところが多くあるということである。その法律それ自体の

8 消費者保護法

中に州法に関する規定を置いてはいるが、州の側の協力を十分に得られなかったようである[9]。

　ここで諸州の信用規制について詳しく説明する余裕はないが、統一消費者信用法典およびモデル消費者信用法の採用状況についてだけ簡単にふれておこう。これらは、連邦消費者信用保護法を補完するための州法のモデルとして、私的専門家団体が作ったものである。前者は、1969年に起草され、さらに1974年に改正された。この統一法典は、多くの有力な専門家の支持を得たものであるにもかかわらず、現在までに、コロラド、アイダホ、インディアナ、カンサス、オクラホマ、ユタ、ワイオミングの7州が採用したにすぎない。また、モデル消費者信用法の方は、個別的な規定が多くの州法の中に採用されたほか、1972年3月に成立したウイスコンシン州の消費者法の出発点として大いに役立っただけで、これを採用した州は一つもない[10]。統一商事法典がルイジアナ州を除く全州で採用されているのに比べ、非常に貧弱な採用状況にあると言わなければならない。もっとも、このことは、各州間の不調和を示すものであるにすぎず、多くの州法が連邦法に反対する立場をとっていることを意味するものではない。

　ところで、本章の主題である信用統制法は、信用売買が広く利用されるようになっても、その適正な規制が行なわれない場合には、インフレ抑制の機能を果すよりか、むしろ新しい信用インフレに繋るおそれがあり、それに備えるために作られたものである。具体的には、住宅問題、小企業援助、雇用等の問題と関連して緊急の必要がある場合に、大統領が、免許制度を新設したり利率を一定に固定させるなど、直ちに適切な措置をとることができるようにしたものである（信用統制法第4条a項、第5条参照）。但し、日本の場合とちがって、アメリカ大統領の権限は憲法によって厳しく制限されているため、先の目的を実際に達成する方法としては、大統領の管轄下に置かれている連邦準備制度を利用することが原則として予定されている。同制度の理事会には、規則制定権が付与され（同法第2条、第5条）、法律またはその規則の違反に対し差止命令、さらには民事もしくは刑事の制裁が課されうる

三　アメリカの信用統制法

(同法第7条ないし第9条) ものと定められている。

(4)　形式的には1950年のDefense Production Actの見直しが1968年に行なわれたときに、インフレの抑制政策が十分効果をあらわさないのは、銀行などの金融機関がユーロ・ダーラー等の基金を得ているからであることが指摘され、新しいインフレ対策としてサリヴァン上院議員らによって導入された法律である。

(5)　竹内昭夫、アメリカにおける消費者信用保護法、『月刊クレジット』第248号 (1977年11月) ないし第254号 (1978年5月)。なお、法律それ自体も翻訳されている。『月刊クレジット』第252号 (1978年3月) ないし第265号 (1979年4月)。

(6)　ちなみに、本章で取上げたカーター政策の実施と共に、消費者信用保護法を簡略にする法改正も行なわれた。この改正法の正式の名称は、Truth in Lending Simplification and Reform Act of 1982 である。

(7)　例えば、Mourning v. Family Publications Service, Inc., 411 U.S. 356 (1973) を見よ。

(8)　Robert Sherrill, *Jousting on the Hill: Skewering the Consumers Defender*, SATURDAY REVIEW, March 29, 1980, pp. 18–19.

(9)　連邦消費者信用保護法第123条、第171条、第186条、第202条〔連邦法典第18巻896条〕、第305条、第307条、第622条、第705条、第816条、第817条を見よ。なお、竹内昭夫、前掲(5)、「月刊クレジット」第254号 (1978年5月) 46頁も参照。

(10)　このモデル法は、消費者信用は公益的性格を有する商品であること、債権者の違法行為に対する効果的な法的救済手段を認めること、債権者による支払強制が債務者の生活を脅かすことのないようにすべきであるということの3つを3大原則としている。このモデル法は、わが国の将来の立法に参考になる点が少なくないが、前掲(5)に言及した連邦法とも、また各州の法制度とも、かなりの不調和が見られることが、採用州の数が少ない原因になっているように思われる。このモデル法について、詳しくは、日本割賦協会・消費者信用法制研究会『外国の消費者信用・取引慣行の法制』16頁以下 (1975年)、特にその冒頭の解説を見よ。

8 消費者保護法

4 信用統制法の運用

　先に説明した信用統制法は、リチャード・ニクソン氏が大統領に就任して間もなく作られた法律であり、その大綱は既にそれ以前に固まっていた。ニクソン大統領は、大統領に就任する以前にはその立法政策にむしろ反対の意見を持っていたと思われるのであるが、大統領に就任後はその法律によって与えられた特権を最大限に利用し、インフレ問題の抜本的解決のために、物価と賃金の凍結に踏みきった。具体的には、信用統制法の立法目的を実現するための経済安定法（1974年4月30日までの時限立法）を制定し、一方では、大統領がかかる凍結を行なう権限をもっていることを明確に確認する規定を置くとともに、他方、1名の長官、8名の委員、4名の専門顧問（以上、大統領により任命される）の外、必要数の職員からなる実施機関を設置した。この政策を実質的に推し進めた責任者は、当時財務長官であったジョン・B・コナリー氏であったと言われるが、その凍結政策は、今日では失策であったことを疑う者はいない。

　ニクソン大統領の経済安定法は、2期目を迎えたニクソン大統領自身によって廃棄されることになる。1974年1月18日には、同大統領は政令第11788号を出し、各関係機関に経済安定法を廃止することを前提としてその後始末の準備をするよう命じた。しかし、この仕事は、ウォーターゲート事件のため、フォード大統領に引継がれなければならなくなる。

　フォード大統領は、ニクソン大統領の副大統領であったために憲法の規定に従ってその地位を引継いだという経緯があり、またおそらくはその個人的な性格もあって、ニクソン政策に積極的に反対することはせず、先の後始末を誠実に行なったのである。ただし、インフレに対応するためのコントロールを完全に廃止してしまったわけではない。大統領に就任後まもなく出された大統領教書（1974年10月8日）では、インフレ問題の重要性を改めて説き、「新しい立法または規則制定を提案する者は、インフレ問題に対する結果について精密に検討すること」を要望した。そして、1976年12月31日

には、これをさらに義務づけて制度化した政令第11949号を出した。

ところで、1977年1月20日に就任したカーター大統領は、エネルギー問題や外交問題には特別の関心を示したけれども、消費者信用に関しては、経済にいちおうの安定の兆しが見られたこともあって、フォード政策をほぼそのまま踏襲した。しかし、1979年の暮れにはインフレは急激に悪化し、ニューヨーク・タイムズが、「たとえ悪い結果が出るとしても、何かしてくれる人を望みたい」という論説を掲載するほどになった。そして、インフレ問題は、1980年11月の大統領選挙の重要な争点の1つになった。このようなことを背景として、カーター大統領は、新年早々にインフレ問題についての本格的対策を示すことを予告し、3月になってから、総合的検討の結果に基づいて作られた任意的手段による信用統制政策を実施するに至ったのである。

5 カーター大統領の消費者信用規制

背景の説明はこの程度にして、最後にカーター大統領の消費者信用規制に焦点を当てることにしよう。前掲注(2)に引用した日本割賦協会調査部の論説でも説明されている通り、カーター大統領の新政策は、5つの主要な柱からなる。すなわち、「予算縮小、信用取引の制限、賃金物価対策、エネルギー保存、そして、生産性を高めて安定した経済社会を維持するための長期計画」である。第2の柱である「信用取引の制限」は、これまで詳しく説明してきた1969年の信用統制法に基づいて出された3月14日の政令によって具体的に実施されることになった。

問題の政令は、前文の外、6条の規定からなる。この政令は連邦準備制度理事会に対し信用規制を行なう権限を付与するものであること（第1—101条）、この政令によって理事会が作る規制は、連邦準備制度に加盟していない金融機関（例えば、信託銀行など）にも適用されること（第1—102条及び第1—103条）、理事会は政令の実施のための細目や金融機関等の用語の定義を定めること（第1—105条）を主要な内容とするものである。既に述べたこと

8 消費者保護法

から賢明な読者は気付いておられることと思われるが、実はこの政令には重要な憲法問題が含まれている。すなわち、連邦準備制度理事会がその制度に加盟していない金融機関をも規制する権限があるかどうか疑わしいのである。この点に関し、カーター大統領は、先の新政策を実施するために必要な金融関係の種々な法改正を盛り込んだ金融統制法（Monetary Control Act）の中に連邦準備法の改正を含め、理事会はかかる権限を有していることを明確にした[11]。

　理事会は、先の政令に従い同日中に4つの規則を制定し、公表と同時に実施した。その一は、クレジット・カード等による消費者信用の利用の増額分の15％を連邦準備銀行に無利息の預金として預金することを義務づけ、消費者信用供与の拡大を抑制しようとするものである[12]。その二は、昨年10月6日に導入された取入れ資金増加額に対する準備金の額を8パーセントから10パーセントに引上げた。その三は、同様の10パーセントの積立ての義務を連邦準備制度に加盟していない金融機関（但し、一定の取引規模以下の金融機関は除外されている）にも負わせた。その四は、大手の銀行の連邦準備銀行からの公定歩合（当時13パーセント）による借入れに対し3パーセントの追徴金を課することを認めた。そして、これらの新しい政策を実施するために必要な情報についての報告義務を定めている。

　以上の4つの規則によって消費者信用規制の基本的な枠組はでき上ったが、実施の仕方の不明瞭な部分については、住宅ローンや家具、自動車等の信用売買には影響のないように配慮することが確認された外は、情報の報告義務に従って提供された情報に基づき、適宜、臨機応変な実施を行なうことを決めたにすぎない。しかし、3月26日には、被規制者と理事会との46項目の質疑応答が公表され、規制の範囲がかなり明確になった。例えば、担保なしの消費者信用の規制に重点が置かれていたことは審議の過程からも明らかであるが、オープン・エンド・クレジットの場合には、担保付か否かに関係なく規制することに決めた。3月28日には、年金等、免税の認められるファンドなどに関して銀行が共同で行なうユニット投資信託などを規制から除外

した。3月31日には、外国銀行が特にアメリカ人のために行なう金銭貸付には、当分は干渉しない（但し、報告義務は免除されない）ことを決めた。

4月以降にも同じようなプロセスが続けられるが、既に3月中にはっきりした効果が出はじめている。例えば、J・C・ペニーは、従来19ドル以上の購買に対し特別割引を認めていたが、その額を200ドルまで引上げた。アメリカン・エキスプレスは、25ドルの年会費を相当値上げする予定であると言われる。マスター・カード（旧マスター・チャージ）やVISAカードなども、斡旋銀行により10ドルまたは20ドルの手数料がとられるようになった。バンク・オブ・アメリカは、1500ドルを越えるカード口座の残高に対し12パーセントの割引率を掛けていたが、これを廃止して一律に18パーセントの利率を適用するようになった。

さらに、もっと直接的効果も見られる。ピッツバーグのメロン銀行は、短期の貸付を全面的に廃止した。ファースト・ペンシルヴァニア銀行は、貸付限度額を5000ドルから500ドルに引き下げた。グレジット・カードの新規発行を著しく制限したり、割賦払の1回の最低支払額をぐんと高くした例も少なくない。

ところで、3月24日に、アメリカ消費者連合は、先に説明した理事会規則は連邦行政手続法に違反して作られたものであって無効な規則であると主張し、裁判所でカーター政策の合憲法性を争う構えを見せた。これに対し理事会は、4月1日に毅然たる態度でその不服申立てを棄却した。この例にも示されるように、理事会は非常に強硬な態度を示したために、規制の効果は直ちにあらわれ、かえって不況を深刻化し、失業率を高めた。そこで理事会は、5月7日には公定歩合による借入れに対する3パーセントの追徴金を廃止し、5月22日にはその他の規制の程度を約半分に減らし、さらに7月3日には、ほとんど全ての規制を漸次停止することを決めた。但し、理事会は、その決定のときに、規制を廃止するのではなく当分状況を見守ろうとするものであって、報告義務は依然として継続されることを特に強調している。これが現状である。

8　消費者保護法

(11)　特に法律の第1章（第101条ないし第108条）を見よ。ちなみに、この法律には、相互に関係のない種々な法改正が含まれているが、前掲注(6)に引用した貸付真実法の改正法（同法第6章第601条ないし第625条）もその一つである。
(12)　信用取引を増やした分だけ余分の資本が要求されるだけでなく、預金には利息が付かないので、その分だけ信用システムの運用経費がより高くなることになる。

6　まとめ

　一通りカーター大統領の消費者信用規制の説明を終った。この種の論説の場合、規制の将来の展望を述べて終ることが多いのであるが最初におことわりした通り、筆者は、金融・経済・政治には無知であり、そのような結論を述べる能力はない。その結論の前提となる本章の分析にさえ、いくつかの間違いが含まれているのではあるまいか。まして、11月には大統領選挙が行なわれることになっており、世論の動きが最終的決定に微妙な影響を与えるときであるだけに、将来の展望について述べることは不可能である。そこで、将来の展望を予測をして本章を結ぶかわりに、今回のアメリカの経験から日本は何を学ぶべきかについて、本章を書きながら感じた若干の感想を簡単に述べ、結論にかえさせていただくことにしたい。
　最初に、日本の金融制度とアメリカのそれとの間に著しい構造上の違いがあることを指摘しておかなければならない。日本では、銀行事業はアメリカほど完全に自由化されてはおらず、厳しい信用統制は既に久しく行なわれてきている。ある意味で、この厳しさが、まわりまわってサラ金問題という日本特有の問題を生み出しているとも言えるのではあるまいか。それはともかく、今度、連邦準備制度理事会によって実施された規制は、一種の行政指導と言ってよいものであって、技術的な面では、アメリカの方がむしろ日本から学ぶところが多いのではあるまいか。
　しかし、信用規制の実体的な面では、アメリカの経験を日本でも真剣に受けとめなければならない点は少なくない。日本では、これまでのように国債

三 アメリカの信用統制法

を発行して経済問題の解決をはかることはむづかしくなってきており、アメリカのように、信用取引の拡大促進政策によって景気を改善しようとする動きが出てくるかもしれない。そして、日本での信用取引の水準がアメリカの現在のレベルまで到達したとき、どのような問題が生じうるかについて、今度のアメリカの経験は非常に多くのことを教えてくれる。

さらにまた、金銭の貸借は、適正に行なわれない場合には、人間同士の醜い暴力ざたの原因となりうるのであって、健全な消費者信用の保護育成に失敗したときには、深刻な社会問題となりうることもよく示している。

日本のサラ金の問題は、理想的な消費者信用保護法を作っても処理しきれない社会悪を含んでおり、先に述べた「深刻な社会問題」とは異質なものである。現在の社会では、まじめに働いているサラリーマンでも、時には借金をしなければならないことがあるのであるが、このような健全なサラリーマンの消費者信用取引を保護育成する法制度に欠ける場合には、種々の悪影響があらわれ、一定の限度を越えた場合には、今回のアメリカの場合のように、苦い経験を味わわなければならないということである。

本章のはじめにも述べた通り、消費者信用の問題も、アメリカもしくは日本だけの問題ではなくなっている。特にコンピューターの発展の速度はめざましく、1980年代の終り頃には消費者金融もかなり国際化されるであろうという話を聞く。利率の問題だけに限っていえば、欧米でよく使われている例えば30%前後の消費者信用が、日本でも盛んに利用されるときがくるのかもしれない。

[付記] ここで詳しく紹介したCredit Control Actの運用の結果、銀行の貸付金の多くが会社乗っ取りを目的として株式の公開買付に使われていることが分かり、政治的な理由で、この法律は、1984年以来、停止されている。しかし、その後も時限立法の形で規制は継続されているし、今日の日本の情況は、ここで説明したアメリカの状況に類似しており、基本的な考え方は今日でも重要性を失っていない。

四　訪問販売法——イギリス・アメリカ

I　序説——訪問販売法の制定

　訪問販売のすべてが悪いわけではない(1)。販売目標の厳しいノルマが課せられ、それを達成しなければいじめられたり、不利になる状況のもとで、もうれつにがんばりすぎるセールスマンがときにはいる。消費者の側がよほどしっかりしていないと買いたくないものまで買わされることになりかねないが、訪問販売の法的問題はここに潜んでいると思われる(2)。

　訪問販売に関する苦情は多種多様であるが、法的観点からは次の2点が重要であると思われる(3)。第一に、消費者が、詐欺や強迫によって契約を締結させられ、法律上それを解除することができると思われる状況があるのに、セールスマンのやり方が巧妙であるために、それをすることができないことである。第二に、セールスマンが曖昧な言葉を巧みに使うために、契約の内容が不明瞭で、消費者の苦情処理を困難にさせていることである(4)。イギリスのモロニー委員会は、まず前者に注目し、クーリング・オフの制度を採用することを勧告し、イギリス議会はハイヤー・パーチェス法を制定するときにこの勧告を受けいれた(5)。アメリカでは、マサチューセッツ州をはじめ若干の州がこれに倣ったが、いくつかの州ではクーリング・オフの制度の立法化を拒否した(6)。連邦政府は、むしろ後者の害悪に注目して貸付真実法を制定したときにクーリング・オフの制度を導入した(7)。日本でもクーリング・オフの制度が導入されたのはその少し後である(8)。それは英米法に倣ったものであると言われているが、英米ではその後も法律の改正が続けられ、今日では英米法と日本法との間にかなり大きな開きが生じている。例えば、日本の場合、政令で定める「指定商品」だけを規制している(9)。アメリカでは、消費者商品と消費者役務を一般的に規制することにし、若干の例外をもうけているにすぎない(10)。イギリスは、このアメリカの経験に勇

8 消費者保護法

気づけられ、1974年の消費者信用法の立法のときに、営業所以外の場所にでかけて行なう訪問勧誘によるすべての取引を規制取引とした[11]。その他の違いについては、日本法と本章の英米法の解説とを対照していただきたい。

なお、英米法の説明に入る前に、アメリカ法の法制度に関して前もって説明しておかなければならない技術的な点がある。周知のとおり、アメリカ法は二元的法制度(連邦法と州法)をとっている。セールスマンの行動範囲には一定の限界があることから訪問販売法は地域的性質をもつものと考えられ、州によって立法がなされることが多い[12]。しかし、連邦法も別の観点から訪問販売を規制しており、これが州法の規制と抵触することがある[13]。この場合にその両方の規制をどのように調和させるかという複雑な憲法解釈の問題があるが、日本の立法のためにアメリカ法をみる場合、この法技術的な問題は余り重要な意味をもたないので、以下の叙述では連邦法も州法も立法モデルとして同列に並べ、その内容を説明していくことにしたい。

(1) もっとも、訪問販売はプライヴァシー侵害の側面をもつので、これを原則として禁止している国もある(例えばデンマーク)。イギリスでは信用供与またはその斡旋だけを目的とした訪問勧誘は犯罪となり、簡易手続によれば100ポンド、正式手続によれば1年の懲役または適当な額の罰金またはその双方の刑罰に処せられる。Consumer Credit Act, ss. 49 and 154〔以下、この法律は「消費者信用法」という〕。この法律は、本章でしばしば引用される重要な法律であるが、その成立の歴史的過程は、長尾治助「イギリスにおける消費者金融法制」塩田=長尾編・消費者金融の比較法的研究(1984年)153-88頁、その主要な諸条文の注釈は、加藤良三・イギリス消費者信用取引法(1978年)、その全訳は、竹内=田島「英国消費者信用法の翻訳」(1)～(14)月刊クレジット270号-283号(1979-80年)に見られる。

(2) セールスマンは「嘘も方便」とか「セールスは売ることだけが善である」と教え込まれ、熟達すれば「ねらった客は必ず打ち落とせる」ようになるという。このことは、買う意思をもたなかった消費者が、その気にさせられて無駄な商品を買わされることがありうることを示しているのではあるまいか。

四　訪問販売法——イギリス・アメリカ

(3) 経済企画庁消費者行政課編・消費者被害の救済（1975年）、行政管理庁行政監察局・訪問販売等の現状と問題点（1981年）、通商産業省政策局商政課等編・訪問販売等に関する法律の解説（1983年）などに日本における多様な苦情が説明されているが、基本的にはイギリスやアメリカにおけるそれと類似していると思われる。

(4) 本文で述べた二つの問題は、売主である会社（および場合によっては融資人）とセールスマンとの法的関係がいろいろであることから、より複雑なものになっている。セールスマンの法的地位は、重要な論点ではあるが、本稿で詳細に論じることはできない。一般的には、セールスマンは、エクイティの法理である estoppel by conduct（日本の表見代理に類似した法理）によって売主の代理人と推定されるものと思われる。Sale of Goods Act, 1979, s. 21 も参照。イギリスの消費者信用法は、セールスマン等の用語は使わずに、「訪問勧誘人」（第48条）または「（予備）交渉人」（第56条）という用語を用いてその者が代理権をもつとみなす旨を定めるとともに、その者の一定の義務を規定している。例えば、第175条は、セールスマンが受け取った通知を本人に通知し、また支払金を送金する義務を定めている。第三節で説明する消費者信用付きの訪問販売の場合、セールスマンが第三者である融資人に対しても代理人であるか否かは、事例ごとに判断される。Mercantile Credit Co., Ltd. v. Hamblin [1965] 2 Q. B. 242, 269. 但し、意思の通知については代理が推定される。後掲注(23)参照。

(5) モロニー委員会の勧告は1964年のハイヤー・パーチェス法で受けいれられたが、この法律は1965年の同名の法律の中にほとんど全部吸収されてしまったので、自動車販売に関する部分しか残っていない。モロニー委員会の報告書の関連部分は、Final Report of the Committee on Consumer Protection [Cmnd. 1781] (1962), pp. 172-4 [paras. 521-9], p. 308 [para. 117] and p. 313 [para. 191] である。もっとも、1965年のハイヤー・パーチェス法は、前掲注(1)で引用した消費者信用法によって全廃されたので、この法律の施行日（1974年7月31日または実施規則の制定を必要とする規定についてはその制定日）より以前になされた取引に関してのみ効力を有するにすぎない。

(6) 最初のマサチューセッツ州の法律は Mass. Gen. Laws Ann. ch. 255D [1966年の「小売割賦販売と役務法」] (Supp. 1983)。法案の成立を拒否し

8 消費者保護法

た州は、キャリフォーニア、コロラド、ミシガン、ペンシルヴァニア、ウィスコンシンであるが、現在では、これらの州もクーリング・オフを認めている。

(7) Truth-in-Lending Act は、1968年5月29日に成立した連邦法であり、消費者信用のコストや利息の年率などの契約内容の開示を義務づける規定を中心とした法律である。この法律は、後掲注(13)の消費者信用保護法の第1編ないし第5編となっている。

(8) 1976年に割賦販売法を改正してその第4条の3が追加され、さらに訪問販売等に関する法律が新設された。

(9) 「指定商品」とは、主として日常生活の用に供される物品のうち、定型的な条件で販売するのに適する物品で政令で定めるものをいう。「役務」は規制からはずされている。現在、指定商品は消火器、化粧品、衣服、書籍など、43種類の商品からなる。

(10) 連邦法の外、ほとんどの州法がこのやり方をとっている。消費者商品または消費者役務とは、主として個人、家庭もしくは世帯の諸目的のために購入、貸付もしくは賃貸される物品または役務をいう。農産物、緊急時の取引、25ドル以下の普通の取引などが適用除外にされることが多い。自動車や土地に関係する取引にも訪問販売法の適用が除外されることが多いが、しばしば特別な法律で規制されている。1964年のハイヤー・パーチェス法〔前掲注(5)〕がその一例である。

(11) この法律の内容は次節で説明するが、その立法理由について、その立法を勧告したクロウザ委員会報告書第6・7・1節ないし第6・7・4節参照。Report of the Committee on Consumer Credit〔Cmnd. 4597〕, vol. 1, p. 289.

(12) 連邦法に先がけて立法をした州として、マサチューセッツ〔前掲注(6)〕、ワシントン、ハワイなどがある。ちなみに、今日では、ニュー・メキシコ以外のすべての州が何らかの規制を行なっている。

(13) 消費者信用契約によって訪問販売の代金が支払われることになる場合、連邦の消費者信用保護法（15 U.S.C.A. §§1601 et seq.）が適用されるが、この法律は連邦法優先の原則をうたっている。また、連邦政府は、「不公正な取引と詐欺的な慣行を取りしまる権限」に基づいて「戸別訪問販売のためのクーリング・オフ期間」と題する連邦取引委員会規則を1972年

四　訪問販売法——イギリス・アメリカ

10月18日に作った。16 C. F. R. 1D, Pt. 429; 37 F. R. 22934. この規則は州の立法にもしばしば参考にされているようなので、経済企画庁委託調査・特殊販売に関する欧米諸国の法規制調査（1983年）〔以下、「調査報告」という〕6-10頁に全訳されている。もっとも、裁判所がこれらの連邦法による訪問販売の規制を常に適法と認めるとは限らない。先の連邦規則と類似のクーリング・オフの制度を定めた連邦規則を違法と判決したKatharine Gibbs School, Inc. v. FTC, 612 F. 2d 658 (1979) 参照。ウィスコンシン州の法典集の注釈は、先の連邦規則を法的拘束力のない行政指導であるとみているし、連邦取引委員会自身も、その規則と州法の両方に従うことを質問に答えて助言したことがある。Advisory Opinion of 12th June 1975, CCH Consumer Credit Guide §98583.

Ⅱ　クーリング・オフ

訪問販売法は、売主が営業所以外の場所で個人的勧誘を行ない、締結した消費者との契約を無条件で解除する権利（クーリング・オフ権）を消費者に与えている[14]。これが消費者に認められるのは、訪問販売にはつぎのような諸情況がみられるからである。すなわち、第一に、突然の訪問に驚ろかされて冷静にものを考えることのできない状態のもとで取引交渉を余儀なくされる。第二に、問題の商品または役務を買うことを消費者が事前に考えていることは稀れであって、消費者の側の知識が不足していることが多い。第三に、百貨店などでなされる取引とはちがって、消費者が他の商品と比較することができない。これらの諸情況があることの外に、セールスマンが巧みな言動を用いるために、実際には契約する意思はないのに、つい買わされてしまうことが少なくない。

要するに、消費者自身に冷静な状態のもとで本当に契約を結ぶ意思があるかどうかを熟慮させようとするのがクーリング・オフの制度のねらいであるが、それを規定した法律の実例として、統一消費者信用法典（以下、「統一法典」という）第3編5章をみてみよう[15]。第3・501条は「家庭訪問販売」という用語の定義を与えている[16]。第3・502条は、消費者が書面に署名し

た日の後第三営業日の真夜中までは、家庭訪問販売を解除することができる旨を定めている(17)。第3・503条は、書面の様式について定め、その中に「買主の解除権」という明瞭な標題の下に解除のための文例が明瞭に印刷されなければならない旨を規定している(18)。

これはクーリング・オフの典型的な規定の例であるが、その期間を「３営業日」とすることについては、明確な理論的根拠はなさそうである(19)。実際上、ごく最近まで、諸州の立法はまちまちであったし、アメリカ以外の国では「３営業日」とする立法例はほとんどない(20)。イギリスでは、最初は「４日」と定めていたが、1974年の消費者信用法が制定されたときに「(関連書類を受理した日の翌日から) ５日」または「(契約書に署名した日の翌日から) 14日」に改められた(21)。

ところで、消費者が契約を解除する仕方に関しては、イギリスでもアメリカでも解除の意思を通知する書面を売主に対して送付することを原則としている(22)。その意思の通知は、直接売主である会社に対してなされてもよいし、交渉に当ったセールスマンに対してなされてもよい(23)。しかし、アメリカの法律では、後のトラブルを避けるために、一方では売主に対し、解除権の通知を受理する者の氏名・宛所および文例を契約書の中に明記することを義務づけるとともに、他方では買主に対し、それに従って解除の意思を郵便で通知するのを勧めるものが多い(24)。英米法では意思の通知については発信主義をとっているから、解除の意思を記述したハガキをポストに投函した時点でその効果が発生する(25)。

つぎに、解除権が行使された結果として、いかなる法的効果が生じるかが問題となる。まず、(1) 買主の代金支払義務は消滅し、もし売主が頭金、下取り物品、証書などを買主から受け取っている場合には、売主はそれを返還しなければならなくなる(26)。(2) 買主が受け取った物品は売主に返還されなければならないが、買主は相当の注意を払ってそれを保管し、売主の指示を待てばよい(27)。(3) 取引の対象が役務であるときは、役務の対価は無償となる(28)。(4) 印紙代等、証書作成のための経費などは、売主が訪問販売を行な

うために必要な経費であると考えられ、売主が負担することになるが、若干の例外的な州では、一定の金額もしくは率の解除料ないし手数料を売主がとることを認めているものがある[29]。

最後に、売主が積極的に消費者のいるところへ出かけ、直接販売が行なわれることに視点をおいて作られる訪問販売法について、一言ふれておきたい。このような法律には、通信販売や電話販売の規制も含まれることが多い[30]。しかし、通信販売については、広告規制に重点を置き、消費者にクーリング・オフ権を認めないのが普通である[31]。

(14) 第4節で述べる契約法の一般的な考え方といかに調和させるかという問題とも関連して、「(契約の) 解除」ではなく、「(申込みの) 撤回」または「(取引の) 取消し」という訳語を用いるべきではないかという議論が日本でなされているが、いずれの用語を用いるとしても、後に説明するような効果がその結果生じることはまちがいないので、本書では「解除」という用語で統一することにした。ちなみに、多少古いが、B. D. Sher, The "Cooling-off" Period in Door-to-Door Sales, 15 U. C. L. A. L. REV. 717-86 (1968) は、クーリング・オフの立法例を比較検討し、問題点を要領よくまとめた論説である。

(15) 統一法典は、アメリカ弁護士の支援をえて設立された「統一州法委員全国会議（私的団体）」が、数多くの著名な法学者の協力をえて長年月をかけて作ったモデル州法案であり、多くの州に影響を与えている。例えば、後掲注(46)および(47)を見よ。その法典は、竹内＝清水＝山口＝田島『欧米における特殊販売および消費者信用の法制』（1974年）〔非売品〕に全訳が載せられている。また、前掲注(13)の調査報告6-7頁および18-24頁も見よ。

(16) この定義の中で農業用の商品または農業用の役務を除外している。また融資額が2万5000ドルを超える信用取引、保険に関する取引などにはそもそも統一法典の適用がないことを最初にことわっている。「訪問販売」という用語は、他の法律でも厳密に定義されているが、本書ではその厳密な意味にはこだわっていない。しかし、イギリス法の場合、「訪問勧誘」を規制しているのであって、「契約」や「取引」を直接規制していないことには注意を喚起しておきたい。

8 消費者保護法

(17) ただし、前掲注(13)で述べた連邦法と州法との抵触の問題を考慮して、訪問販売取引が同時に消費者信用取引である場合には、連邦の貸付真実法（前掲注(7)参照）による権利と同一の権利が消費者に与えられることを定めている。統一法典第5・203条5項。ちなみに、この統一法典に対する対案として消費者保護団体によって作られた模範消費者信用法では、消費者は取引日から3日以内に確認書を送付することができる。それが送付されなければ契約は成立しなかったことになる。このモデル法案も、竹内＝田島『外国の消費者信用―取引慣行の法制』（1975年）に全訳されている。

(18) 文例の活字の大きさを規定している州法がいくつかある。8ポイント以上（模範消費者信用法）、10ポイント以上（前掲注(13)の連邦規制、キャリフォーニア、ハワイ、ミシガン、ニュー・ヨークなど）、12ポイント以上（ウィスコンシン）。連邦規則、アリゾナ州法、キャリフォーニア州法、ネヴァダ州法などは、交渉のときに使われた言葉（英語、スペイン語など）と同じ言葉によるものでなければならないことをさらに定めている。

(19) アメリカでの立法のとき、イギリス法が参照されたといわれる。そのイギリス法は「4日」と定めていたが、これは金曜日に締結した契約を次の月曜日に電話で解除できるようにするためであったといわれる。しかし、アメリカでは、木曜日に契約書を作成し、金、土、日と3日続けて休むことにすればそれができなくなること（特にクリスマス休日のように数日間休みが続くときにその前日にどっとなされる大量の取引が解除できないものとなること）を考慮し、売主が通常通り営業を行なう日を「3日」数えることにしたと思われる。

(20) 現在でもこれと異なる規定は、ジョージア、ニュー・ジャージ、ペンシルヴァニアなどに見られる。アメリカ以外の国については、前掲注(13)の調査報告に付された一覧表の42の立法例［本書245頁に一部掲載］で見る限り、アメリカ以外に3日と定めるものは一つもない。7日とするものが多いが、スウェーデン法は、消費者が物品を検査できる日を起算日としており、興味深い。

(21) 消費者信用法第68条。訪問勧誘による契約は、解除しうる契約であり、売主は契約後7日以内に解除権を買主に通知することが義務づけられている。また、訪問勧誘による取引が同時に消費者信用契約などの規制契約（商品品目ごとに指定される）であるときは、主務大臣が規則によって定め

四　訪問販売法——イギリス・アメリカ

る方式と内容に従う正式の契約書（熟慮期間の説明を含むもの）が7日以内に買主に送付されなければならない。買主は、上述の通知ないし書面を受理した日の翌日から、5日以内に契約を解除できる。書面送付を必要としない場合でも、買主は契約の日の翌日から14日以内であれば無条件でそれを解除できる。売主が先の書面を送付しないことは、売主に対し過料を課する原因ではあっても、契約そのものを直ちに無効にさせるものではない。ただし、売主がその契約を強制するためには、そうすることが正当であると裁判所に認めさせ、裁判所の強制命令を得なければならない。消費者信用法第127条参照。

　ところで、前掲注(5)のモロニー委員会報告書がクーリング・オフ期間を「72時間」としていたのに、ハイヤー・パーチェス法で「4日」に改めたのは、前掲注(19)で述べた理由によるのであり、この期間の計算のためには、書面に署名して受け取った日も1日に数えられる。Trow v. Ind Coope (West Midlands) Ltd., [1967] 2 Q. B. 899; [1967] 2 All E. R. 900 (C. A. per Lord Denning). その期間を先に述べたように著しく延長したのは、解除権に実質的意味をもたせるためには、その延長が必要であると考えたためであると思われる。

(22)　電報による通知または受け取った物品を郵便で返送することによる黙示的通知も有効であるといわれている。

(23)　イギリス法ではこれを明文で定めている。消費者信用法第69条および第102条。ちなみに、セールスマンに対し解除の意思が通知される場合であっても、後に説明する消費者から受け取った頭金や下取り物品などの返還義務は、売主または融資人が負う。前掲注(4)参照。

(24)　実例として、前掲注(13)の調査報告に収められているアリゾナ州法、ミシガン州法、ネヴァダ州法などを見よ。州によっては、投函するばかりになっている書面（またはハガキ）を正副2通消費者に与えることを要求している州もある。例えば、前掲注(13)の調査報告に収められている連邦規則やニュー・ヨーク州法を見よ。Hawaii Rev. Stat. vol. 6 (1976) ch. 481 c-2 (2)も類似の規定を置いている。

(25)　イギリスの消費者信用法第69条7項は、ハガキが投函されれば直ちに解除の効果が発生するので、実際にそれが売主によって受理されたか否かは問わないものとすることを定めている。コロンビア地区消費者保護法第28

-3811条(d)、ニュー・ヨーク州家庭訪問販売法第427条3項も見よ。一般的に発信主義については、末延三次「英米契約法における承諾の発信主義」『英米法の研究（上）』(1959年) 1-47頁参照。

⑳　多くの法律では、解除後10日以内に返還することを義務づけている。実例として、イギリスの消費者信用法第70条ないし第73条、およびアメリカの統一法典第3・504条、前掲注⒀の連邦規則などを見よ。連邦の消費者信用保護法第125条もこれに倣っていたが、1980年に成立した貸付真実簡素化改革法によって、20日以内と改められた。ちなみに、この改革法については、塩田＝長尾編・前掲注⑴109-113頁（横田教授執筆）を見よ。ウィスコンシン州法も20日と定めている。Wis. Stat. Ann. §423.204(3) (1974)

㉗　この場合には、1979年の Sale of Goods Act の規定により一種の寄託契約関係が推定されるので、消費者は受寄者としての保管義務を負う。この保管義務について、Bowmakers Ltd. v. Barnet Instruments Ltd., [1945] K. B. 65, [1944] 2 All E. R. 579 (C. A.)；Union Transport Finance Ltd. v. British Car Auctions Ltd. [1978] 2 All E. R. 385 も見よ。義務を負う期間は、10日（連邦の消費者信用保護法）20日（連邦取引委員会規則、模範消費者信用法、ミシガン州法、ニュー・ヨーク州法など）、21日（イギリスの消費者信用法）、40日（コロンビア地区法〔連邦法〕、統一法典など）とまちまちである。

㉘　これを明文で定めたものとして、例えば、統一法典3・505条3項を見よ。

㉙　例えば、アリゾナ州法第44-5007条c（現金価格の5パーセント、15ドルまたは頭金の解約手数料）、ジョージア州法第96-906条(d)（代金の5パーセントまたは25ドルのうちの小さい方の額。さらに、5ドル以下の商品取り戻し実費がとられる）、ネヴァダ州法第14条（アリゾナ州法と同じ）〔これらの諸規定は、いずれも調査報告に翻訳されている〕など参照。もちろん、解約料などをとることを明文で禁止している法律も多くある。例えば、連邦のコロンビア地区法第28-3811条(h)(3)、後掲注㉜で引用するヨーロッパ共同体指令案第11条の外、コネチカット州法第42-139条(c)〔Conn. Stat. Ann. §42-139(c) (Supp. 1982)〕を見よ。

㉚　例えば、ジョージア州法第96-905条を見よ。また、ミシガン州は1978年に第445・111a条を追加し、録音伝言を利用する電話勧誘を犯罪として

四　訪問販売法──イギリス・アメリカ

禁止した。
(31)　特にネガティブ・オプション（購入しないという返事がなければ購入の意思ありとされるもの）や注文しないのに商品を送り付けてくる取引について、さらに別の規制がなされている。通信販売について、竹内昭夫・特殊販売規制法（1977 年）72-93 頁で述べられていることは英米法の場合にも当てはまる。また、アメリカでは、連邦の郵便法による規制も行なわれている。アメリカのいわゆる直接販売（direct sales）の規制について、一般的に、E. W. KINTNER, A PRIMER ON THE LAW OF DECEPTIVE PRACTICES 256-80 (2d ed. 1978) を見よ。

III　訪問販売と消費者信用

　訪問販売法が規制しようとしているのは特殊な販売方法に伴う不正であって、信用貸付がそれと合わせて行なわれたか否かは本質的なことではない[32]。しかし、信用付きの販売というものは、代金全額を払わなくても商品を入手できるのであるから、非常に魅力的な取引条件であり、訪問販売の攻撃性とその魅力とがいわば相乗的に作用すると、消費者としては契約をしてしまうことになりやすい[33]。さらにもっと重要なことは、売主が訪問販売を促進するために第三者をして消費者に信用を供与させたり、金融業者が売主を支配して消費者信用契約を同時に結ばせたりする場合には、抗弁権の切断など、普通の消費者が予想しえない複雑な問題が生じうるということである[34]。この問題に関しては、イギリス法とアメリカ法とでは規制の仕方がかなりちがっているので、それぞれの場合にわけて説明しなければならない。
　第一に、イギリス法では、消費者信用を訪問勧誘することが禁止されており、訪問販売取引の融資が認められるのは、「債務者・債権者・供給者契約」による場合だけである[35]。この契約による場合、債務者（消費者）はつぎのような保護が与えられる。すなわち、(1) 消費者が売主に対して不実表示または契約違反に基づく請求権を有する場合には、債権者（金融業者）に対しても同様の請求権を有し、売主と金融業者は連帯して責任を負う[36]。

8 消費者保護法

(2) 消費者の通知は売主または金融業者のいずれかに対してなされれば足り、一つの契約解除の意思の通知によって、売買契約とそれに関連したすべての契約を解除できる[37]。(3) 金融業者が消費者に対して、貸付代金の支払を求めるなどその債権を行使するためには裁判所の強制命令を得なければならず、裁判所がそれを出すときに、コモン・ローとは異なる、公正な救済を消費者に認めることができる[38]。さらに、(4) 消費者信用法は弁済のための担保として小切手以外の流通証券を消費者に発行させてはならないと定めており、小切手が作成される場合であっても、銀行以外の者への流通は禁じられている[39]。

イギリス法の場合、消費者金融が免許制度によって木目細かくコントロールされていることも注目されるべき点であろう。消費者信用法は、消費者信用、消費者賃貸借、信用仲介、債務整理・債務相談、債務取立および信用紹介という6種類の免許制を採用している[40]。そして、セールスマンが訪問販売を行なうときに信用取引をすることは補助的信用事業とみなされるものと定められており、かかるセールスマンは、信用仲介の免許を取得しなければならない[41]。

つぎにアメリカ法に目を移そう。アメリカではイギリス法のように消費者の抗弁権の切断に関して特別規定を置く州もあるが、置かない州もあり、置く州の中でも規定の仕方はまちまちである[42]。その問題は一般的には判例法に任せていると言ってよさそうである。そして、判例法は、消費者が売主に対して有している抗弁権（または請求権）は第三者に対しては主張されえないとするのが原則（抗弁権切断の原則）であり、売主と第三者との間に緊密な関係がある場合に限り、抗弁権の切断を認めないとする見解をとっていると思われる[43]。もっとも、切断を認める前提条件としてはその第三者が善意であることを一つの要件としているので、連邦取引委員会は、訪問販売契約の書面の中に「（消費者が）売主に対して主張しうるあらゆる請求権および抗弁の対抗を受ける」旨の規定を書き込むよう指導している[44]。

流通証券の発行の禁止については、イギリス法と類似した規定を置く州が

四 訪問販売法――イギリス・アメリカ

多い⁽⁴⁵⁾。統一消費者信用法典第 2-403 条は、消費者の債務の証拠として小切手以外の流通証券を売主が取得することを禁止しているが、これを採用している州は 10 州ある⁽⁴⁶⁾。その他の州では、類似した規定ではあるが、多少ちがった規定を置くものが少なくない⁽⁴⁷⁾。

最後に、訪問販売については問題となる事例の数は少ないかもしれないが、クレジット・カードにより支払がなされる場合に関する特別規定にも少しふれておきたい。クレジット・カードは、連邦の消費者信用保護法にもいくつかの州法にも特別規定が置かれている⁽⁴⁸⁾。連邦法によれば、カード使用者（消費者）がカード発行者（信用供与者）に対して抗弁権を対抗しうるのは、(a) 取引額が 50 ドルを超える場合であって⁽⁴⁹⁾、(b) 問題の取引がカード使用者の郵便宛所（普通は住所）と同一州内で、またはそこから 100 マイル以内の場所で行なわれた場合に限られる。抗弁権を対抗しうる金額は、加盟店（例えば、タクシー会社）またはカード発行者に対し自己の抗弁事由について通知した時点で未払となっている当該商品の代金残高およびそれについての遅延料・融資手数料の額を超えないものとされる⁽⁵⁰⁾。そして、カード発行者に対し抗弁を主張する前に、売主との間で争いを解決するための試みを誠実に行なうことが要求される⁽⁵¹⁾。これらの諸規定が、関連諸利益を調整する諸議論の妥協の産物であることは疑いない。

⑶² 竹内昭夫教授は、消費者保護の立場から割賦販売法の本格的な改正の必要性を説いた論文「割賦販売と消費者保護」『商事法の諸問題』（鴻編 1974 年）277-305 頁の中で、クーリング・オフは訪問販売であれば現金販売にも認めてよい権利である（293 頁）と述べ、消費者信用の問題と訪問販売の問題とが重なり合うのはほんの一部分である（281 頁参照）ことを説明している。このことは、イギリスを含むヨーロッパ 10 ヵ国を拘束する「事業所から離れた場所で交渉された契約に関し消費者を保護するためのヨーロッパ共同体指令（案）」（1978 年 1 月 16 日）の規定の仕方にも示されている。ちなみに、この指令（案）も前掲注⑬の調査報告に全訳が載っている。
⑶³ 竹内昭夫『特殊販売規制法』（1977 年）31-32 頁参照。

237

㉞ Unico v. Owen, 50 N. J. 101, 232 A. 2d 405 (1967) (ステレオ会社と金融会社が共同でレコードを140枚一組にして月賦販売する企画を立てた事例。訴外ステレオ会社が最初の14枚を被告に送った後倒産した場合、ニュー・ジャージー州のUCCの解釈として、原告は、被告が発行した手形の「正当所持人」とはいえないので代金の請求は認められない、と判示した。) および Glaire v. La Lanne-Paris Health Spa, Inc., 117 Cal. Rptr. 541, 528 P. 2d 357 (1974) (金融機関が会員制のヘルス・クラブに協力し、会費の分割払制度を行なっていた事例で、会員たちが、貸付真実法および利息制限法の違反を主張したクラス・アクション。キャリフォーニア州裁判所は抗弁権の切断を認めなかった。) は、本文で述べた問題を示す典型的な事例である。ちなみに、消費者信用が関係している取引では、後者の判例でみられるように、利息制限法の問題が含まれうるが、これについては、塩田=長尾編・前掲［226頁］注(1)、119-52頁が非常に詳しい。

㉟ 前掲注(1)を見よ。ここでいう「債務者・債権者・供給者契約」とは、(a) 使用目的が限定される信用契約であって、債権者（融資者）と供給者（売主）が同一人であるか、もしくは債権者と供給者との間に取決めがあり、あるいはそれを予期して、その債権者によって信用が供与されるもの、または(b) 使用目的が限定されない信用契約であって、債権者と供給者間に事前の取決めがあり、それに基づいて信用が取引の融資のために使われることを知りながら、債権者が締結するものをいう。消費者信用法第12条。

㊱ 消費者信用法第75条。

㊲ 消費者信用法第69条1項並びに6項および第96条。セールスマンに対する通知でもよい。前掲注㉓参照。

㊳ 消費者信用法第9章参照。裁判所が強制命令を出すにあたり、エクイティの見地から支払額の減額、支払の延期など、適切な救済を消費者に与えることができる旨を定めている。

㊴ 消費者信用法第123条。また、同法第125条1項は、上の条文に違反して流通証券を取得した者は「正当所持人」ではなく、権利を強制する権利を有しない、と定めている。流通証券の発行が認められる場合であっても、それが支払の担保として使われることは許されず、原因関係に基づく代金支払義務は、裁判所の命令によらなければ、強制されえない。前注も見よ。

㊵ 消費者信用法第21条および第147条参照。信用仲介以下の事業は、同法

四　訪問販売法――イギリス・アメリカ

第145条に定義されている。ちなみに、モロニー委員会は、訪問販売の規制のために免許制度を利用することには反対している。前掲注 (5) の引用部分を見よ。本文で述べた免許制度について一般的に、A. L. DIAMOND, COMMERCIAL AND CONSUMER CREDIT : AN INTRODUCTION (1982) の第49章参照。また、アメリカでは、免許制度が種々な領域でさかんに使われた時代があったが、今日では、余り使われていない。但し、民事訴訟法・破産法による消費者に対する債権の強制についての制約は、イギリスの場合よりも消費者のためになっているように思われる。

(41)　消費者信用法第23条3項参照。

(42)　竹内昭夫「善意者保護か消費者保護か――手形法・小切手法と消費者保護法の交錯」『現代商法学の課題〔鈴木先生古稀記念〕(上)』(1975年) は、比較法的な観点からこの問題を論じた論説であるが、571-81頁でアメリカの諸州の法律を詳細に分析している。まだ抗弁の切断を否定する規定を置いていない州は、アーカンソー、ミズーリ、モンタナ、ネブラスカ、ネテシー、ヴァジニアである。

(43)　統一商事法典第3-302条1項も、流通証券の「正当所持人」を「(a) 有償で、(b) 善意で、(c) 期限後であることもしくは支払を拒絶されたことまたは何人かが抗弁を有することを知らないで取得した者」と定義し、かつ、第3-305条2項は、「正当所持人」が、一定の物的抗弁を除き、所持人の直接の取引当事者でない手形債務者（消費者）の抗弁を対抗されることはないと定めている。しかし、改訂後の現在の法典では、第9-206条（実質的非良心性の禁止）を置き、売主と融資人との間に緊密な関係が見られる場合には、抗弁の切断を認めないようになっている。

判例法で抗弁の切断を認めた場合の実例として、Stevens v. Rock Springs National Bank, 577 P. 2d 1374 (1978)（ワイオミング州の統一消費者信用法の抗弁権の切断を否定する規定を解釈した最初の判決）を見よ。売主と融資人との間に緊密な関係を認め、抗弁権の切断を否定した指導的判例は、Commercial Credit Corp. v. Childs, 137 S. W. 2d 260 (1940) である。また、ニュー・ヨーク州裁判所は、緊密な関係が認められる場合として、次の5つの場合をあげている (Avco Security Corp. of N. Y. v. Post, 348 N. Y. S. 2d 409 (1973))。第一に、名前を使い分けてはいるが、同一の親会社の支配を受けていて、実質的には同一人であると思われる場合。

8 消費者保護法

Jones v. Approved Bancredit Corp., 256 A. 2d 739 (1969)。第二に、融資人が売主との共同事業の一部として訪問販売の融資を行なっている場合。Commercial Credit Corp. v. Childs（先に言及した判例）。第三に、法律上、売主が金融業者の代理人であると認められる場合である。Calvert Credit Corp. v. Williams, 244 A. 2d 494 (1968)。第4に、セールスマンが持ち歩く消費者信用契約書などを融資人が準備し、自己の名前を既に書類の中に印刷させていたりして、販売方法について実質的な支配力を行使していると思われる場合。Commercial Credit Corp. v. Orange Country Machine Works, 34 Cal. 2d 766, 214 P. 2d 819 (1950)。また、前掲注(34)で紹介した二つの判例もこの類型に入れている。最後に、融資人が信用調査等を全くしておらず、売主の言うなりになっていると思われる場合。Gross v. Appelgren, 171 Colo. 7, 467 P. 2d 789 (1970)。

(44) 1976年5月14日に制定された連邦取引委員会規則「消費者の請求権および抗弁権の維持」16 C. F. R. §433. この規則に違反する場合は、不公正または詐欺的な取引を行なったものとして、損害賠償（場合によっては懲罰的損害賠償）が認められる。ちなみに、統一法典のもとでは、規制違反に対して行政罰（過料）が課せられることがあっても、普通は契約が非良心性を理由として無効とされるにとどまる。この規則は法技術的な点でも適法性について疑いがある。前掲注(13)参照。

(45) 消費者取引と流通証券との関係についてアメリカの現行法を詳細に分析し、理論的に整理して明解に論じた論文として、R. J. Rohner, *Holder in Due Course in Consumer Transactions : Requiem, Revival, or Reformation?*, 60 CORNELL L. REV. 503-68 (1975) がすぐれている。また、多少古い論文であるが、G. Gilmore, *The Commercial Doctrine of Good Faith Purchase*, 63 YALE L. J. 1057-1121 (1954) も参考になるところが多い。ちなみに、現在のところ、特別規定を置いていない州は注(42)であげた6州であると思われる。

(46) コロラド、アイダホ、インディアナ、アイオワ、カンザス、メイン、オクラホマ、サウス・キャロライナ、ユタおよびワイオミングの10州である。

(47) 前掲注(42)で引用した竹内教授の論文は、統一法典を採用しない州の規定の仕方を、(a) 小切手以外の流通証券を振出させることを禁止し、人的抗弁を対抗しうるものとするもの（例えば、コロンビア地区、ミネソタ、

ニュー・ハンプシャーなど)、(b) 訴権または抗弁を第三者との関係で切断されることになる手形の発行禁止（デラウェア、キャリフォーニア、ハワイ、ニュー・ヨーク、ペンシルヴァニアなど)、(c) 流通証券の上に「消費者手形」、「流通性のない消費者手形」であることを明示させるもの（アラスカ、アリゾナ、コネチカット、マサチューセッツなど)、(d) 買主が訴権または抗弁権を一定期間内に通知すれば抗弁は切断されないとするもの（ウィスコンシン)、(e) 当然に対抗できるとするもの（ヴァモント)、(f) その他（ルイジアナ）に分けて、それぞれの問題点を説明している。

(48) 連邦の消費者信用保護法第170条、15 U.S.C.A §1666 i（1974年10月28日追加）。統一法典第3-403条も類似の規定を置いている。州法の実例として、Calif. Civil Code §1747〔1971年のSong-Beverly Credit Card Actとも呼ばれる〕を見よ。これらの規定の詳しい解説は、竹内昭夫「クレジット・カードと抗弁の切断」NBL 146号（1977年）12-22頁に見られる。

(49) 50ドル以下の取引は本質的に現金取引に近い。R. E. Brandell and C. A. Leonard, *Bank Charge Cards : New Cash or New Credit*, 69 MICH. L. REV. 1033-72 (1971), at 1062. また、少額取引についても抗弁権が認められるとカードの効用が阻害されるためであろう。Comment, *Preserving Consumer Defenses in Credit Card Transactions*, 81 YALE L. J. 287-308 (1971), at 302.

(50) その支払請求を拒むという消極的な形で権利を行使することができるだけである。竹内・前掲注(48) 20頁。

(51) これにより、カード保有者が突如支払を拒むということを防止できるわけであり、前述の二つの制限よりは合理的な制限であるといわれる。竹内・前掲注(48)・20頁。

IV まとめ

本章で紹介した英米の訪問販売法についての考え方は、かなり確立したものであるから、基本的な部分が変更されることは当分はありえないであろう。しかし、理論的にも法技術的にも検討すべき、残された問題点は少なくない。現在も英米両国でたえず専門委員会がそれらの検討を続けており、細部の法改正は今後もしばしば行なわれるであろう[52]。最後に、残された問題点の

8 消費者保護法

うち特に重要なものを指摘し、本章のまとめにかえさせていただくことにしたい。

　第一に、理論的な問題点として、契約法の一般理論の中で訪問販売法をどのように位置づけるかという問題がある。ここではこの問題に立ち入る余裕は全くないが、日本でもすでに議論のなされていることではある[53]。

　第二に、経済政策に対し訪問販売法がいかなる効果を与えているか、検討してみる必要がある。例えば、定評のある百科事典の訪問販売が、中間経費を節約するのに役立っており、消費者が安い値段で入手するのに貢献しているとすれば、その厳しい規制は経済政策上は好ましくないかもしれない[54]。しかし、法的問題は、それを使いこなす能力のない者までが、それを買わされる可能性がかなりあるということにかかわっており、経済政策上の判断だけから結論を出すわけにはいかない。実際、訪問販売法は、セールスマン教育の必修の教科書であり、セールスマンの社会倫理を高めることによって得られる利益は、大きなものであるにちがいない。

　第三に、現在の訪問販売法は、誠実な売主に対し不当な負担を負わせており、その結果として不健全な社会倫理を育成するのに役立っているのではないか、という議論がある[55]。つまり、訪問販売を生涯の仕事とする強固な意志をもった業者ならば、コストがいかに高くついても法律の要求を満たそうと努め、消費者とのトラブルを避けようとする。しかし、不誠実な業者ならば、法律を無視してでも短期間のうちに利益を最大にしようと努め、問題が起きれば事業そのものを速やかにやめ、別の事業をはじめるかもしれない。しかも、罰金等の法律上の責任を負担しても利益が残り、違反が摘発される蓋然性が少ないということになれば、なおさらそうだというのである。この議論はある意味での実態調査を要求するものであるとも理解でき、一見もっともらしくみえる[56]。しかし、法律が立法を支える諸事実に基づくべきものであることは認めるとしても、法の理想と社会の現実との間にある程度のギャップがあるということは、あたりまえのことである。もし法律の中に盛られたものが世論を納得させるだけの説得力をもつものであるならば、事実

四 訪問販売法——イギリス・アメリカ

の方がその理想の方向に徐々に近づいていくであろう。

　訪問販売法をめぐって論じられるべき問題点は、以上のものだけに限られるものではない。例えば、京都地方裁判所平成 17 年 5 月 25 日判決を見てみると、訪問販売業者の売り込みの手口がいっそう巧妙になっており、日本の立法はこれに追いついていないことが分かる[57]。この事件では、原告は、訪問販売で浄水器などを購入し、それに関連する役務の提供を受けた。しかし、この取引は、いわゆる典型的な悪徳商法と呼ばれるものであり、アメリカ法では犯罪とされるものであると思われる（契約書類の記載の不適切さだけでも刑事責任が科される）。この判決では、裁判官は、契約を無効とし、不当利得を理由として代金の返還請求のみを認めたのであるが、不法行為の成立は認めなかった。この判決が示した解決がこれで妥当であったかどうか、立法政策的な見地に立って検討しなおす必要がある[58]。

[52]　イギリスには 1973 年の公正取引法に基づいて設置された公正取引長官および消費者保護諮問委員会がある。その諸活動は、公正取引長官の国会への年次報告の中で説明されている。また、アメリカでは、連邦の消費者信用保護法に基づいて設置されている消費者金融全国委員会など、種々な機関が研究を続けている。

[53]　クーリング・オフに焦点を当てた研究として、根岸哲「訪問販売における熟慮期間制度—割賦販売における消費者保護の一側面」神戸法学 21 巻 3・4 号（1972 年）188 頁以下。また、契約法と消費者保護法との関係を一般的に考察した、竹内昭夫「消費者保護」『現代の経済構造と法』〔現代法学全集 52〕（1975 年）24-31 頁および田島裕「諸外国における消費者保護法—イギリス」『消費者保護法講座一巻』23 頁以下のほか、消費者信用の抗弁権の切断を論じた、北川善太郎「立替払契約について—転換期の消費者保護」国民生活 13 巻 4 号（1983 年）12-9 頁、石田喜久夫「信用取引と消費者」金融法務事情 1036 号（1983 年）6-10 頁を見よ。

[54]　この議論は、前掲注[15]で引用したシェア論文の 733-35 頁で、アメリカの立法の際に出されたブリタニカ百科事典の主張と関連して検討されているし、また、Notes and Comments, *A Case Study of the Impact of Con-*

sumer Legislation : The Elimina-tion of Negotiability and the Cooling -Off Period, 78 YALE L. J. 618 (1969), at 642-50 でも実証的に検討されている。

(55) この議論もまた、前掲注(15)および前注の論説の中で検討されている。その二つの論文のうち、特に後者は、筆者の考えに近いことを述べている。経済政策的な側面からの一般的な研究書として、WARD AND NIENDORF, CONSUMER FINANDE-THE CONSUMER EXPERIENCE (1978) および R. H. COLE, CONSUMER AND COMMERCIAL CREDIT MANAGEMENT (1982) がある。

(56) この議論も前掲注(15)および(54)の文献で検討されている。前掲注(54)の研究ノートでは、前掲注(29)で引用したコネチカット州法に関する実態調査の結果を示しているが、それを見る限り、この議論にも十分な論拠はなさそうである。

(57) 裁判官は、「(代金の返済によって)原告が被った経済的損失は填補されると解するのが相当である。したがって、経済的損失が填補される以上、原告に金銭的評価が可能な精神的苦痛による損失は認められない。」と判示した。しかし、代金返済は、特定商取引に関する法律に違反した効果であって、一連の訪問販売自体が精神的な苦痛を与えており、慰謝料の請求は別個に評価されるべきである。東京地方裁判所平成16年12月20日判決参照。

(58) すでに工事は完了しており、原状回復が認められなければ、残された浄水システムが新たなトラブルを起こすことになるが、この問題はどうなるのであろうか。また、業者の責任の限度が、代金の返済だけで済むのならば、このような悪徳商法の抑止効果はまったくない。

四　訪問販売法――イギリス・アメリカ

欧米諸国の法制度との比較

国名 (法律名)	適用対象		期間		権利行使の方法	クーリング・オフ用書面送付の要否	抗弁権の切断に関する規定の有無	消費者信用との関係 その内容			注　記
	取引形態	商品・役務の種類	日数	起算日				手形等の規定	クレジットカードの規定		
日本 (訪問販売法)	a b c	c	4	c	a	c	無	―	―		上段は訪問販売のクーリング・オブについての連邦取引委員会規制。下段はコロンビア地区消費者保護法。①小切手の振出は可。
アメリカ　連邦法	a, c	a	3 3	a a	a(10ポ以内大活字) a	a(2通) a	無 有	― a①	― c		①ニュー・メキシコ以外の49州では上段は統一法典、下段はニュー・ヨーク州(統一法典なし)を示した。①小切手の振出しは可。②小切手の振出中の振出を禁止。
州法①	a, c a	a a	3 3	a a	a(10ポ以内大活字)	b a(正副2通)	有 無	a② ―	b ―		
EC指令	a	a	7以上	a	a	b①	無	b②	c		①各加盟国の国内法によりよりとすることを義務づけている。②クーリング・オフ期間中の振出を禁止。
イギリス (消費者信用法)	a	a	5① 14	b の翌日① またはcの翌日 aの翌日	a	c②	有	b③	c		①規制契約であって、売主の書面送付が要求される場合。②契約により、または小切手も銀行以外の者への振出は禁止。
ドイツ (訪問販売法案・オーストリア) (消費者信用法)	a, c a, c	a a	14 7	c① c②	a a	c c	無 有	― b	― c		①特別の書面による告知。②特別の書面による告知。消費者の署名必要。
フランス (訪問販売法)	a	a	7	a	a	c	無①	b②	c		①別法・消費者信用法によって売買契約と与信契約の相互依存化がはかられている。②クーリング・オフ期間中の手形等対価相互受領の禁止。信用供与を伴う場合には消費信用法によって手形利用が禁止されている。

a. 訪問販売　a. 取引日または　a. 書面(はハガキ)　a. 書面主義　a. 禁止　a. 禁止
b. 通信販売　b. 契約書に署名　添付　b. 方式主義　b. 制限　b. 制限
c. マルチ販売　した日　b. 文例の開示　　c. 関連規定　c. 関連規定
a. 物品および　b. 契約書を受け　c. なし　　　　なし
役務　取った日
b. 物品一般　c. 解除権の告知
c. 指定商品　　を受けた日

五　マルチまがい取引の法規制

Ⅰ　日本と外国のマルチの定義

　本節の主題はマルチ取引の法規制のありかたを諸外国の例を参考にしながら検討することにある。「マルチ」という用語の概念が必ずしも明瞭ではないので、「マルチまがい取引」（ただし、いちいちマルチまがいと呼ぶのはわずらわしいので、本章では一般にマルチ式取引という）にまで広げて論じることにした(1)。

　日本の法律では、「無限連鎖講」と呼んで、「一定額の金銭を支出する加入者が無限に増加するものであるとして、先に加入した者が先順位者、以下これに連鎖して段階的に２以上の倍率をもって増加する後続の加入者がそれぞれの段階に応じた後順位者となり、順次先順位者が後順位者の支出する金銭から自己の支出した額を上回る額の金銭を受領することを内容とする金銭配当組織をいう」という定義を与えているものが、ほぼマルチに相当する(2)。

　これは、通常、「ねずみ講」と呼ばれている。マルチは、人の輪がピラミッド型に何段階にも層をなして広がっていく点に注目した呼称である。日本の法律の定義では、「金銭」の支出が要件となっているが、諸外国の法律では、後に見るように、金銭だけに限られていない。本章の主題に関する立法例は、イギリスやフランスなどでも見られるが、ヨーロッパでもマルチ式取引は、アメリカ型の取引方法であると理解されているようであり、ここでは主にアメリカ法を参考にすることにした(3)。

(1)　フランスでは、雪玉式販売と呼ばれ、ドイツでは、ヒドラシステム（Hydra system）、ゲラシステム（Gella system）、雪崩取引（Lawinengeshaefte）などとも呼ばれているが、ヨーロッパ（イギリスを含む）では、一般にピラミッド販売（pyramid selling ; Pyramidengeshaefte）と呼ばれる

ことが多い。アメリカでは、マルチ販売、マルチ・レベル式市場開発、連鎖式販売、無限連鎖式販売、連鎖紹介販売、紹介販売、ピラミッド式売買機構など、いろいろな用語が使われている。しかし、用語のちがいは規制の視点のちがいを示すものであって、法的規制の対象となる取引は、ほとんど同一であると思われる。
(2) 無限連鎖講防止法第1条。ちなみに、この法律は最近改正され、適用範囲が多少広げられた。
(3) 諸外国の法律を正確に紹介した適切な文献がないので、昭和60年度経済企画庁委託調査「マルチ・マルチまがい商法に関する消費者被害と取引の実態等に関する調査報告書」を参照した。

II 紹介者への「礼」と価格の問題

マルチ式取引の一つの特徴は、物品ないし役務（以下、商品という）の売買のときに、あるいは組織の会員となった後に、将来、客ないし会員になってくれる者を紹介したことに対し、一定の「礼」が支払われることにある。例えば、甲が乙という友人を会社ないし組織に紹介し、乙がその商品を買ったときに、甲に一定の礼が支払われたとしよう。この場合、甲が友人を紹介すること自体は、法律上問題とならない。また、甲に対し礼が支払われることも、法律上問題はない。しかし、甲が最初から礼を受け取ることを念頭において取引をした場合には、事情が少しちがってくる。

本来、商品の買い主は、商品に対し、厳しい批判の目をもっていなければならない。しかし、実際には商品について不十分な知識しかもたず、たとえ不満があっても、甲が乙に商品の購買を勧誘するとき、礼の支払いを期待しているために、商品の悪い面を隠すことになる。甲が紹介する人数が増えれば、この傾向が一層強くなる。買い主は売り主と利害が対立するはずであるが、甲は売り主にとって極めて好都合な協力者となっている。マルチ式販売の組織では、買い主が次々と会社の販売協力者となっていくので、商品について専門的知識をもたず、責任を負う能力のない者が中心になって販売活動が行われることになり、買い主の立場にいる者のリスクは大きい。

五　マルチまがい取引の法規制

　さらに、価格の点にも問題がある。売り主の側で礼を当然支払わなければならないのであれば、最初からその額を必要経費として計上し、商品の価格にその分を上乗せしているはずである。例えば、1,000円の商品を甲が買い、乙を含めて5人の友人を紹介し、合計1,000円の礼を受け取ったとしよう。この場合、乙に対しては1,200円の価格にしなければ、採算が合わない。さらに、乙が紹介した丙が商品を購買したことについても、甲が礼を受け取るのであれば、価格はどんどん高くなっていくはずである。実際には、商品の販売価格はどの段階でも同一にしているであろうから、結果として、普通の価格より多少高めに設定される。一見、価格には問題がないように見えるのであるが、マルチ式販売組織には甲、乙、丙の間で明らかな差別的な取り扱いがなされており、不公正な取引であると言える面がある。特に会員制になっていて、会員が一定の義務を負わされる場合はそうである[4]。

　アメリカの多くの州の法律は、このような紹介販売を規制している。それは、甲のような者には商品について責任を負う能力がないであろうし、会社が甲の行為について責任を引き受けないであろうから、結局、商品の買い主が泣き寝入りさせられることになりかねないからである。アメリカの連邦法によれば、不公正な取引として行政規制の対象となるであろうし、取引の際に一種の証書が作成されていれば、投資契約として証券取引法の違反も問われうる[5]。多くの事例では不実表示があることは明瞭であり、取引の解除が認められることは言うまでもない[6]。なお、ここでは対価として支払われるものを「礼」と呼んだが、これは金銭に限られない。多くの立法例では、手数料、相殺式手数料、ボーナス、返礼、割引、配当金または一切の約因ないし利益を含むものとされている[7]。

　(4)　実際の事例では、毎月一定額を会費として支払うとともに、紹介した者が支払いを怠るときに、その分の引き受けを義務づけられることが多い。
　(5)　不公正取引について、アメリカの公正取引委員会法第5条参照。また、投資契約について、証券取引法に関するSEC v. Koscot Interplanetary,

249

8 消費者保護法

Inc., 497 F. 2d 473（1974）（化粧品等のマルチ販売組織）、SEC v. Glen W. Turner Enterprises, Inc., 474 F. 2d 476（1973）（金もうけ教室の組織）などの判例を見よ。

(6) 37州が紹介販売を禁止する規定を置いているが、ここでは、州の立法モデルとして有名な統一消費者信用法の規定を引用しておこう。

　第3-309条は、「消費者信用売買または消費者賃貸借に関し、割戻、割引またはその他の利益の取得が、消費者または賃借人が売買または賃貸借に合意したときより後に生じる出来事にかかっている場合には、消費者または賃借人が売主または賃貸人に対し、将来、消費者または賃借人となりうる者の氏名を教えたこと、またはその他の方法で、売主または賃貸人が、他の者と売買もしくは賃貸借を行うことを援助したことの代償として、売主または賃貸人は、消費者または賃借人に対し、割戻もしくは割引を与え、もしくはそれを与える旨の申込みをし、または、その他の方法で、売買もしくは賃貸借を誘引するため、消費者または賃借人に対価を支払い、もしくはその支払をする旨の申込みをしてはならない」と規定し、これに違反した契約は、当然に契約を解除でき、受け取った物品または役務は、無償で保有できることと定めている。

　この規定は、消費者信用取引について定めたものであるが、これを採用した州法では、その他の取引についても同じ規制を置いていることが少なくない。アリゾナ州、ニュー・メキシコ州など。

(7) 例えば、マサチューセッツ州法（Mass. Gen. Laws Ann. ch. 93, sec. 69）。

Ⅲ 「刑事責任」の二つの問い方

　マルチ式販売の場合、紹介しなければならない人数が2人以上であり、紹介された者に関して紹介者が一種の保証責任を負わされることが多い。第2段階から第3段階へと加入者の層が広がると共に、利益が得られるという夢も広がり、マルチ式販売の組織が活気を帯びてくる。しかし、第4段階あたりまで層が広がると、それ以上は加入者を勧誘することが困難になり、トラブルが起こり始める。そして、組織全体がやがて行きづまり、深刻な被害が生まれる。これまでの多くの被害事例の分析から、マルチ式取引の場合には、

250

五 マルチまがい取引の法規制

定型的にこのようなことが生じるといってよい。そこで、いくつかの立法例では、かかる取引を犯罪と定め、刑事的に取り締まっている。

　刑事責任を問うことについては、二つの考え方がある。その一つは、マルチ式販売をとばく罪とするものである。例えば、甲が紹介した乙がさらに丙を紹介し、この丙が商品を買ったときに、甲が利益を受けるのであれば、それは偶然による利益であるといわざるをえないので、本質的にとばくと同じであるとする考え方である。実際、被害の実態は、とばくの被害とよく似ている。この立法例はフロリダ州に見られるが、この法律は、マルチ組織の会員になる者に適用されるので、予防的効果をねらっていると思われる[8]。

　もう一つの考え方は、詐欺罪を適用するものである。詐欺罪の場合、相手方を欺罔してまたは騙して利益を得ることが構成要件となっているが、マルチ式取引に関しては、この証明がしばしば困難である。

　例えば、甲が乙を勧誘するとき、甲は利益が得られると信じているからこそ乙を勧誘しているはずであり、「会員になるともうかる」と甲が乙に対して言ったとしても、乙を騙したことにはならない。販売組織の参加者は、利益が得られるものと信じたから参加したのであって、乙・丙についても同じことがいえる。

　また、支払われた金銭に対し、会社側は商品を約束通り渡しているので、会社の責任を問うこともできない。しかし、これまでの数多くの経験から、われわれはマルチ式販売が行きづまるであろうということをよく知っており、多くの犠牲者を目のあたりにして、その機構に反社会性があることを十分に認識している。少なくともマルチ式販売組織の発起人ないし会社側は、このことをよく知っていてマルチ式販売を行っている。

　そこで、例えばアリゾナ州法では、発起人ないし会社の責任者は詐欺罪を犯したものと擬制し、厳しく処罰することと定めている[9]。被害の実態を見ると深刻なものが多いので、20年以下の懲役または2万ドル以下の罰金という、日本よりもはるかに厳しい刑罰になっている[10]。この立法例が、マルチ式組織を作る者を主たる規制の対象としていることは疑いない。

8 消費者保護法

　最後に、これはアメリカ以外の国ではきわめてまれであるが、厳密な意味での刑法理論を利用することはせず、一種の行政罰を定めて特別の行政機関に違反を監視させる立法例が見られる(11)。このような法制の利点は、簡略な手続きにより事件に迅速(じんそく)に対処できることにあるが、行政の費用が余分にかかるということと、最終的な司法解決には必ずしも役立つものではないということが、しばしば指摘されている。

　(8) Florida Stat. Ann. §§849.09 and 849.091. 刑法によりマルチ式取引を規制する州は10州以上あるが、組織の発起人または会社の責任者は、とばく開張罪に問われ、5年以下の懲役または5,000ドル以下の罰金に処せられるものとされることが多い。また、本稿で例としてあげた甲のような立場にいる者が、組織のことをよく知っていてとばく罪に問われるときは、フロリダ州法では、1年以下（再犯は10年以下）または5,000ドル以下の罰金に処せられる。
　(9) Arizona Rev. Stat. Ann. §§13-2310, 13-2311, 44-1731(3).
　(10) アリゾナ州法の場合にも、「詐欺的な機構を作った者」だけでなく、「詐欺的であることを知りながらその事実を隠して協力した者」や「参加者」も処罰することとしている。協力者は5年以下の懲役もしくは5,000ドル以下の罰金またはその両方に処せられ、また参加者は1年6月以下の懲役に処せられる。
　(11) アラスカ、ジョージア、イリノイ、ケンタッキー、メアリーランド、ニュー・ハンプシャー、ニュー・メキシコ、サウス・ダコウタ、ユータ、ワイオミングなどの諸州がその例である。

Ⅳ　巧妙な取引の組織

　マルチ式取引の組織は、法律上様々な観点から検討したうえで作られていることが多く、非常に巧妙に作られている。従って、具体的な事例を見てみると、一つ一つ異なった要素を含んでおり、法律上説明すべき論点は多岐にわたる。しかし、本稿では、紙面の制約からもきわめて基本的な見方を解説するのみにとどめざるをえない。とくに被害を防止する責任を負う人たちに

五　マルチまがい取引の法規制

とっては、具体的な事例において、何を証拠として規制することができるか、ということが一番の関心事であろうが、残念ながら諸般の事情から、今回はこの点に触れることはできない(12)。足りないところは、何らかの形で別稿によって補足させていただくことにしたい。

(12) 前掲注(3)の報告書は、未整理の部分が多く、専門家以外の人たちには利用しにくい文献ではあるが、数多くの立法例および判決例が、日本の具体的な被害の実態とあわせて解説されており、この要望に多少はこたえうるものであろう。

253

六　消費者信用情報の取扱いとプライヴァシー保護

I　序　説

　英米では消費者信用がいわゆる法制度上の承認を受けてから久しくなる。アメリカでは「消費者信用保護法（連邦法）」が1969年に制定され、その後にいくつかの立法が追加された[1]。またイギリスでは、1974年に「消費者信用法」が制定され、公正取引局長がその取引の規制に当たってきた[2]。しかし、最近になって金融事情が大きく変わり、消費者信用の法制も、いくつかの側面から再検討されている[3]。ここでそのすべてを論じつくすことはできないので、わが国でも早急な立法措置が必要であると思われる消費者信用情報の取扱いとプライヴァシー保護の問題に関する部分にかぎって、主にアメリカ法の現状を紹介しておきたい[4]。

(1) この法律は、月刊クレジット252号-269号（1978-79年）に全訳されている。アメリカ法に関しては、州法も重要であるし、諸法の関係が複雑であり、多少の説明を要するが、とりあえず訪問販売と関連してそれらを説明したジュリスト808号（1984年）21頁以下［本書225-245頁］を見よ。なお、1969年の立法に続いて付加された立法および関連のある諸法律は、後掲注(4)に引用する調査報告書にも概説されている。
(2) この法律も、月刊クレジット207号-283号（1979-80年）に全訳されている。この法律に含まれる諸原理およびその実施状況は、Borrie, The Development of Consumer Law and Policy—Bold Spirits and Timorous Souls (1984)に説明されている。ちなみに、イギリスではコンピューターによる個人情報処理に関するData Protection Actが1984年に制定されたことも、ここに付記しておこう。
(3) 消費者信用取引が増大していることの主な原因としては、消費者の購買力が相対的に低下したことと、売主の側の競争のためにそれがいっそう助長されるようになったことがあげられる。例えば、自動車会社は、生産台

8　消費者保護法

数を増大して一定のところまできており、本業においてもかなりの収益をあげているが、同時に、独自のクレジット販売システムを作り、実質的に金融業をも営むようになった。自動車会社にとって月賦販売を行なうことにより、客との間に永続的な関係を維持できるし、契約書に記載された情報によって、潜在的な客を容易に見つけることができるという利点もある。さらにまた、クレジット・カードの発達、銀行のPOSなどの新しいデバイスの利用が競争をいっそう激化させ、問題を複雑なものにさせた。アメリカの金融事情について、ゴレムベ゠ホーランド（馬淵訳）『変革期のアメリカ金融制度——自由化への道』（1984年）、および、伊東゠江口『アメリカの金融革命』（1983年）参照。高成田『米国マネー革命最前線』（1985年）は、金利自由化、コンチネンタル銀行の倒産、CCCSの消費者保護活動などの実情を説明している。

(4)　消費者信用に関する最近の立法の動きの中でとくに注目すべきものは、金利規制の廃止と開示要件の単純化である。ヨーロッパ諸国でも消費者信用の法制の整備作業が進められている。ECも消費者信用に関する指令案を公表した。これらの動向は、経済企画庁委託調査「消費者信用の適正化に関する総合調査」（昭和60年3月）（フランス法は島田和夫氏、ドイツ法は栗田哲男氏、アメリカのコンピューターによる取引規制は岩原紳作氏が、それぞれ調査に当たった）に紹介されている。消費者信用取引の適正化のためには、契約条件の開示がとくに重要であるが、Anderson Bros. Ford v. Valencia, 452 U. S. 205（1981）において、連邦最高裁判所は、開示要件の単純化は消費者が契約条件をよりよく理解するのに役立つものでなければならないと判示している。*Cf.* Ford Motor Credit Co. v. Milhollin, 444 U. S. 555（1980）.

II　プライヴァシー保護の必要性

具体的な事例をまず一つ取り上げることにしよう。先日、某都市銀行から、「あなたの口座にはガス器具の代金の引き落としに必要な預金が不足していますからご入金ください。満期日から損害金が加算されますし、2月以上延滞されますと、銀行協会の個人信用情報センター(5)に報告されます」と印刷された手紙がきた。忙しいときだったので深く考えることなく翌日に支払

六　消費者信用情報の取扱いとプライヴァシー保護

いを済ませ、夜になってから預金通帳を見てみると、実は問題の代金は既に引き落とされていた。翌日その銀行に電話をしてみると最初は迷惑そうな口ぶりであったが、途中で電話の相手が信頼できると分かったらしく、ともかくその日のうちに銀行の人がタオルを１本もって詫びに来た。コーヒーを入れながら話をきくと、個人信用情報センターの単純なタイプミスのために起こった事件であることが分かった。さらに、その銀行員が比較的若い人であったせいか、おそらくは照れ隠しのために、督促状の真の名宛人であるべき人（ここでは井上某氏と呼ぶことにする）の家庭の事情を話していった。そして、直ちにその間違いが訂正されるはずであったが、奇妙にも翌週に同じ手紙が届いた。

　この実話は、プライヴァシー(6)保護に関するいくつかの問題を提示している。例えば、もし問題の督促状が、同じ社宅内に住んでいる井上某氏の上司の家に送られ、それによって井上某氏が不利益を被っても諦める以外にないのであろうか。請求代金のタイプミスのために預金が全く空になってしまったという場合でも、客の側はその不都合を認容しなければならないのであろうか(7)。銀行に電話をしたときに、もし銀行の女の子が相手を信頼できると思ってくれなかったならば、井上某氏の事件はいまごろどうなっているであろうか。

　先の事件には、さらに二つの重要な問題が含まれている。第一に、２月たたなければ個人信用情報センターに知らされないはずであるのに、同センターのタイプミスによって井上某氏の事件がなぜ起こりうるのだろうか。第二に、井上某氏のプライヴァシーが侵害されているのに、当人には全く知らされないだけでなく、このままでは知りうる可能性さえないということである。先に取り上げた事例はガス器具の代金の支払いという単純な事例であったから、比較的容易に解決することができたが、サラ金の支払請求の事例ならばもっと深刻な問題となったかもしれない(8)。

　アメリカでは、このような問題に対処するため、消費者、与信者、情報機関の諸利益のコスト・ベネフィットを考慮し、次に説明するような法システ

257

8 消費者保護法

ムを採用している。

(5) これは銀行協会によって設置された信用情報機関であって、多重債務の防止など「銀行の与信業務の円滑かつ健全な発展に資すること」を目的としている。アメリカでは、TRW, Credit Data, Trans Union, Credit Bureau Inc. など大小約2,000の情報機関が存在しているといわれるが、わが国では、現在のところ、先の個人信用情報センター(東京、大阪、名古屋)のほか、割賦販売協会の信用情報交換所などいくつかの情報機関がその主なものである。健全な消費者信用取引は、消費者の信用適格、信用状態、信用能力などの総合的な評価に基づいてなされるべきであり、一般的にはこれらの機関が信用取引の適正化のために役立っていると思われる。

(6) プライヴァシーは多義的な用語であるが、ここでは「(とくに間違いの)情報の利用によって平穏な生活を妨害されない権利」または「不利な情報を他人に不当に知られない権利」とでも定義しておこう。ちなみに、キャリフォーニア州では、この権利は憲法の明文によって保護されている。プライヴァシーの意味について、詳しくは、前掲注(4)委託調査報告書29-33頁参照。

(7) この点は、岩原紳作氏が強調しておられる論点の一つである。前掲注(4)委託調査報告書40頁を見よ。

(8) 例えば、職場へ電話をしたり、他の方法による間接的な強制が行なわれることになろう。ちなみに、アメリカでは、このような督促は原則として禁止される。健全な消費者信用取引による支払の督促は手紙のみによってなされ、それでも支払われないときは、正式の訴訟が行なわれるという。健全な取引と悪質なサラ金と区別する一つのメルクマールはこの点にあると思われる。

III アメリカ法の関連法規の説明

消費者信用情報の取扱いに関するアメリカ法の考え方のなかで最も重要なものは、消費者に不利益なことがなされるときは、その事前の通知をその者に与え、その理由を示さなければならないとするものである。例えば、クレジット・カードのシステムで認められるキャッシング・サービスを事前の通

六　消費者信用情報の取扱いとプライヴァシー保護

知なしに停止させれば利用者に不当な不便を負わせることになるので、クレジット会社は損害賠償の責任を負わされる。クレジット・カードの利用申込みの拒否についても、会社側に契約を承諾しなければならない義務は全くないにもかかわらず、この場合にも拒否理由（情報源を含む）を示すことが要求されている。割賦販売契約が拒否される場合も同じことが要求される。この原則は、消費者のプライヴァシー保護のために、重要な機能を果たしている[9]。

アメリカ法の法規制は、もちろんこれだけに限られるものではない。その他の点では、まず第一に、情報の集め方について次のような規定を定めている。消費者信用保護法第606条は、消費者の「社会的評判、個人的特性および生活様式等」に該当する情報を含む調査がなされるときは、その旨を当該消費者に「明瞭かつ正確に知らせること」を義務づけている[10]。消費者報告機関（以下、情報機関という）は、その報告書の作成後3日以内にその写しを当該消費者に送付し、受理した日から5日以内にそれについての説明を求めることができる旨を知らせなければならない。そして、同法第607条が、情報機関に対して「最大限度の正確性を確保するために合理的な措置をとること」を義務づけているから、情報機関が情報の正確性を証明する責任を負っている[11]。

第二に、集められた情報の保管・管理についてもいくつかの規定をおいている。同法第605条は、古くなった情報の提供を禁止している。その期間は通常7年とされているが、消費者に不利益な情報は、3月以内に限られる[12]。情報の内容に争いがあるときは、情報機関が再調査をしなければならないが、それが正確であると判断するときは、消費者に100字以内の反論をさせて、それを併記して情報を提供することになる。

第三に、情報機関の保有する情報を利用できる者が特定されている。同法第604条は、㈠ 裁判所（その命令による場合）、㈡ 消費者本人、㈢ 消費者信用取引の目的、雇用の目的、信用取引に関する保険の目的、行政上の目的のための利用だけに限定している[13]。行政上の目的のために利用するとき

259

8 消費者保護法

は、行政機関が法律上の根拠を示し、情報機関が合理的に利用されるであろうと確信できる場合に限られる。このように、信用情報の取扱いには高度の専門的判断を要求されるので、「訓練された職員」を情報機関に置くことも法律上義務づけられている。

　情報機関が過失によって法律に違反したときは、現実の損害の賠償をし、裁判所が認めるときは、合理的な弁護士報酬および訴訟費用を支払わなければならない[14]。故意による違反の場合は、さらに裁判所の認める懲罰的損害賠償をすることになる[15]。いずれの場合にも出訴期限は責任発生日より2年と定められているが、クレジット・カードの場合には、これと異なる期限が認められる可能性がある[16]。

(9)　このシステムは、消費者が自己に関する情報に間違いがあることに気付きうる機会を与える。前掲注(4)委託調査報告書26-27頁の説明および拒否の通知様式の見本を見よ。そこにのべられているとおり、消費者信用の差別的取扱いは、消費者信用保護法第7編によって禁止されているが、そのシステムはこの目的のためにも役立っている。クレジット・カードの申請が拒否された事件に関して、Stewart v. Credit Bureau, Inc., 734 F. 2d 47 (1984) を見よ。

(10)　情報収集の目的を偽って情報を集めることも当然違法とされる。Boothe v. TRW Credit Data, 557 F. Supp. 66 (1982) 参照。

(11)　会員から送られてくる情報が正確にファイルされているというだけでは不十分であって、それだけの理由で略式判決を下すことは許されない。苦情の内容に対応しうる調査ができる仕組みになっていなければならない。Koropoulos v. Credit Bureau, Inc., 734 F. 2d 37 (1984).「合理的な措置がとられているか否か」は、陪審が判断する問題である。Bryant v. TRW, Inc., 689 F. 2d 72 (1982). 連邦取引委員会は、消費者信用情報を三つに分類し、消費者に対し不利な情報を集めることを社員に奨励する制度は第607条の趣旨に反するものとして、廃止命令を出した。この命令は第11巡回区上訴裁判所によって部分的に修正されたが、基本的には支持された。Equifax Inc. v. F. T. C., 678 F. 2d 1047 (1982).

六 消費者信用情報の取扱いとプライヴァシー保護

(12) 情報機関が保有している情報は、一般的には、社会保障番号（social security number)、住所、電話番号、正しい姓名、配偶者の名前、年収、職場、信用の利用状況、現在の債務、犯罪歴、破産歴、租税法上のリーエン（担保）、訴訟への関与などであるといわれている。自動車免許、医師等の職業免許、国民保険等の給付利益の有無、病歴、学歴、失業歴、生年月日、婚姻記録と家庭状況、パスポート、金融機関の取引先などの情報も含まれることがあると聞く。情報源としては、保険会社、職業斡旋所、病院、信用相談所、銀行、学校、自動車販売業者、通信販売会社、テニス・クラブ等の団体、教会などが利用されることが多いという。裁判所は、情報機関が保険会社に与えた「原告は悪人（felon）である」という情報は消費者にとって不利益な情報であり（Thomas v. Equifax, Inc., 236 S. E. 2d 154 (1977))、当人への通知が必要であると判示した。債務の弁済がなされていないという事実は、通知を必要とされないので（Johnson v. Beneficial Finance Corp., 466 N. Y. S. 2d 553 (1983))、この情報に基づいて取引が拒否されたときに、はじめてこの事実を知ることとなり、間違いがあればこの時点で争われることとなろう。

(13) 情報機関が利用者の身分を確かめ、利用目的を確認することが義務づけられている。行政上の目的のために利用された事例として、Hoke v. Retail Credit Corp., 521 F. 2d 1079 (1975) (医師免許の申請の審査のために利用された事件) 参照。不当な目的のための利用とされた事例として、Heath v. Credit Bureau of Sheridan, Inc., 618 F. 2d 693 (1980) (労働組合の組合員のみせしめのために使われた事件)、および Hansen v. Morgan, 582 F. 2d 1214 (1978) (選挙の目的のために利用された事件) 参照。

(14) Thompson v. San Antonio Retail Merchants Ass'n, 682 F.2d 509 (1982) では、被告のコンピューターのなかに、小売店等から送られてくる情報が自動的に保存されるシステムが採用されており、会員は保存された情報を利用できるようになっていた。原告は、ガソリン・スタンドのクレジット・カードを申し込んだが、被告の保存していた情報のために拒否された。社会保障番号が間違ってコンピューターに打ち込まれていたので間違った情報が混じっていたことが分かり、第5巡回区上訴裁判所は、被告の過失を認めて1万ドルの損害賠償と4,485ドルの弁護士報酬の支払いを命じた。但し、この1万ドルは、原告の受けた恥辱と精神的苦痛に対する

261

8 消費者保護法

慰謝料として裁判所が認めた額であり、実質的には懲罰的損害賠償と同じであると思われる。

⒂　Bryant v. TRW. Inc., 689 F. 2d 72（1982）では、小売店等から送られてくる情報をコンピューターに打ち込み、データ・バンクが作られていて、その打ち込みが正確になされたか否かについては事後検査が行なわれていた。原告が住宅ローンを申し込んだところ、そのデータ・バンクの情報のために拒否された。原告が情報の間違いに気付き、訂正を求めたが、被告は調査を約束しながら誠実な調査を行なわなかった。第6巡回区上訴裁判所は、故意の違反を認めた。Kiblen v. Pickle, 653 P. 2d 1338（1982）では、歯科医であった原告が疾病を理由として高額の保険金を受け取っていたが、保険会社は疑問に思うところがあり、被告探偵社に調査を依頼したところ、拳銃の売買によって所得を得ていることが分かったが、それを告知していなかったので保険金の支払いを停止した。ワシントン州最高裁判所は、この場合にも探偵社が消費者信用法に基づいて調査の事実などを原告に知らせる義務があることを認めた。但し、本件では、別の法律上の論点により、原告を敗訴させた。

⒃　2 ALR 4th 677（1982）参照。この評釈者（D. T. Landis）は、10年とされる可能性が強いと考えている。*Cf.* UCC §2-725（4年の出訴期限を定めている）。

Ⅳ　検討すべき課題

1980年頃にはアメリカの商業銀行が消費者金融にも進出し、その50パーセント以上の市場を支配するようになり、その他の金融機関（例えば保険会社）もこれに加わり、消費者信用取引の市場競争は、ますます激しさを見せている。先に紹介したアメリカの法制度の背後にこのような状況があることは事実であるし、アメリカ人の倫理観とも無関係ではない[17]。アメリカ法の考え方が日本でも直ちに通用するかどうかは慎重な検討を要するところであるが、日本でも消費者信用取引が急速に増えており、近い将来、類似の問題が起こるであろう[18]。そして、検討すべきことは、次のような点にあるといってよかろう。

六　消費者信用情報の取扱いとプライヴァシー保護

　第一に、個人情報に最も敏感であるのは本人であり、情報が正確であるか否かを最もよく知っているのも本人である。そこで、消費者自身が、自己の情報がどこにあり、どのような内容が含まれているかを、できるだけ早く知りうるようにさせるにはどうしたらよいかである。第二に、情報の間違いに関する争いについて、いかなる簡便な方法でそれを解決できるかである[19]。第三に、情報の不当な利用を防止するために何ができるかである。そもそも消費者信用取引は個人的な性質のものであるから、プライヴァシー保護のための法的システムができあがるまで、職場への電話連絡を禁止して書面連絡を原則とさせるなど、被害を最小限にとどめるための適切な措置がとられるべきであろう[20]。

- [17] イギリス人の金貸しについての倫理観が、古典的名著の一つである R. H. TAWNEY, RELIGION AND THE RISE OF CAPITALISM〔Pelican Book〕(Rep. 1980) に説明されているが、これはアメリカ人の倫理観の理解にも役立つであろう。
- [18] わが国における消費者信用の利用状況は、金融問題研究会「我が国における消費者信用のあり方（付属資料）」（昭和59年3月27日）に詳しく説明されている。将来の見通しについて、立脇和夫『金融大革命―アメリカから日本へ』（1982年）も見よ。
- [19] 本章は、消費者のプライヴァシー保護の観点から書かれているが、保護システムを悪用する消費者がありうることも当然考えられることであり、与信業者、情報機関、消費者の三者の利益が適切に調整されるべきである。
- [20] アメリカ法のもとでは、法律の明文によって具体的にいくつかの行為が禁止されているほか、州のコモン・ローにより名誉毀損やいやがらせの不法行為責任を問われうる。

9 アメリカ著作権法の歴史的展開

一 序 説

　著作権法ほど法理論が不確定な法領域は外にないのではあるまいか。著作権法は、さまざまな利益団体の政治的圧力の影響を受けて、政策的考慮に基づいて創られた法律であり、純粋な論理が貫徹されている法律ではない。ゴールドシュタインの最近の著作によれば、国際的な画一性をめざして数多くの努力がなされてはいるが、まだそのプロセスは完成してはいない。この法領域には、第一に、複写権 (copyright) と著作者権 (author's right) という２つの伝統の対立が見られる[1]。前者は、イギリス法の伝統であり、後者は、ドイツ、フランスなどの大陸法の伝統である。イギリスにおいて著作権法が作られたのは1710年であるが、この法律は、印税を支払うことによって書籍の排他的出版権を取得することを許すシステムを導入したものである[2]。他方、フランスでは市民革命による近代化の後、1793年に最初の著作権法が制定されたが、この法律は、著作者の許可を得ないでその著作を出版するのを禁止したものである。ドイツでは、19世紀になってから著作権法が登場することとなったが、この法律は、著者の死後、一定期間のあいだその著者の著作物の再製を禁止したものであった。これらの大陸法の著作権法は、ギールケの自然権論によって説明されるものであるという[3]。

　著作権とはいかなる性質の権利であるか、また著作権によって保護される著作物とは何か、上述の２つの伝統から導き出される説明は、著しく異なっている。しかし、著作物は、世界各国を自由に移動する性質をもつ（例えば、わたくしは2001年10月に３本の講演原稿をもってヨーロッパを旅した）ことから、このような対立は不都合であり、かなり古くから国際条約によって統一

9 アメリカ著作権法の歴史的展開

的な規制を図るよう努力がなされてきた。1886年のベルヌ条約は、そのような努力が実を結んだものであるが、2つの伝統の間に見られる対立を論理的に統一したものではない。いわゆる政治的な妥協の産物である[4]。この条約は文学的・美術的・技芸的著作物の保護のために適用されるものであった。この後にも数多くの修正がなされ、また別個の条約が創られてきたが、現在でも、著作権法の理論が確定的なものになったとはいえない[5]。本稿の研究対象であるアメリカ法が、比較的最近に至るまで国際法に冷淡な姿勢を示してきたのは、国際著作権法がこのような欠陥をもっているためであろう。

アメリカ合衆国にとっても、著作権を国際的に保護する必要は大いにあったと思われる。それにもかかわらず、アメリカ合衆国が孤高を維持してきた主要な理由は、著作権法が1792年に制定された合衆国憲法によって規定されているために、この厳格な憲法の枠組みの制約と国際的な調和をとることが著しく困難であるということにある。また、アメリカ法は、ギールケの自然法論とは異なったものではあるが、別の自然法論を基礎としており、アメリカ法の域外適用は当然のことと考えてきたために、諸外国の法律はアメリカ法をモデルとすべきであると考えてきたものと思われる。とくに第二次世界大戦後には世界一の大国としての地位を確立し、その政治力に頼ってアメリカ法の著作権を諸外国に対して主張する事例が多く見られるようになった[6]。アメリカ合衆国は1989年7月24日からベルヌ条約を批准し、政治的な妥協を示しはしたが、アメリカ法の考えを変更したものではない。

わが国においてもアメリカ著作権法の影響が強くなってきている。しかし、わが国の著作権法は、アメリカ合衆国との不平等条約を廃棄し、国際社会に独立国家として受け入れられる条件としてベルヌ条約の批准が条件とされたために、1899年に制定された。著作者権（author's right）を論理的出発点として創られているのに法人著作が認められているし、イギリス著作権法と対立する側面をもっているだけでなく、アメリカ著作権法とも抵触する部分を内包している[7]。アメリカ著作権法の研究がなされるようになったが、そ

一 序 説

の研究は現状では不十分であるといわなければならない[8]。本章では、アメリカ著作権法がどの側面で特殊性をもっているかを明らかにし、その背後にある理論を説明することによって、日本法との抵触を解決するための手がかりを提供することを目的としたい。これを研究課題として、まず第一に、上述の憲法規定が制定されたときの立法意思を説明したい。そして、その後の歴史的展開を判例法の分析によって明確にし、アメリカ著作権法の現在の考え方を明らかにする。

(1) 児玉晴男「著作物の伝達に関する author's right の法理と copyright の法理とのシンセシス」『現代先端法学の展開』(信山社、2001 年) 441-467 頁は、無形の情報を有体化した時点から著作権を認めるということに注目すれば、大陸法系と英米法系の対立はなく、有形化される以前から大陸法で権利が認められるという相違点についても、英米法は別の法領域の法理を使って人格権を保護しており、実質的な相違はなく、ハーモナイゼーションが可能であると主張している。
(2) Caxton が印刷業を 1476 年にはじめたとき、教会は異端思想が世に広がるのを恐れ、検閲をはじめたが、この規制は、印紙税による出版許可という形で主に財政的見地から国家によってなされるようになった。Licensing Act 1694 参照。W. A. COPINGER, AND E. P. SKONE JAMES, ON COPYRIGHT (Sweet & Maxwell, 1991)
(3) ギールケは、カントの「自律」の思想に基づいて著作権を説明した。すなわち、それぞれの人間が、自分の生き方を自ら決めているのであり、著作物はその人格の表現であるから、他人の干渉を許さない自然権として著作権が存在するというのである。
(4) この条約は、1886 年に成立。1908 年 (ベルリン)、1928 年 (ローマ)、1948 年 (ブラッセル)、1971 年 (パリ) の改正を経て、現行法となっている。
(5) 斉藤博『著作権法』(有斐閣、2000 年) は、第 1 章でこの問題にふれ、前注のベルヌ条約の外、万国著作権条約 (1955 年)、ローマ条約 (1961 年)、世界知的所有権機関設立条約 (1967 年)、レコード保護条約 (1973 年)、TRIPS 協定 (1994-95 年)、WIPO 著作権条約 (1996 年)、WIPO 実演・レコード条約を説明している。そして、デジタル・ネットワーク時代に対応

9 アメリカ著作権法の歴史的展開

した規範作りが進められているという。
(6) パーソナル・コンピュータが発売された当時の IBM や今日のマイクロソフト Windows は、世界中で注目された商品であり、アメリカ合衆国は、この利権を保護しようとしたが、後に説明するように、その保護のため著作権法を利用した。後掲注(24)および(26)の立法過程における議論を見よ。
(7) 斉藤・前掲注(5)は、随所でこの違いを説明している。例えば、16 頁では、アメリカ法では「固定（fixsation）」によって権利が発生し、この固定物の複製を作成する権利が著作権であり、著作者は自然人だけに限られない、という特性を説明している。アプローチの違いについて、同 132-133 頁も参照。
(8) ラットマン゠ゴーマン゠ギンズバーグ（中山監修゠内藤訳）『1990 年代米国著作権法詳説（上・下）』（信山社、1991 年）は、アメリカ著作権法を一通り全般にわたり説明している。この文献の下巻末尾には、アメリカ著作権法の研究文献の一覧表が付されており、より深い研究のための資料を提供している。

二　合衆国憲法第 1 編 8 条 8 節の著作権条項の解釈

1　著作権条項

アメリカ著作権法に関しては、まず第一に、これが連邦法であり、州法に対し先占していることを指摘しておく必要がある[9]。第二に、合衆国法第 1 編 8 条 8 節は、「著作者および発明者に対し、一定の期間その著作および発明につき独占的権利を保護する」立法権を連邦議会に付与している。この条項は、著作権法および特許権法の論拠となるものである[10]。1790 年 5 月 831 日に最初の著作権法が制定されたが、この法律は 1710 年のイギリス法を継受したものである[11]。この法律は、書籍、地図、海図に対し、著作権者の許可無く無授権印刷、複製、出版または販売をすることを禁止したもので、この法律によって認められる著作権の有効期間は、登録の日から 14 年間（1 度更新が認められる）であった。著作権者に特権（privilege）が認めら

二 合衆国憲法第1編8条8節の著作権条項の解釈

れるのは、「学問の進歩および有益な技芸を促進する目的のため」であって、大陸法の著作権のように、著作者の人格権（自然権）として絶対的に認められるものではなかった。

1790年の法律は、1831年には、保護の期間が21年に延長された（更新は14年）。保護の範囲も、楽曲をこの改正法により追加し、さらに1856年には演劇著作物を、また1865年には写真を追加した。権利の内容については、判例法による個別的な解決に委ねられてきた。しかし、1909年に万国著作権条約を意識した著作権法が制定され、さらに1976年には、ベルヌ条約を意識した本格的な立法がなされ、著作権に関する現行法の骨格が作られた。しかし、1976年の法律の立法過程を分析したリトマン[12]が指摘するように、著作権に利害をもつ者が立法プロセスに集まり、いわばおいしそうな大きなケーキに好き勝手にナイフを入れて切り取ったような立法であり、「学問を奨励し、創造的な作品の創出」とどのような関わりをもつか理解できない。裁判所も、立法の意図するものは判例法理の追認であると述べている。また、実際上も、これまで蓄積された判例法理が、アメリカ著作権法の内蔵の部分を生成している[13]。

2 ホイートン対ペータース判決

判例法理を確立した重要判例として、第一に、ホイートン対ペータース判決[14]がある。この判決は、最高裁判所の判例集の著作権保護が争われた事件であり、一般的な事例ではないが、アメリカ著作権の性質を説明した最も重要な先例である。この事件では、ホイートンが、1816年から10年間、アメリカ合衆国最高裁判所の判例集を刊行したが、その版権をマシューに売却したが、1827年から最高裁判所の判例集の刊行をはじめたペータースは、最高裁判所が設立されたときまで遡って、すべての判例を含む判例集を出版しはじめたところ、マシューがその差し止め命令を求める訴えを起こした。その根拠となったものが上述の1790年著作法である。最高裁判所は、著作権は制定法によって創られた権利であり、制定法の要件を満たさない限り、

権利を生じないと判決した。ちなみに、この判決は、判決文そのものには著作権がないことを念のために確認している(15)。

ホイートン対ペータース判決は、著作権はアン女王の法律によって創設された権利であり、その法律によってのみ認められる権利であると判示している。コモン・ロー上の著作権については、スター・チェンバーの判例によって認められたこともあるが、その法理は同裁判所が廃止されたときに否定されており、上述のアメリカ著作権法が制定されたとき、著作権がこの制定法に規定された限度で認められる権利であるという。コモン・ロー上の著作権が州法によって認められる可能性は、否定していない。この事件では、判例集の著作権がいかなるものであるかについては論じられていない。この事件の原告は、合衆国国務省の委託を受けて最高裁判所判例集を10年にわたり出版した出版社であるが、新たに委託を受けた出版社がそれを含めた完全な判例集を編纂しはじめたときに、原告が差し止めを求めたものであり、この判決で保護された利益は出版権である。

3 ベーカー対セルデン判決およびホワイト＝スミス対アポロ判決

思想は人の内心の問題であって、それが表現されなければ著作権の保護の対象とはならない。この区別はベーカー対セルデン判決(16)で確立された。思想 (ideas) と表現 (expressions) を区別し、著作権法の保護の対象となるのは後者のみであると判決した。この事件で問題になったのは、会計帳簿の作り方を解説した書籍の著作権侵害である。この事件では、書籍の中で例示された会計帳簿のキャプションなどを真似た会計帳簿が市販され、この販売が著作権侵害に当ると争われた。しかし、連邦最高裁判所は、書籍の中に表現された思想または考え方は「公共財産 (property in public domain)」であり、保護されるのは表現のみであると判示した。

ホワイト＝スミス対アポロ事件(17)では、自動演奏のできるピアノが開発され、これが音楽家の著作権を侵害するものであるか否か争われた。自動演奏のためのミュージック・シートが作曲家の著作権を侵害すると主張された。

二　合衆国憲法第1編8条8節の著作権条項の解釈

音楽は「表現」であるが、ミュージック・シートは、楽譜を記述したものでなく、空気の通る穴の大小などによって音を復元したものであって、普通の意味では音楽の演奏とは異なる。楽譜を買ってきて音楽を演奏することは著作権の侵害にならない。禁止されるのはこの楽譜のコピーである。連邦最高裁判所は、新しい技術を用いた創作物に対し著作権を拡張することを認めなかった。この判決で、ホームズ裁判官は同調意見を書き、判決の法理の適用範囲を説明したが、この補足意見は、後のソニー対ユニヴァーサル・シティ・スタジオ判決の基礎として使われている[18]。このソニー判決では、テレビの映像をビデオに記憶し、好きなときにいつでも見るという新しい機械が、著作権を侵害するものではないと判決された。

4　フィースト出版社対ルーラル電話サービス会社判決

著作権は財産権である。しかしながら、著作権は「額に汗を流した労苦に対価を与えて報いる」性質の権利ではない。フィースト出版社対ルーラル電話サービス会社事件[19]では、被告はその電話帳の利用許可を求めたが原告に拒絶された。そこで、被告は、原告の電話帳に掲載された情報を抽出して別個の電話帳を作成した。原告側は、創造者の努力に報いる報酬の支払いを損害賠償の形で請求したのであるが、最高裁判所は、著作権の侵害を認めなかった。著作者のオリジナリティに報酬を与えるのが著作権であると判決した。

著作権を財産権であるとする考え方は、すでにホームズの補足意見の次の部分で説明されている[20]。

「財産権 (property) という観念は、有体物の確定的占有から始まり、他人の干渉を排除して多かれ少なかれ自分の好き勝手に処分する権利からなる、とわたくしは考える。しかし、著作権については、財産権はもっと抽象的な表現に到達する。排他権は、占有の下にある、または所有される対象物に向けられたものではなく、いわば空間の中にある。それがなければ、自分の好きなようにすることを妨害するいかなる種類のものも存在しないと思われる

9 アメリカ著作権法の歴史的展開

場合に、人が同一の行為をするのを制限する。それは、その権利を保持する人または当事者の有体物から遠く離れた行為の禁止である。所有者から何千マイルも離れたところで、その不法行為に自分で気づくことなく、それが侵害されうる。それは、認識され得なかった権利または限定期間内以上には存続しえない権利であるがゆえに、通説が今日合意しているように、<u>制定法の産物とした以外には、それはまず認めることのできない権利である</u>、ということをついでに付記しておきたい。」（下線、筆者）

このように著作権が財産権であるから、登録された著作権については担保権を設定することもできる(21)。

(9) アメリカ法においては、連邦法と州法の錯綜の問題を理解するのは著しく困難を極めるが、第一に、連邦著作権法は、合衆国憲法上の根拠をもっている法律であるから、州法に優先して適用されるものである点は疑いない。Sears Roebuck & Co. v. Stiffel Co., 376 U.S. 225 (1964)（州の不正競争防止法との関係）; Columbia Broadcasting System v. Melody Recording, 124 N.J. Super. 322, 306 A. 2ds 493 (1973)（海賊版のレコードおよびテープの作製・販売差止命令）; 17 U.S.C. §301 参照。

(10) 合衆国憲法第1編8条8節は、トレードマークを除き、著作権および特許権を排他的特権として一定期間保護することにより、学問を奨励し、創造的な作品の創出をうながすよう、政策立法を行なうよう連邦議会に義務づけている。Comedy III Prods., Inc. v. New Line Cinema, 53 U.S.P.Q. 2d 1858 (9th Cir. 2000) では、Lanham Act, 15 U.S.C. §§1051 et seq. を著作権法違反の抗弁のために使うことはできないと判示した。

(11) Copyright Act of 1790, 1 Stat. 124; Statute of Anne, 8 Anne c. 19 (1710). ちなみに、現在のイギリス著作権法は、Copyright Act 1956, 4 & 5 Eliz. II ch. 74 に集約されている。

(12) J.S. Litmam, *Copyright, Compromise, and Legislative History*, 72 CORNELL L. REV. 957-904 (1987).

(13) Topos v. Caldewey, 698 F. 2d 991 (9th Cir. 1983).

(14) Wheaton v. Peters, 33 U.S. 591 (1834).

⒂　イギリスでは、国立印刷局に著作権があるが、憲法慣習により放棄したものとみなされている。
⒃　Baker v. Selden, 101 U. S. 99 (1879).
⒄　White-Smith Music Publishing Co. v. Apollo Co., 209 U. S. 1 (1908).
⒅　Sony v. Universal City Studios, 464 U. S. 417 (1984).
⒆　Feist Publications, Inc. v. Rural Telephone Service Co., 499 U. S. 340 (1991).
⒇　White-Smith, *supra* note 17, at 19.
(21)　§1320(c) & (d). Republic Pictures Corp. v. Security-First National Bank, 197 F. 2d 767 (9th Cir. 1952).

三　アメリカ著作権法上の「著作者」および「著作物」

1　連邦著作権法の構造

　技術的な改正が最近数度にわたってなされてはいるが、現行の連邦著作権法の基本的な部分は1978年改正である。この法律が適用されるのは、出版（固定）された著作物に対してのみであって、まだ出版（固定）されていない著作物を保護するものではない[22]。著作権法第102条は、表現の「有体媒介物に付着されたオリジナリティのある作品」を保護することを宣明し、次節で説明する8つのカテゴリの作品を例示している。1802年以来Ⓒの記号を付着してはじめて著作権が認められたが、ベルヌ条約を批准したことによってこの形式的要件は修正された[23]。この法律改正は、これまでの慣行を否定したものではなく、外国著作物がこれに従っていない場合でも、アメリカ著作権法の保護を受けることができるようにしたものである。また、フェア・ユースの法理により、公益性のある著作物の利用は、著作権の侵害にならない（後述第4章）。さらに、著作物の登録を目的とした著作権局の設置や、新しい紛争処理の仕組みが出来上がっている[24]。

273

9 アメリカ著作権法の歴史的展開

2 保護の対象となる著作物

著作権法第102条は、(1)文学作品、(2)音楽作品、(3)演劇作品、(4)パントマイムおよび舞踊術、(5)絵画、グラフィック、彫刻、(6)映画、その他オーディオヴィジュアル作品、(7)サウンド・レコーディング、(8)建築デザインを著作物として保護することを宣明している。「文学作品」には、小説などの文学作品だけでなく、学術出版物も含まれる(25)。オーディオヴィジュアル作品は、聴視覚に訴える作品である(26)。建築の設計図も著作権保護の対象となる(27)。これらの権利は、コモン・ロー上の権利ではないので、わが国の「雲衛門事件」のように、類推によって保護の範囲を拡張することはない。コンピュータ・プログラムのような新しい表現方法が発明されると、個別的な立法によって、一つ一つ対処する必要がある(28)。

大陸法の国では、著作権以外に著作者人格権が保護される。著作者人格権は、英米ではいわゆる倫理的権利（moral rights）とよばれているが、名誉権、公表権、氏名表示権、同一性保持権、修正・増減権、撤回権などを内容とする。1976年のパリ条約第6条の2(1)は、自己の著作物を自分の意のままに処分する権利を認めている。また、自己の著作物に他人が変更を加えるのに意義を申し立てる権利を認めている。アメリカ著作権法は、これを包括的な規定によって定めているわけではないが、第106条、第106A条、不公正競争法の関連規定を類推して解釈するならば、アメリカ法においても、著作者人格権は保護されている(29)。

大陸法諸国の著作権法は隣接権も保護しており、ベルヌ条約もこの権利の保護を加盟国に義務づけている。ローマ条約第14条は、実演家の権利、レコード製作者の権利、放送事業者の権利などを保護している。アメリカ著作権法第102条（派生的権利）の「著作権」の定義の中にこれらの権利の多くが含まれている。著作権は著作物を保護するのに対し、隣接権は行為を保護する。著作権は、財産的権利として保護される。第103条は、これを補足する規定であり、編纂権・出版権などが保護される。第106条は、いわゆる複

274

三　アメリカ著作権法上の「著作者」および「著作物」

製権を規定したもので、翻訳権はこれに基づく著作権である。さらに、第106A条は、著作者に認められるattributionおよびintegrityの権利を規定したもので、上述の著作者人格権の観点から、関連する諸権利を規定したものである。

　著作権法によって保護される「著作物（writings）」が何かが、重要な問題となる。バロー・ガイルズ対サロニー判決はこの点に関する指導的判例である[30]。この事件では、オスカー・ワイルドの写真の著作権が争われたのであるが、この写真にも著作権が認められた。たしかに、写真機のボタンさえ押せば誰でも同じ写真がとれるのであるが、写真家の知的な観念（intellectual concept）を表現する目的で写真がとられ、その写真が当該写真家の作品であることのアイデンティティが認められれば、著作物である。この著作権の保護の前提条件として、アメリカ法は、第三者に対する権利の公示を要求している。

　このオスカー・ワイルドの事件は、「登録」システムおよび「創造性」の重要性を教えた事件でもあった。アメリカ著作権法は、その権利を主張する前提として、第三者に対する著作権表示（公示）を要求してきた。Ⓒの制度がその１つの方式であり、コンピュータ・プログラムなどの登録システムがもう１つの形式である。現行法によれば、第408条は、著作権局（Copyright Office）への登録により、公示の要件が満たされることを規定しているが、この登録は義務的ではなく、許容的である。また、第407条に従って国会図書館に著書やレコードを寄贈することにより、この登録にかえることもできる[31]。

　「創造性」のある著作物が著作権法によって保護される[32]。マイテック・ホウルディング対アース・エンジニアリング判決[33]では、原告は家屋建築の中に使われる主に三角形の木材の設計部品の仕様を決定するコンピュータ・ソフトウエアを登録していたが、この部品に合わせて建築工事をする会社が、同じコンピュータ・プログラマを雇い、原告の助言を得なくても自分の関係する工事設計ができる別のソフトウエアを作成した。後者が原告の著

作権を侵害したかどうかが争われたが、裁判所は、原告の創造的な部分を盗作したものではないと判示した。著作権局において著作物の登録がなされる段階では、「創造性」の評価は不可能であり、その程度は最小限（minimal level）でよいとされている[34]。

3 著作者とはだれか

一般論としていえば、著作物を最初に創造した自然人が著作者であり、その者が所有権をもつ。コミュニティ・フォア・ノンバイオレンス対リード判決[35]では、ワシントン地区の慈善団体がホームレスにクリスマスの喜びを与えるために公園に像を建てることにし、彫刻家に創作を依頼した。本件には代理関係がなく、彫刻家が著作権をもつと判示された。しかし、「所有権」について規定する第201条は、職務著作（works made for hire）の場合は、その所有権は契約により使用者（法人、パートナーシップを含む）に帰属すると規定する。大学教授の講義は、大学に帰属するものではない[36]。しかし、テレビ局との請負契約によって音楽が作成された場合、テレビ局（プログラム作成者）が著作権をもつ[37]。第二に、共同作業により作成された著作物は、全体としての著作物と区別して個々の構成部分の製作者が明瞭であれば、その製作者が著作権をもつ。第三に、同条により定義される著作権は、他人に譲渡することが許されており、譲渡により第三者が著作権を取得することができる[38]。

「著作者（authors）」は、ブライシュタイン対ドナルドソン・リトグラフ会社判決[39]において、個人であることが認められた。この事件では、広告代理店のデザイナーが作成したリトグラフの試作品を会社が勝手に利用し、サーカスの広告ポスターとして売ってしまった事件である。もちろん広告にはサーカスの名前などが付加されていたが、絵の部分が社員の作品であった事件である。合衆国最高裁判所は、会社の中で作成された作品であっても、著作権譲渡契約によって移転された場合は別として、著作権は個人に認められる権利であり、一般的雇用契約だけでその移転を受けたものとはいえない

三　アメリカ著作権法上の「著作者」および「著作物」

と判決した。

　共同著作権について、演劇講演の事例を想定しよう。たとえば、シェイクスピアが「ロミオとジュリエット」という戯作については、シェイクスピアが死亡した後数百年が経過しているので、その著作権は消滅している。しかし、この戯作を劇場で上演されるとき、演出家による解釈によってさまざまなメッセージが観客に伝達されるのであり、この表現に対し新しい著作権（実演権）が認められる。この権利は日本法では隣接権であるが、アメリカ法では普通の著作権で保護される。類似の権利として、音楽、映画、放送などの権利がある[40]。これらの権利の１つの特徴は、著作権者が通常多数からなるということである。このように多数の権利者が同時に存在する場合には、演劇家協会が個々の著作者に代わって、その権利を保護することになる。

(22)　Ferris v. Frohman, 223 U.S. 424（1912）は、イギリスのコモン・ロー上の上演権を保護した指導的判例である。州のコモン・ローについても、同様の扱いがなされるものと思われる。放映まえの試写会や未公表の講演は、連邦法の「出版（固定）」には該当しないが州法（コモン・ロー）の保護が及び得る。

(23)　小野昌延『知的所有権［第５版］』（有斐閣、2000 年）124-5 頁は、「アメリカは、方式主義のためベルヌ条約に加入していませんでした。そこで、ユネスコは、万国著作権条約を作りました。そのときに考えられたのが、Ⓒマークです」と説明している。万国著作権条約第３条１項。

(24)　Record Rental Amendment Act [4 Oct. 1984], P.L. 98-450, 98 Stat. 1772 ; Copyright Fees and Technical Amendments Act [3 July 1990], P. L. 101-318, 104 Stat. 287 ; Copyright Royalty Tribunal Reform and Miscellaneous Pay Act, [3 July 1990], P.L. 101-319, 104 Stat. 290 ; Computer Software Rental Amendments Act [1 Dec. 1990], P.L. 101-650, 104 Stat. 5134 ; Copyright Renewal Act [26 June 1992], P.L. 102-307, 106 Stat. 264 ; Copyright Royalty Tribunal Reform Act [17 Dec. 1993] ; P.L. 103-198, 107 Stat. 2304 参照。

(25)　「文学作品」は literary work の公式訳であるが、これはむしろ「文字

277

9 アメリカ著作権法の歴史的展開

（による）作品」とでも訳すべきことばである。論文、講演、小説、詩歌、脚本など文字で表現された著作物（writing）が保護の対象となる。

(26) Visual Artists Rights Act [1 Dec. 1990], P. L. 101-650, 104 Stat. 2749. Stern Electronics, Inc. v. Kaufman, 669 F. 2d 852 (2nd Cir. 1982); Williams Electronics, Inc. v. Artic International, Inc., 685 F. 2d 870 (3rd Cir. 1982); WGN Continental Broadcasting Co. v. United Video, Inc., 693 F. 2d 622 (7th Cir. 1982) 参照。

(27) Eales v. Environmental Lifestyles, Inc., 958 F. 2d 876 (9th Cir. 1992) では、建築設計図を勝手にコピーして実際の建築に利用した事例で、第9巡回区上訴裁判所は、住宅の売買の利益に建築設計料を加算した額を損害額と算定し、その賠償を命じた。また、後掲注(58)の判例も見よ。

(28) 17 U. S. C. §106 (1998). この権利は§107 (1998) により制限されている。原告の注文に従って作成されたソフトウエア（ROM）およびマニュアルは、注文者に帰属する。Apple Computer, Inc. v. Franklin Computer Corp., 714 F. 2d 1240 (3rd Cir. 1983). しかし、顧客の必要に適合するように被告が考案したソフトウエア・システムは、職務著作物ではなく、その権利は作成者がもつ。Whelan Associates, Inc. v. Jaslow Dental Laboratory, Inc., 609 F. Supp. 1307, aff'd, 797 F. 2d 1222 (3rd Cir. 1986).

(29) 15 U. S. C. §1125(a)(1)（不正競争の禁止）。山本桂一『著作権法』（有斐閣、1969年）52-53頁は、財産的権利でもあるが、「弱少著作者の意思、とくに著作者の本意の尊重を図り、その不当な抑圧歪曲に対して」意義を申し立てる権利であるという。不当利得者に対する一種の制裁という側面ももつ。

(30) Burrow-Giles v. Sarony, 111 U. S. 53 (1884).

(31) 17 U. S. C. §407は、出版後3ヶ月以内に2コピーを国会図書館に提出することを義務づけている。

(32) 富士山の写真には著作権はないが、光の当て方などに工夫があり、その工夫が特定の写真家のものであると識別できる特性が認められる場合には、その複写ないし模倣は著作権を侵害する。

(33) MiTek Holdings v. Arce Engineering Co., 89 F. 3d 1548 (11th Cir. 1996).

(34) CDN Inc. v. Kapes, 197 F. 3d 1256 (9th Cir. 1999). この事件では、

古いコインの市場価格情報を内容とするニューズ・レターを保護した。
⑶⑸ Community for Creative Non-Violence v. Reid, 490 U.S. 730 (1989).
⑶⑹ Williams v. Weisser, 273 Cal. App. 2d 726, 78 Cal. Rptr. 542 (1969). Work Made For Hire and Copyright Corrections Act [27 Oct. 2000], P. L. 106-379, 114 Stat. 1444 により判断基準がより明確化された。
⑶⑺ Morgan v. London Records, Ltd., 827 F. 2d 180 (7th Cir. 1987).
⑶⑻ 17 U.S.C. §201(d) & (e).
⑶⑼ Bleistein v. Donaldson Lithographing Co., 188 U.S. 239 (1903).
⑷⑩ Digital Performance Right in Sound Recordings Act [1 Nov. 1993], P. L. 103-369, 109 Stat. 336；Fairness in Music Licensing Act [27 Oct. 1998], P.L. 105-298, 112 Stat. 2830.

四　フェア・ユースの法理

1　著作権法第107条

著作権法の領域においても、コモン・ローとエクイティの伝統が見られる。エクイティの伝統の流れを汲む法理として、フェア・ユースの法理の法理がある。著作権法第107条は、「著作権の認められる作品の公正な使用は、著作権の侵害ではない」と規定している。公正使用とは、「批判、評釈、ニューズレポート、または研究」を目的とした使用を意味する。この判断基準として、(1)営利目的の使用であるか非営利目的の使用であるか、(2)作品の性質、(3)全体としての作品のどの部分が使用されているか、および(4)著作物の価値に対し潜在的市場においてどのような効果が使用の効果として生まれるか、を検討しなければならないと規定している[41]。

日本経済新聞社がコムラインを相手に起こした訴訟の中で、この法理が詳細に検定されている。この事件は、日本経済新聞の記事を英訳し、継続的情報提供契約にもとづいて、関連記事を送付するサービスが著作権および商標権を侵害することを認めたものである。この事件では、営利を目的としてなされていたし、新聞記事をほぼ正確にそのまま英訳したものが商品となって

9 アメリカ著作権法の歴史的展開

いた。同一性が裁判所によって認められたのは22記事についてのみであるが、著作権違反については、違反の数量とは直接関係しない。そして、このサービスによって、具体的に日本経済新聞がどのような損害を被ったかは証明されてはいないが、日本経済新聞社の記事であることを明記して商品を作っており、第4の判断基準についても、違反が推定されると判示した(42)。

2 エクイティ法理としてのフェア・ユース

フェア・ユース法理は、現在では制定法上の法原理であるけれども、それはエクイティの法理であることは否定できない事実であり、過去の判例は現在でも生きている。適用について弾力性をもつ。この点についてしばしば引用されるのは、デラー対ゴウルドウィン判決におけるラーニッド・ハンド裁判官のことばである。その多数意見の中で、ハンド裁判官は、「著作権法の中で最も困難な問題」と呼んだ(43)。マックストーン・グラハム対バーチェル判決(44)は、このハンド裁判官の判決を引用し、他人の著作物に公表されたアンケート調査を引用したことがフェア・ユースに当るとして、著作権侵害を否定した。この事件では、キリスト教の神父が自己の意に反した妊娠中絶の罪を説くために、別の著作物から引用した。この引用について、その著作者の許可を求めたが、拒絶され、無許可であえて出版した。まじめな著作物であり、許可を得るためにあらゆる努力を払っていたことが、免責の主要な理由となっている(45)。

3 著作権放棄の抗弁

エクイティの法理としてフェア・ユース以外に「権利放棄の抗弁」が使われることがあるので、これにも少しふれておこう。著作権者は、自分の権利を侵害されたときから3年以内に訴えを提起しなければならない(46)。救済は、損害賠償に限られず、差止命令その他の救済が著作権法により認められる(47)。写真家が商工会議所に自分の写真が掲載されていることに気づいたが、3年間黙認した後に訴えを起こしたところ、権利を放棄したものとして

棄却された(48)。顧問弁護士に意見書の提出を求め、「著作権によって保護されない」という助言を得たために、3年後に訴訟が提起されることになった事件でも、裁判所は、著作権者は権利を放棄したものとみなされると判示した(49)。

(41) 17 U. S. C. §107 (2001).
(42) Nihon Keizai Shimbun v. Comline Business Data, Inc., 166 F. 3d 65 (1999). Nihon Keizai Shimbun, Inc. v. Comline Business Data, Inc., 98 Civ. 641 DLC (1988).
(43) Dellar v. Samuel Goldwyn, Inc., 104 F. 2d 661, 662 (2d Cir. 1939).
(44) Maxtone-Graham v. Burtchaell, 803 F. 2d 1253 (1986).
(45) Campbell v. Acuff-Rose Music, 510 U. S. 569 (1994)（パロディと風刺）と対比せよ。
(46) 17 U. S. C. §507.
(47) 17 U. S. C. §§502-505（永久的差止命令、侵害物の押収・破棄、特別損害賠償、弁護士手数料）.
(48) Wood v. Santa Barbara Chamber of Commerce, 507 F. Supp. 1128 (1980).
(49) Kregos v. Associated Press, 3 F. 3d 656 (2d Cir. 1993).

五　条約批准のアメリカ法上の意義

1　合衆国が批准した国際法

　一般的にアメリカ合衆国は条約の批准に消極的である。しかし、条約を無視してきたわけでもない。今日では、アメリカ合衆国はほとんどすべての著作権関連の条約を批准した国の1つである。現在、アメリカ合衆国が批准した国際条約は、(1) 万国著作権条約、(2) ジュネーブ条約（蓄音機）、(3) ベルヌ条約、(4) WTO条約、(5) WIPO著作権条約、(6) WIPO実演・レコード条約、(7) その他多数の国との間に結んだ二国間条約である(50)。アメリカ合衆国は、当初はベルヌ条約に加盟せず、万国著作権条約の締結に積極的な役割

9 アメリカ著作権法の歴史的展開

を果たした(51)。しかし、世界の大多数はベルヌ条約に加盟しているので、アメリカ著作権の保護を諸外国に求めるためには、これに加盟するのが有利であると考えるに至った。紛争処理という観点からは、WTOやWIPOも重要な条約であるが、本稿では実体法の側面に注目しており、これらの条約については、深く立ち入ることはしない。

2 ベルヌ条約の批准の意義

アメリカ合衆国は、1989年3月1日になってはじめてベルヌ条約を批准し、同日から実施した。この条約はいわば抵触法条約であり、これにより新しい権利が創設されたわけではない。条約を批准する前でも、コモン・ロー上、この条約は尊重されてきており、その前後でとくに実体が大きく変わることはなかった。例えば、上述のホワイト=スミス対アポロ事件では、最高裁判所はベルヌ条約に言及し、アメリカ著作権の諸外国の法律による保護についても考慮している。この事件でデイ裁判官は、まだ批准していなかったベルヌ条約についても考察し、アメリカ法との抵触を回避する判決を書いている(52)。

ベルヌ条約は1989年に批准されたが、アメリカ法上、この条約は直接執行力をもたない。1970年代になると、アメリカ合衆国は、コンピュータおよびそれに関連する商品を海外に販売するようになり、著作権法によってその利権を保護しようとした［注24及び26の法律］。たとえば、セミコンダクタ・チップについて特別法を制定した(53)。アメリカ法は、広く域外適用を認める理論を採用しているが、ベルヌ条約の締結は、アメリカ著作権を保護するのに役立つものと判断したものと思われる。しかし、相手国が相互主義をとっていなければ不利になる面もあり、個別的な検討を行なっている。アメリカ著作権法に違反する映画が人工衛星によって世界に発信された場合に、これまでの考え方では解決できなくなっており、このような新しい問題についてさらなる検討が必要となっている(54)。

3 アメリカ著作権の諸外国の法律による保護

アメリカ著作権法によって保護される著作権であれば、ベルヌ条約や万国著作権条約の加盟国でも保護されるものと期待される。しかし、第一に、ベルヌ条約の表題を日本で「文学的・美術的著作物の保護」に関する条約と訳されていることからも理解できるように、英文、仏文、独文などの様々なテキストの間に大きな相違が見られる[55]。第二に、アメリカがベルヌ条約を批准したといっても、1971年のパリ条約を認めただけのことであり、加盟国によっては、ローマ条約とブラッセル条約を批准するにとどまっている国もあり、アメリカ著作権が外国でも常に保護されるとは限らない。たとえば、アメリカでは人間の遺伝子に関する分析まで著作権の保護が及ぶと考えられているが、諸外国に対してもこれを主張できるかどうかは疑問である。このような権利については、さらに適切な措置を個別にとることが必要となる。

ベルヌ条約は著作権について無方式主義をとっていると理解されている。このことがアメリカの著作権の保護範囲を拡大させることになった。たとえば、ツイン書籍株式会社対ウォルト・ディズニー社判決[56]では、子供向けの古典的な「バンビ」のドイツにおける著作権が争われたが、著作権表示がなかったにもかかわらず、アメリカ著作権が認められた。このような解釈は、これまでのアメリカ著作権法の適用範囲を拡大する効果はもつものの、何ら影響を受けるものではない。また、アメリカ法では、出版（固定）が著作権保護の前提とされているが、ベルヌ条約は、これを要求していない[57]。

4 ベルヌ条約による外国著作権のアメリカ法による保護

第一に、著作権の存続期間について、大陸法とアメリカ法の間に多少の違いがあり、その期間を超えて保護される可能性は少ない。大陸法は著作者が死亡してから50年間、著作権を保護しているが、この50年の期間は1976年になってアメリカ法も承認した[58]。しかし、ヨーロッパ理事会指令は、これを70年に延長し、ヨーロッパ諸国では70年に統一されている[59]。ア

9 アメリカ著作権法の歴史的展開

メリカの裁判所において、存続期間を70年と認める可能性は少ない。

第二に、ベルヌ条約は、主権国家間の1つの合意であり、この条約によって直接新しい国際法上の「著作権」訴権を生みだしたものではない。同条約は、加盟国が文芸作品などの著作権を規定する法律を制定し、その保護の目的のために当該法律を実施することを義務づけるものである。著作権侵害に対する訴訟は、加盟国の法律に従って行なわれる。著作権という権利の性質上、主権者の利益は、必ずしも被侵害者の利益と一致するとは限らない。そしてまた、ベルヌ条約は、著作権侵害に対する救済方法をほとんど準備していない[60]。これらのことが、アメリカ法上の判例法形成において、不確定要素となっている。

たとえば、ソニーのビデオ機器が映画著作権を侵害すると主張する訴訟［注18の事件］がアメリカで提起される場合、この事件に関係する利害は、電気機器メーカー（企業グループ）と映画製作者の利益の対立であって、日本国と米国との対立という関係ではない。クリエーティヴ・テクノロジー社対アズテック・システム社判決[61]において、シンガポールで製造されたカード上にコンピュータで記録された音楽の著作権の侵害が争われた。この事件では原告も被告もシンガポール人であり、シンガポールの裁判所は原告の著作権が侵害されたことを認めた。しかし、その商品はアメリカ国内で大量に売られており、この事件の原告にとっては、アメリカの裁判所で訴訟を起こす必要があった。フェア・ユースの法理を説明したときに引用した日本経済新聞社の訴訟も、これと類似した側面をもっている[62]。

5　裁判管轄・準拠法・救済方法

アメリカ国内において訴訟を進めるため、法廷地および準拠法の規則についても、検討する必要が生じてくる。著作権をめぐる訴訟の裁判管轄、法廷地、準拠法の問題がしばしば重要な争点となるが、第一に、裁判管轄については、タイバーン・プロダクション対コナン・ドイル判決[63]が指導的判例である。この事件では、著作権侵害は地域的問題（local matter transitory

五 条約批准のアメリカ法上の意義

matter ではない）であり、属地主義の原則に従った。第二に、法廷地に関しては、スピリアダ・マリタイム社対キャンスレックス社判決が指導的判決(64)である。この事件では、当事者全員にとって好都合な法廷があることを示して、非便宜法廷（forum non conveniens）の原則により公判を停止した。これらはイギリスのコモン・ローの判例であるが、アメリカの裁判所もこれに従っている(65)。第三に、著作権の成立および効力、その譲渡などに関する紛争解決の準拠法の選択については、契約によりそれが指定されている場合には、それが準拠法となる。しかし、契約関係のない者による著作権侵害が争われる場合には、不法行為地の法律が準拠法として使われることになる。

コンピュータ・ネットワークに関わる訴訟では、上述の理論を当てはめがたい面があり、その紛争の解決のためにガット条約がしばしば利用される。しかし、この条約は関税の不公正な差別を撤廃することが目的となっており、著作権保護の目的と必ずしも目的が合致するものではない(66)。そこで、TRIP 協定が 1994 年に作成され、1995 年 1 月 1 日から発効したが、この協定は著作権などの知的財産権の保護の基準を確立し、その遵守の手段を規定した。これによりコンピュータ・プログラムやデータベースも保護されるようになった(67)。さらに、1996 年 WIPO 著作権条約および WIPO 実演・レコード条約が採択され、デジタル時代の新しい情報技術に関する著作権の保護が制度的に強化されようとしている(68)。

(50) 前掲注(4)及び(5)参照。Agreement On Trade-Related Aspects Of Intellectual Property Rights [TRIPS] 33 I. L. M. 1197 (1994), Agreement Between World Intellectual Property Organization [WIPO] and World Trade Organization [WTO], 35 I. L. M. 754 (1996) は、17 U. S. C. § (b) (1) & (2), Copyright Act of 28 Oct. 1998, Pub. L. 105-304, 112 Stat, 2861 により実施される。J. H. Reichman, *Universal Minimum Standards of Intellectual Property Protection under the TRIPS Component of the WTO Agreement*, 29 THE INTERNATIONAL LAWYER 345-88 (1995) 参照。

9 アメリカ著作権法の歴史的展開

(7)のカテゴリの二国間条約については、P. GOLDSTEIN, INTERNATIONAL CO-RYRIGHT (Oxford 2001), pp. 332-338 参照。

(51) ベルヌ条約が無方式主義をとっており、アメリカが方式主義をとっているために、両者を橋渡しするために1952年にジュネーブで作られた条約であるが、両方を批准している場合には、ベルヌ条約が優先する。

(52) White-Smith, *supra* note 17, at 14.

(53) チップの保護は、(1) 保護期間が10年であること、(2) 保護の要件である創造性 (creativity) の水準が高く設定されていること、(3) リヴァース・エンジニアリングが容認されていることの3点について、伝統的な著作権の保護とは異なっている。Semiconductor Chip Protection Act. 17 U.S.C. §§901-914. ちなみに、イギリスの Semiconductor Products (Protection of Topography) Regulations 1987, SI 1987/1497 も、ほぼ同じ考えをとっている。

(54) 例えば、Satellite Home Viewer Improvement Act [29 Nov. 1999], P.L. 106-160, 113 Stat. 1774.

(55) この問題を説明するために、P. Goldstein, *supra* note 50, at 136-142 は、ドイツの判例 (Atlas Film 事件、Jan. 27, 1978, Case I ZR 97/76, 10 I. I. C. 358 (1979)) を紹介している。

(56) Twin Books Corp. v. Walt Disney Co., 83 F. 3d 1162 (9th Cir. 1996).

(57) パリ条約第5条(2)は、方式主義を廃止することを規定しているが、アメリカ著作権については、方式主義が残っている。17 U.S.C. §§401, 401, 407, 408. なお、「アメリカ著作権」の定義は、§411.

(58) Berne Convention Implementation Act of 1988, 17 U.S.C. §401(a).

(59) European Council Directive 93/98/EEC, 1993 OJL 290/9; European Council Directive 91/250, 1991 OJL 122/42; European Council Directive 96/9, 1996 OJL 77/20.

(60) パリ条約第13条および第16条は、著作権侵害物の押収を許しているが、救済については、原則として、各国内法に任されている。同第5条(2)、第6条の2(3)参照。なお、アメリカ法上の救済については、前掲注(47)を見よ。

(61) Creative Technology, Ltd. v. Aztec System PTE Ltd., 61 F. 3d 696 (9 th Cir. 1995).

(62) 前掲注(39)参照。この事件は日本の裁判所で争われたが、被告が会社を清

算し、アメリカで新会社を設立して類似の事業を続けたので、アメリカで争われることになった。判決の中で、この点についても特別な考慮を払っている。

(63) Tyburn Productions v. Conan Doyle, [1990] 1 All ER 909.
(64) Spiliada Maritime Corp. v. Cansulex Ltd., [1987] 1 A.C. 460. Pearce v. Ove Arup Partnership Ltd., [2000] Ch. 403 と比較せよ。ちなみに、この事件の原告は、ロンドンの建築専門学校の卒業資格試験のため提出した建築設計図が盗用されたと訴えた。ロッテルダムに旅行をしてみると、自分が設計した建物に著しく類似した建物があり、母校を訪れて調べてみると、自分の設計図がコピーされた事実が判明した。この設計図との類似性を証明して、勝訴した。
(65) Piper Aircraft Co. v. Reyno, 454 U.S. 235 (1981).
(66) アメリカ憲法上は「州際・国際通商条項」により付与される権限であり、本稿で詳しく説明した著作権条項の問題ではない。
(67) WIPO 著作権条約は、ベルヌ条約第 20 条による特別な取り決めであるが、同条第 4 条がコンピュータ・プログラム、同条第 5 条がデータベースについて規定している。なお、TRIPS 協定第 10 条(1)参照。
(68) WIPO Copyright and Performances and Phonograms Treaties Implementation Act of 1998, 17 U.S.C. §512, 112 Stat. 2861 ; Online Copyright Infringment Liability Limitation Act [28 Oct. 1998], P.L. 105-304, 112 Stat. 2861 ; Computer Maintenance Competition Assurance Act [28 Oct. 1998], P.L. 105-304, 112 Stat. 2886 : Digital Theft Deterrence and Copyright Damages Improvement Act [9 Dec. 1999], P.L. 106-160, 113 Stat. 1774 がその具体例である。

六　アメリカ著作権法の将来展望

本章を結ぶ前に、シュタークの「レトリックと現実」と題する論文（1996年）にも言及しておきたい(69)。この論文によれば、著作権法がレトリックとしてイメージしている著作者には 2 種類の著作者がある。1 つは、妻および数人の子供の生活を支えるために出版社へいって小銭をせびっている著述家である。あるいは、画廊通いをしている芸術家である。他の 1 つは、強い

9 アメリカ著作権法の歴史的展開

社会的使命感をもった、家族や世間のことを気にせず、研究に没頭している研究者である。しかし、今日の「現実社会」の著作権者は、多くの技術者を安い給料で雇い入れ、サラリーマンを夢中にさせるゲームソフトの作成に汗水を流している投資家である。アメリカの著作権法は、「学問の促進」をはかることが目的となっているはずであるのに、現実にはその目的とは違った方向に進んでいる。もっとも、その技術が宇宙衛星を可能にし、また、学問の諸領域において貢献している面も少なくないので、そのこと自体が否定されるべきことでもない。

　国際的な統一に向けて多くの努力がなされているとはいえ、アメリカ著作権法は、現在でも混沌としているといわなければならない。アメリカ合衆国は、一方では、連邦法によって個別的な権利を定義し、その保護をはかると同時に、諸外国との関係では、二国間協定によって問題を解決してきた。ベルヌ条約を批准した後においても、この情況は大きく変わってはいない。アフガニスタンのように、いかなる関係も結ばれておらず、いわば無法状態になっている場合もいくつか見られる。日本との関係は、1906年5月10日に二国間協定が結ばれたが、日本が1956年4月28日にサンフランシスコ平和条約を締結したことから、前の協定は廃棄されたものとして扱われている（第15条(c)参照）。現在では、アメリカ合衆国が1989年3月1日にベルヌ条約を批准したことから、これが両国間の紛争処理のための主要な条約となっている。

　「学問の促進」は企業にとって短期的な利益に結びつくものではないかもしれない。しかし、学問の進展は国の富を増大させる。わが国の著作権法が、一方では文部科学省の管轄であるのに対し、国際取引の側面については通商産業省の管轄に属する。国際的な著作権の問題はこの2つの側面をもっている。しかし、現在のアメリカ合衆国の著作権に関する議論では、「学問の促進」という本来の目的が忘れ去られてしまっている。著作権法の問題は、デジタル・ネットワーク上のデータベース送信に焦点が移行しつつあるが、この問題はとくに学問と関わりをもつ[70]。1970年にハーバード・ロー・ス

クールのバイエル教授は、著作物（書籍）の大学でのコピーの自由化が経済的合理性をもつだけでなく、著作権法の本来の趣旨に適うものであることを論述したが[71]、データベースの大学での自由化は「学問の促進」に大きな寄与をするものと思う。

(69) Sterk, S., *Rhetoric and Reality in Copyright Law*, 94 MICH. L. REV. 1197-1249（1996）. ちなみに、前掲注(29)に引用した山本は、その著書の冒頭で「著作権者」をイメージし、「人々は、時として本能的物質的配慮や日常の事務的肉体的作業を離れて、或いは天上の星、地上の花を眺め、或いは不変悠久の真理を思い、或いは良心のささやきに耳を傾けて、その結果あるときは、鉛筆やのみを使って絵画彫刻を作り、あるときは文字を用いて詩歌、小説、論文を綴り、あるときは音声、動作によって奏楽詠唱を行なう。」と述べている。

(70) EU Directive 2001/29/EC, 22 May 2001 にみられるように、すでにこの点についての立法化作業は進められている。

(71) S. Breyer, *The Uneasy Case for Copyright : A Study of Copyright in Books, Photocopies, and Computer Programs*, 84 HARV. L. REV. 281-351（1970）.

10 租 税 法

1 研究課題の設定

租税法全体にわたりここで論じることはできない。ここでは、「法人税法上のノーハウの資産性」に関して、判例評釈を書いたことがあり、それをこの章に転載するだけにとどめた。その評釈の対象となる判決は、昭和49年5月28日に大阪地方裁判所が下したノーハウ資産性事件である[1]。この判例で論点となる部分にキーワードをつけるとすれば、「営業譲渡、営業権、ノーハウ、企業会計、法人税、無形固定資産、減価償却」がこの判決に関係する。以下、まず判決の要旨を説明し、事実関係と判決理由をのべたうえ、若干の筆者の考えをのべ、本章を結ぶことにする。この事件に関係する法律の条文は、商法285条4項、法人税施行令13条、14条、所得税法171条7号イである。

(1) ノーハウ資産性事件 昭和49年5月28日大阪地裁判決（昭和45（行ウ）87号更正処分取消請求事件）判時758号42頁—請求棄却。

2 判決要旨

(1) 原告ヤマト産業株式会社（ガス溶断器等のメーカー）は、訴外東海真空株式会社の営業権を取得する契約を結び、第三者菱三商事に3,500万円の対価を支払っているが、実体を見ると東海真空の営業権（ノーハウを含む）を取得しているとは言えない。原告の菱三商事に対する3,500万円の支払いにより、東海真空が菱三商事に対し支払うべき借入金の返済債務の一部を免れている。従って、この金額は法人税法上はそれにより利益を得た東海真空

に対する贈与として取り扱うべきである。

(2) 商法上、営業権は一種の無形固定資産であり、法人税法上、減価償却資産として取り扱うことができるが、本件の原告は、自ら製品を製造して営業を行うことはしておらず、東海真空と菱三商事との間に入って、中間マージン（仕入価格の2％）を得る利権を取得したにすぎず、営業権を取得していない。

(3) 法人税法上、ノーハウは独立した無形固定資産ではあるが、営業権に含まれうるのであり、営業権の譲渡契約により少なくともこれを得ていると原告は主張するが、この点も認められない。ノーハウの意義については、法律上確定的な定義はされていないが、所得税法第161条7号イにいう「特別の技術による生産方式もしくはこれに準ずるもの」であると理解する。通常、ノーハウは、特許権、実用新案権などの工業所有権と共に移転されるものであり、製品の製造に関係するものであるが、その製造に必要な特許権等は最初の発見者がそのまま保持しており、原告は自らそのノーハウを利用して製品を製造する専用または通常実施権を取得しているのでもない。

(4) 本件被告税務署長が、問題の代金の支払いを東海真空に対する寄附金として扱ったのは正当である。

3 事　実

本件の原告は、営業不振に陥っていた東海真空の株式を取得した会社である。東海真空は、その前身である精巧科学株式会社が倒産したときに、その製品（凍結真空乾燥機等）の販売を一手に引き受けていた卸売業者菱三商事が、病院等顧客の要請を受けて設立した会社であり、その1万株の株式の内、7,000株を菱三商事が所有していた。この会社再建のときに菱三商事は東海真空と契約を結び、販売総代理店となった。原告はその内の4,000株を菱三商事から取得すると共に、菱三商事を通じて訴外第三者の持株3,000株を合わせて、ともに額面額で譲り受けた。菱三商事は、東海真空の赤字決算が数年間続いたので、営業から手を引くことを決め、この株式譲渡を行ったので

あるが、東海真空の製品の一手販売は引き続き菱三商事が行っている。しかし、菱三商事の東海真空への貸付金を回収する目的のために、上述の営業権譲渡が行われた。譲渡の対価である 3,500 万円は、東海真空に支払われるべきものであるが、実際には、貸付金返済の内入金として菱三商事に直接支払われた。

　問題の営業権譲渡契約によれば、菱三商事が出向させていた東海真空の取締役等を退かせ、原告が代表取締役および他の役員数名を派遣して、会社の支配権を取得することになっている。そして、実際にもこの通りに行われた。しかし、経営の実体は、先にも述べた通り、東海真空が製造した医療機器はすべて従来通り菱三商事によって従来の顧客に販売されている。従来通り、菱三商事のセールス担当者が得意先を回り、東海真空の技術者と相談した上で取引を行っている。その製品の製造に必要な特許権等は最初の所有者（倒産会社の元代表取締役等）がそのまま保有しており、東海真空はその実施に対する実施料を販売数量に応じて従来通り支払っている。変わったところは、帳簿処理上、東海真空の全製品を原告が買い取り、菱三商事を通じて販売するという形が取られ、取引数量に応じて仕入れ価格の 2％ が原告に手数料として支払われることになったにすぎない。

　しかし、原告は、当該の営業譲渡に関連する昭和 42 年 6 月 21 日から翌年 6 月 20 日までの事業年度の法人税の確定申告に際し、取得した営業権を無形固定資産の減価償却による特別損金として計上し、所得合計額は 3,660 万 7,911 円であったと申告した。これに対し、被告税務署長は、営業権を取得したものと認めず、支払われた 3,500 万円を寄附金として扱った。法人税法第 37 条 2 項により、損金不算入額は 3,405 万 5,228 円となるので、所得額は、両当事者に争いのない 86 万 1,000 円の外、これを加算した 7,152 万 4,139 円であったとする更正処分を行った。原告は異議申立てをし、審査請求を行ったが、その請求が棄却されたので、本件を大阪地方裁判所に提起した。

4　判決の論点

本件で争われているのは、原告が菱三商事に対して支払った3,500万円が東海真空に対する寄附金であると言えるか否かである。この点を判断するためには、原告がその代金の対価として何を取得しているかを検討しなければならない。これに関して契約書は、「原告は東海真空の所有する営業権利（製造及び販売に関する権利）一切の譲渡を受ける」と述べている。しかし、先にも述べた通り、原告は実際に営業をしているのではなく、その実体が備わっていない。

営業権またはのれんとは、「一種の無形固定資産であり、当該企業を構成する特有の名声、信用、得意先関係、仕入先関係、営業上の秘訣、経営組織等が、当該企業のもとで有機的に結合された結果、超過収益力を生ずることができるに至る場合、その企業を構成する物または権利とは別個独立の財産的価値として評価を受けるべき事実関係」をいう。

「その貸借対照表能力については、商法では、のれんは有償取得または合併による取得の場合に限り貸借対照表能力が認められ（同法285条の7）、企業会計原則では、無形固定資産は、有償取得の場合に限り、その対価をもって取得価格とされており（企業会計原則貸借対照表原則の5）、通常その譲渡は、包括的一体としての企業の全部又は一部の譲渡（営業譲渡、合併、現物出資、財産引受）とともになされ、現実に支払われた対価が純資産額を超える場合、その超過額がのれん又は営業権の価額となると理解されている。法人税法において減価償却資産中の無形固定資産として掲げられている営業権（同法施行令13条8号リ）の意義、評価についても、同法22条4項に収益、損金の計算につき「公正妥当と認められる会計処理の基準に従って計算される」と規定されている趣旨にしたがい、右商法および企業会計原則の場合と同様に解すべきである。」

原告は、この点と関連して、東海真空の得意先を譲り受けて同社に対し必要な製品製造の指示を行いうる地位にあり、東海真空の有する特許権および

ノーハウを利用して製品を製造し、同社の企業名声を享受できるから、これはのれんに相当すると主張している。しかし、実際には、東海真空の親会社であった菱三商事に代わって原告が親会社となって支配するようになっただけのことであって、典型的な意味での営業譲渡が行われていないことは明らかである。「他の企業の存続を認めてこれを支配する場合においても、営業の一部譲渡としてその企業の重要な一部を自己の企業内に吸収することはありうる」が、かかる譲渡があったと認められるためには、得意先が実際に原告に譲渡されているか、また、ノーハウ等が実際に原告に移転しているのでなければならない。

そこでまず得意先の譲渡について検討すると、譲渡した企業は得意先を失うはずであるのに、本件では東海真空はそれを失っておらず、そもそも原告がそれを取得したという証拠もない。営業権にはノーハウも含まれているはずであり、少なくともこれを取得しているという点に関しても、原告がこれを取得したとは認められない。営業権は「企業を構成する物又は権利とは別個独立の財産的価値として評価を受くべき事実関係をいうから、特許権ないしその専用または通常実施権はこれに含まれない」。しかし、法人税法上、その専用または通常実施権を取得するに際し権利金が支払われた場合には、特許権に準じて、その償却が問題になりうる。会社法は、ノーハウをのれんとして処理することを認めているが、法人税法上は、のれんとは別個の繰延資産として扱っている。これは不確実な資産であり、特許権等とは別にこれを取得することが全くないとも言いがたいが、通常は特許権等の工業所有権の実施に関するものである。しかも、原告は特許権や商標権などを自ら利用して製品を製造しているという証拠はない。技術的ノーハウが供与される場合には、その内容、範囲、供与の期間、方法等について何らかの定めがなされるのが通常であると考えられるのに、本件ではそのような定めはまったくない。

以上のことから、原告は、3,500万円の対価として何も得ていないので、これは寄附金であると言わざるをえない。もしそうであるならば、係争年度

分の法人税の所得金額は、被告税務署長の計算通り、7,152万9,139円となる。

最後に、原告が主張する二重課税の問題にも判断を示しておこう。国は、東海真空に対して3,500万円を営業権譲渡益として課税の対象にしておきながら、他方、原告に対しても営業権譲渡がなかったものとして課税していると主張する。しかし、東海真空としては、営業権譲渡益としようが、受贈益としようが、課税標準に全く影響がなく、原告の主張は失当である。

5 判例評釈

(1) 参考にした評釈

この判決については、多くの評釈が書かれており、その評価は種々に分かれている（判例時報758号43-45頁、判例タイムズ311号216頁、シュトイエル148号49頁、税務通信34巻15号108-111頁、ジュリスト641号138-140頁など）。筆者は、判決の結論には賛成するが、判旨の説明には不十分なところがあり、若干説明を補足しておきたい。

(2) 「掌握権」

(a) 原告は東海真空の「営業権」を無形の減価償却資産として取得したものとして計上し、特別損金として償却しようとした。こうすることによって、原告会社は、その支出金を税務上損金として処理できるので、その税の負担を減らすことができる。原告はまた、東海真空の経営の建て直しにも役立ち、間接的に原告の利益につながると考えたものと思われる。このような無体財産の減価償却の計算および方法については、法人税法は詳細な規定を置いておらず、曖昧な部分が多いために本件のような事件が起こりがちである。

本件に類似した企業会計上の処理は実際上しばしば行われており、本判決で一定の基準が判示されたことの意義は大きい。しかし、検討を加えておかなければならない問題が若干含まれている。まず第一に「営業権」の資産性についてであるが、その「超過収益力」を重要視するならば、本件の判決は、比較的容易に肯定できる。例えば、市川深「法人税重要判例コンメンター

ル」(1989年) 318-21頁は、「当該企業が創業後歴史も浅く、資本金、従業員も少ない下請を業とする小規模の中小企業であること、連続して赤字決算で経営内容が劣悪であったこと、独占性がなく特殊な技術を有していても、それが法律上保護を受ける無体財産権でないこと等の場合には超過収益力の存在は認められない」と述べ、本件の「営業権」の資産性は否定されるとし、本判決を肯定している。

(b) このような考え方は、本判決後の別の事件で最高裁判所が下した判決(法人税等更正処分取消請求事件、最高裁昭50(行ツ)82号、最高裁昭和51年7月13日第三小法廷判決、訴訟月報22巻1954頁、金融商事509号17頁参照)でもとられており、一般的にはこの考えは間違っているとは言えない。この最高裁の事件の上告人は、「営業権の内容をそのように解釈することになれば、同種企業の平均値を基準とすることになり」多角的経営を行う企業にとっては不合理な結果を生むと主張したが、最高裁判所はこの主張を認めなかった。そして、「営業権とは、当該企業の長年にわたる伝統と社会的信用、立地条件、特殊の製造技術および特殊の取引関係の存在並びにそれらの独占性等を総合した、他の企業を上回る企業収益を稼得することができる無形の財産的価値を有する事実関係である」と判示した。

(c) 営業譲渡の対価が純資産の合計額を上回っていて、その差額を無形の固定資産(営業権)と認めたホテル聚楽の営業権譲渡に関する判決(福島地裁昭和46年4月26日判決、行集22・11＝12・1733頁)では、右の定義はぴったり当てはまる。というよりは、その最高裁判所の判決より以前にこの地裁判決の中でその定義が使われ、最高裁がこれを肯定した形になっている。別の事件に関する松山地方裁判所の判決(松山地裁、昭和63年9月13日、昭和58年(ワ)648号、税務訴訟資料168号1905頁)でもこの定義を使っており、これが一般的定義になっているように思われる。このような「超過収益力」を重要視する考え方は、営業権を減価償却資産として認め、事業者が自由に償却の方法等を決めることが通達によって許されて以来税務署がとってきた、「営業権」を厳格に審査する方針とも一致する。

(3) 無形固定資産

しかし、商法が「営業権」を無形固定資産として認めていることには、法人税法の考えとは異なる理由がある。商法は、各会計年度に貸借対照表および財務諸表を作成することを義務づけており、貸借対照表には、資産、負債、資本の3部を設けることとし、営業権は資産の部の無形固定資産のなかに含めることになっている。商法上、これはのれんと呼ばれている（285条の7）。商号権や商標権もこれに含まれる。この経済的価値はいつまでも確実ではないから、5年内に償却することを要する。法人税法とは別に、商法がこのような規定を置いているのは、企業会計が公正に行われない場合、会社の株主やこれと取引する債権者が不当な不利益を受けることがあり、株主や債権者を保護する必要があるからである。（鈴木・竹内「会社法［法律学全集28］」（1981年）262-65頁）企業会計を正確に行わせることには、このような規範的な意味がある。

実際の計算の方法ないし基準についても、二つの互いに抵触しうる指導的原理がある。その一つは、貸借対照表の作成を決算時における財産的価値の計算の手段と見る見解であり、とくに債権者による会社の弁済能力の判定に役立てようとするものである。他の一つは、営業成績の評価手段と見るもので、とくに投資家による会社の収益力の判定に役立てようとするものである（この二つの原理の違いについて詳しくは矢沢惇「企業会計法の理論」（1981年）229-32頁参照）。前者は、フランス法やわが商法の従来の考え方が支持してきたものであるが、次に述べる租税法や最近の商法の考え方は、英米法の影響を受けて後者を支持し、利益配当の可能性を基準とする考え方に傾いている（矢沢、前掲230頁）。

これらのことを考慮に入れて本件と営業権の意義を説明したホテル聚楽事件と比較して見ると、二つの事件には性質を異にする要素が含まれている。税務通信34巻15号108-111頁（渡辺淑夫）が、東海真空を子会社にするために営業権譲渡が行われたと捉えているが、ホテル聚楽事件は子会社支配の要素を含んでいない。この評釈は、「子会社は従前どおり営業を続けており、

新しい親会社とその子会社との間で営業の譲受けという事態は生じていないから、営業権対価の授受などという問題が生ずるはずはない」と結論している。従って、本件判決のように、営業権の資産性を否定することになるという。

　ホテル聚楽の事件では、経営者が代わったときに、企業の収益は赤字であった。しかし、経営を続けており、新しい経営者がホテル業を引き継ぐときに、従業員等をそのまま使うことができたし、一般の客にもよく知られており、新しいホテルを建設する場合に比べ、はるかに有利な立場にあった。従業員を新たに雇用し、一人前に教育することになれば相当の時間と費用がかかる。過去10年程度の営業実績を基準とする計算をするならば営業権の資産性が否定されたはずであるにもかかわらず、ホテル聚楽の事件で営業権の資産性が認められたのは、このような事情によったものである。

　ここで、例えば、保険会社の大きなビルディングの中にあったレストランが倒産したときに、当該保険会社がこれを買い取ったという事例を考えてみよう。赤字経営のレストランであったとしても、当該保険会社が社員食堂の代わりに利用するつもりであれば、そのレストランの営業権に資産性を認めたとしても、合理的な限度内であれば問題はないはずである。赤字経営の会社でも、別の視点にたって経営のやり方を変えた場合に、その資産性を常に否定しなければならないとは言いがたい。本件に関係する租税法の諸規定の立法趣旨に照らして、本件でも資産性が否定されなければならないかどうか、改めて考えてみる必要がある。

　本件の諸事実のうち、原告が菱三商事に支払った3,500万円が実際に東海真空に支払われ、東海真空がこれを菱三商事に対する負債の弁済に当てたと仮定しよう。そして、原告は東海真空を将来実際に経営する計画をもっていたと仮定しよう。この場合、典型的な営業譲渡の場合と本件のような形がとられた場合と比べて、本質的な違いがあると言えるのであろうか。

(4)　企業会計の計算・方法

　法人税法もまた、企業会計の計算および方法について若干の規定を置いて

いるが、これらは商法とは異なる目的をもっていると言われる。企業会計学の立場からは、商法学者の言うような規範的意味はなく、客観的に計算が行われるもので、公正処理基準に従って計算がなされる限り、選択の余地はないという。税法固有の要請として、課税負担の公平や特別の財政政策などが考えられる。

具体的には、営業権の減価償却について次のように定められている。まず、法人税法第31条は、減価償却資産の償却費の計算および償却の方法について、「法人が当該資産について選定した償却の方法（償却の方法を選定しなかった場合には、政令で定める方法）」によるものと規定している。法人税法施行令第47条1項5は、法人税法第13条8号リに掲げる営業権については、「当該営業権の取得価額を各事業年度の償却限度額として償却する」ことになると規定している。しかし、昭和24年以降、企業会計原則が確立されており、この原則によれば、企業の財政状態の真実な報告が義務付けられる。従って、租税法ないし企業会計の立場からも、償却について企業自身が自由に選択できる余地は殆どない。

法人税法第22条4項は、「一般に公正妥当と認められる会計処理の基準に従って計算されるものとする」と規定しているので、結局、判決が述べているように、「商法および企業会計原則の場合と同様に解するべきである」ということになる。当該の企業会計原則は、商慣習を明文化したものであると言われる。また、この規定自身が商法の考えに合わせたものであるとも言われる。法人税法は、「営業権の評価方式」を示していない（相続税評価基本通達167号は、10年以上良好な業績をあげている会社でなければ、営業権の資産性を否定することとしている）。従って、有償の営業権は、通常の無体財産の減価償却の場合のように、一定の額によって償却する定額法に従って、3年ないし5年で償却することになろう。

(5) ノーハウの資産性

(a) 判決がノーハウについて述べている部分の説明は不十分である。「営業権」という用語を、「ある企業の伝統と社会的信用、立地条件、特殊の技

術、特殊の取引関係の存在ならびにそれらの独占性等を総合して、他の企業を上回る企業収入を稼得することができる無形の財産的価値を有する事実関係」と定義するならば、本件のノーハウに関する争点は、特殊の技術、特殊の取引関係の存在が問題となる。ノーハウという用語は、法律で定義されていないが、ここではのれんとしてのノーハウが当然問題となっている。

のれんとしてのノーハウは、繰延資産としてのノーハウとは性質上大きな違いがある。大阪地方裁判所は、ノーハウがたとえ繰延資産ではなく、営業権に含まれる減価償却資産であるとしても、償却が問題になることには変わりがないと述べて同等に扱っているが、判決では繰延資産としてのノーハウについてしか言及していない。判決は、所得税法161条7号イを引用し、「工業所有権その他の技術に関する権利、特別の技術による生産方式もしくはこれらに準ずるものの使用料又はその譲渡による対価」という規定の「特別の技術による生産方式もしくはこれらに準ずるもの」というものがそれに当たるという。そして、ノーハウの移転はなかったと結論している。

(b) 繰延資産については、法人税法第2条25号は、「法人が支出する費用のうち支出の効果がその支出の日以後1年以上に及ぶもので政令に定めるもの」の一定の評価損を計上することを認めている。そして、法人税法施行令第14条は、かかる繰延資産として創業費以下9項目を挙げているが、ノーハウに関係があると思われるのは、「試験研究費」(4号)および「開発費」(5号)という項目である。また、法人税法基本通達8-1-6は、「ノーハウの設定契約に際して支出する一時金または頭金の費用は、令第14条1項第9号ハに規定する繰延資産に該当する」と述べている。繰延資産についても償却が認められるが、通常の減価償却資産とは違って、その償却の方法や期間等については、同基本通達8-2-3に従うことになっている。判決で言及しているノーハウはこのような繰延資産である。

(c) このノーハウは特許権などの工業所有権に似た性質をもってはいるが、排他性をもつとは限らない。また、企業秘密に属するものであることが多く、その客観的評価がその面で困難な場合が多い。これが知的財産権として譲渡

される場合には、特許権や商標権の場合と同じように、譲渡価格を基礎として資産評価をしてもかまわない。しかし、特別の技術による生産方式といっても、技術の進歩には著しいものがあり、新しい技術の発見により財産的価値を失ってしまうことがありうるので、常にそれだけの価値をもっているとは限らない。これらのことから、株主や債権者保護のために資産性の評価は厳しくなされるのが普通である。

　工業技術上の特別の知識および経験以外に、経営に関する知識および経験もノーハウに含まれる。商法の認めるのれんに相当すると言われるノーハウは、むしろこれを指しているように思われる。原告が主張しているのはこのノーハウであると思われるが、判決はこれについてはほとんど検討していない。もっともこれは、ノーハウという用語の定義にかかわる問題であり、定義の仕方によっては、前述のノーハウ以外には法律上認められず、原告の主張はのれんに何が含まれるかに関するものである、と答えてもかまわない。

　(d)　そもそもノーハウは know how という英語をそのまま片仮名で表記したものであり、これに訳語を当てていないのは、この言葉が曖昧であり、日本語にそれに対応する概念がないことを示している。アメリカでは、その言葉は、コンピュータ・ソフトウェアのマニュアルとか、新製品を製造するための仕様書やブルー・プリント、ハンバーガーの製法および販売方法のマニュアルなどに示される特殊な技術や方法を意味する。アメリカ法では、確実な評価基礎がないのに、ノーハウの資産性を認めた事例は見当たらない（大隅健一郎「ノーハウとその譲渡」商法論集［小町谷先生古稀記念］3頁、17頁［1964年］参照）。我が国でもノーハウがのれんに含まれるという表現は避けるべきであろう。しかし、大事な問題は、用語の使い方ではなく、租税政策として、本件で減価償却の扱いを認めてよい実体が含まれているか否かである。

　(6)　営業譲渡の実質上の意味

　租税は、国家政策を実現するための資金を得るために課されるものであり、アダム・スミスの国富論にも説明されているように、全体としてのバランス

感覚が要求される。本件の判決は、本件の営業譲渡の形態を間接的に否定する効果をもつ。しかし、本件のような会計経理を認めることによって、原告の株主および債権者にいかなる損害を与えるのであろうか。また、国税はある程度減少することになるが、東海真空のような中小企業が倒産し、医療機器が製造されなくなったときの損失と顧客である病院等が受ける利益を比較考量すれば、合理的な範囲内のものである限り、肯定してよい場合があり得るのではあるまいか。アメリカでも本件に類似する事件があるが、原告のような税務処理を肯定したものも少なくない。明快に結論を出しうる事件でありながら、色々な論点を掘り起こしたのは、この事件に類似する事件であっても、この判決を先例として実体を吟味せずに形式的な判決を下すべきではないと考えたからである。

(7) 寄附金としての扱い

次に、「営業権 (ないしノーハウ)」の譲渡がなかったとして、法人税法上、問題の3,500万円を寄附金と扱うべきかどうかについて、株式の取得代金に全額加算すべきであるとする評釈がある。武田昌輔・ジュリスト641号138-140頁 (1977年)。これは、原告が東海真空に寄附金を出すということは現実には考えられないことであるし、原告が菱三商事から7,000株の株式を取得する条件として3,500万円が支払われることになっていたと考える方がより現実に近いので、株式譲渡の代金であったとすべきであるとするものである。

一般論としては、この評釈に賛成する、法人税基本通達9-1-16は、「法人が有する企業支配株式についてその取得が当該株式発行会社の企業支配をするためにされたものと認められるときは、当該企業支配株式の価額は、当該株式の通常の価額に企業支配に係る対価の額を加算した金額とする」と述べている。「コンメンタール租税法基本通達」426頁 (1990年) が注記しているように、「たとえ株式の発行法人の資産状態が著しく悪化したとしても、その企業支配に係る対価の部分についてまで評価損を認めることは適当ではない」ということであろう。これは先の評釈の考えと合致する。

10　租　税　法

しかし、本件では、菱三商事の側から頼んで原告に東海真空の支配権を買ってもらっている。原告は、この批評一の部分で述べたような取引上のメリットが考えられるからこそ取引に応じたものと思われる。寄附金に損金算入限度額がなければ営業権にあたるかどうかは問題とならない。しかし、営業権にあたらないとし、しかも株式の取得原価にふくめないのは事実上損金算入の機会をうばうものであり、問題が残る。既に述べたように、このような取引が原則的に否定されるのならばともかく、この選択が許される場合もありうると言うべきであろう。

(8)　寄附扱いの問題点

最後に、寄附金として扱うことについて問題はないかということの検討が残っている。租税法上、「寄附金」は、「その名義のいかんを問わず、金銭その他の資産または経済的利益の贈与または無償の供与のことである」と定義されている（法人税法第37条5項）。本件では、債務を免れているので、営業権の譲渡がなく六の構成もとれないとすればこれに該当することは疑いない。東海真空は訴訟当事者ではないので、そもそもふれる必要のない論点であるが、東海真空の会計経理上、3,500万円を原告からの寄附金とみなし、これを使って菱三商事に対する負債の一部を返済したものとして取り扱うことになろう。そして、法人税法は、行政的便宜および公平の維持の観点から、一種のフィクションとして統一的な損金算入限度額を定めているので、この場合には、数字を操作する余地はない。

本件では、課税の対象となる全所得金額が争われており、判決は他の金額についても言及しているが、他の部分については両当事者間に争いはなく、また理論上も説明すべき点はないので、ここでは省略した。

11　企業倫理と法

一　序　説

　1995年に筑波大学に企業科学研究科（博士課程）が新設されたとき、表題の科目がはじめて開講され、この科目を、経営システム科学の教授（河合忠彦氏）と筆者が共同で担当したことについては、既に本書5頁で言及した。十分な議論をしたうえで新設された学問領域ではなく、その内容はあいまいである。筆者も2003年には筑波大学を退官し、この科目は既に廃止されている。しかし、本書第1章でも述べたように、企業法学にとっては重要な学問であるように思われるので、それがいかなる学問であるか、理論化を試みておくことにしたい。

　この科目は、問題解決学習の形で講義が進められているので、モデル事例をしばしば取り上げている。最近では、雪印牛乳の事件や三菱自動車の事件が問題となっており、モデル事例を示すことは容易であるが、ここではむしろフィクションとしてのモデル事例を検討する。その前に、読者の便宜のために本研究の視点を改めて明らかにしておこう。まず第一に、この研究は、企業経営のあり方を法的価値観に照らして検討し、一定の評価を試みようとするものである。第二に、個々の事例について善悪を判断するのではなく、健全な企業経営のあり方（企業経営の民主化）が主たる関心事となっていることである。もちろん、企業ぐるみの法律違反も当然無視できないことがらであるが、個々の企業活動に関するコンプライアンスの問題にも言及する。何よりも「企業責任」ということばが、どのように定義されるべきか、その責任の内容が何であるか、究明することがこの研究の主要課題である。

　この研究では、理想的な企業経営を「自由で闊達」というシンボリックな

11　企業倫理と法

ことばで表現し、否定されるべき企業経営を「陰湿な」経営と呼んでいる。このようなレッテルを貼るときには、すでに倫理的な判断を混在させている。しかし、後にもっと正確な検証がなされるべきであるとしても、調査の糸口を掴むのには便利な概念である（実際、問題を起こす企業を調べてみると「陰湿な企業活動」の要素が混じっている）。ここでは、フィクションとして、1999年12月の香川県での「国際環境法シンポジューム」のときに旧友たちから聞いたヨーロッパの大学の「陰湿」なはなしを最初に示しておこう[1]。この逸話は、日本の陰湿な企業の現状にも当てはまると思われるからである。また、この逸話に登場する「ハイエナ」は、この研究で評価の対象とされる企業活動の主体を意味するものとして、本稿の論述の中でも用いている。

(1) 国際法を専門とするキス教授、ダイナ・シェラトン教授、その他4人の外国人研究者と会食をしたときの話である（朝日新聞1999年12月14日（香川版）朝刊）。

二　「うさぎときつね」の逸話と研究課題の設定

1　「うさぎときつね」の逸話

きつねがうさぎを捕まえ、殺そうとしたとき、うさぎは、「博士論文がほとんど完成しており、3日まってくれれば提出できる。人生最後の一大事であり、完成できなければ悔やまれてならない」と言った。その題目はと聞くと「きつねのうさぎに対する優越性の研究」であると言うので、きつねはこれに同情し、3日の猶予を与えたところ、うさぎは安全な逃げ穴を完成してしまった。そして、博士論文も見事に完成した。しかし、論文の題目は「うさぎのきつねに対する優越性の研究」と変わっていた。

他の動物たちは、うさぎを羨ましく思い、その理論の論証を迫った。そこで、うさぎはみんなを引き連れてきつねの寝床へでかけてみると、きつねは何者かにかみ切られて死んでいた。そこで、事情を知りたいと思って指導教

二 「うさぎときつね」の逸話と研究課題の設定

官を訪ねてみると、指導教官の家もすっかり様子が変わっていた。指導教官はライオンであったが、実は、きつねがうさぎを殺さなかったことには、その指導教官のコントロールが働いていた。しかし、百獣の王ライオンも、ハイエナの集団に不意を突かれ、殺されてしまった。その家は真っ暗になっていて、ライオンの王冠をかぶったハイエナの小集団が青い不気味な目をぎょろつかせていた。

　現在のヨーロッパの大学は、このような状態になっていて、餌食となるつもりならば出かけてもよいが、古い時代を懐かしく思ってでかけるならば失望するだろう、とわたしに助言してくれたのである。ハイエナは王冠には似つかわしくなく、ハイエナは集団でのみ力をもつ。無言のまま「共謀」し、いろいろな罠をしかけ、獲物を貪りつつ生きている。このような生き方も神から与えられた自然の摂理ではあるが、あまり楽しい話ではない。「陰湿」ということばがぴったり当てはまるのであろう。この逸話が何を意味するかは、一通りの議論を済ませてから、明らかにされる。要するに、企業にたとえてこれを説明すれば、この状態はコーポレート・ガバナンスを失っており、もはや存続の正当性を失っているといえる。このような集団が存続することになれば、美しい自然は破壊され、地獄を思わせる荒れ野が拡がることになる。

2　研究課題の設定

　さて、本章で第一に問題にすることは、企業経営における民主主義をいかにして実現するかということである。企業活動は、憲法の「営業の自由」の規定によって保護されており、原則としてその自由意志に従って何でもできる。しかし、この自由は「公共の福祉」に従う[2]。法律（憲法）は、「個人の生命、自由、財産」を保護することを第一の目的としており、このような重要な価値を否定する企業活動は、「公共の福祉」に反する行為であり、法律によって制裁を受けるものである。たとえば、上述の雪印牛乳の事件や三菱自動車の事件で糾弾されるべきことは、消費者（個人）の生命の軽視であ

る(3)。しかし、もし企業の意志決定が民主的なプロセスを経てなされていたならば、事件は起こらなかったであろうと仮定する。このプロセスを探求するために、コーポレート・ガバナンスの判断基準が検討されなければならない。

　第二の研究課題は、「責任」を究明することである。上述の問題が手続的正義の問題であるのに対し、この問題は実体的正義の問題である。この「責任」ということばは、「自由」と裏腹にあるものであり、「営業の自由」に対する責任は「経営の責任」である(4)。この責任は、後に説明するコンプライアンスの責任を含む。大方の企業は株式会社の形態で企業活動を行っており、この場合、意志決定は株主総会によってなされるものと擬制される(5)ので、「株主責任」についても検討されなければならない。また、今日の企業活動は、国際社会の中で行われるものであり、ここでの議論が国際的スタンダードと調和がとれているものかどうかも、検証されなければならない。

(2)　日本国憲法22条は「何人も職業選択の自由を有する」と規定しているが、この自由には「いわゆる営業の自由を保障する趣旨を包含する」最高裁昭和47年11月22日判決。
(3)　例えば、形式的な意味における法律に違反していない限り、その高利貸しが債権取立行為によって債務者を自殺に追いやったとしても、いかなる責任も生じない。しかし、もし当該の高利貸しが、その債務者には返済能力がないことを知りながら金を貸し付けたとすれば、自らの手を汚すことなく、殺人を企んだ（個人の生命の否定）と推論できる可能性が生まれる。利息制限法による利息制限や、出資の受入れ、預り金及び金利等の取締りに関する法律（1954年）第5条による高金利（年40.004％以上）を処罰する規定、貸金業の規制等に関する法律（1993年）第21条による「人を威迫し、私生活の平穏を害する」取立ての禁止、などが「公共の福祉」の制約の具体的内容である。
(4)　カントによれば、自然は人間の本性を意味し、「法」も神に由来するものではなく、人間の自然本性に由来するものである。人間の人格性に義務の根拠を求めている。カントは、「君の意志の格率がいつでも同時に普遍的立

法の原理として妥当しうるように行為せよ」（実践理性の根本法則）と主張する（カント［波多野、宮本、篠田訳］『実践理性批判』（岩波書店、1979年）72 ページ）。他人を自己の目的のための道具とみなすことを禁じ、合理的な判断による自己規律を重要視しているのである（カント［篠田訳］『純粋理性批判』下（岩波書店、1962年）も参照）。ちなみに、カントは、大学教育について「学生に独断的教説を教え込むことはしてはならず、純粋理性の批判について十分な訓練をほどこすべき」であるとも述べている（同 54 ページ）。

(5) ここで「擬制される」と述べたのは、わが国の企業の多くは家族企業であり、実際には、株主総会は形骸化しているからである。

三　企業意志に従う企業活動

1　河合教授のマネージメント理論

最初に、本稿の研究対象となる「企業活動」についての河合教授の研究に注目することにしよう(6)。河合教授は、企業意志を総括的に「企業戦略」と呼び、その戦略の形成と実行がトップ（社長、役員、取締役）とミドル（事業部長、課長）との連携によってなされていると把握している。「構造的不確実性」と「競争的不確実性」を条件としながら、まず「基本戦略」に基づく包括的インフラを整えた上で、具体的な戦略を形成し、実行に移す。この試行錯誤の結果を再び「戦略」検討に反映させて、新たな戦略を練り直す。このループ状のプロセスにおいて、だれが、どのように、リーダーシップをとるかを問題にしている。ただし、この研究は経営学（企業経営）の観点からなされたものであって、法律学の視点からなされたものではないので、この論文の文脈にこれを当てはめることは河合教授の意図したところと異なるかもしれない。

河合教授はミドルの創発力に注目し、上述の連携のあり方を受託型、説得型、独創型、造反型の四つに分類している。このミドル創発力の分類をトップのあり方と結び付け、三つのタイプに分類している。第一は、「包括的戦

略を形成して実行する」やり方をとるものをあげている。第二は、「創発ループにおけるミドルの創発的行動の許容」型をあげている。第三は、「創発的インフラを形成して、それを維持する」型をあげている。いずれのリーダーシップ・モデルを選択するにしても、「自己組織化」と「カオス」というサブパラダイム[7]と結びついて動的な発展のプロセスを示すものであり、そのようなものとして「企業の意志形成」と「企業活動」は分析されなければならないという。

自然科学的な手法を取り入れた上述の理論を当てはめて、具体的な事例を分析している。例えば、ソニーの事例分析について、河合教授は、次のように述べている。「トップとミドルのリーダーシップが一方ではそれぞれ独立に機能しながら、他方では意図的ないし結果的にリンクして相互補完的に機能したこと」が、ソニーの総合的な成功要因であったと分析する[8]。具体的には、トップがリーダーシップをとって事業本部制を導入し、ミドルがこれに応えて新製品を次々と生み出し、さらにトップがその成果を全社戦略に組み込んで、包括ループにおけるリーダーシップをとったことが、成功の主要原因であるという。「個々の事業ユニットによるボトムアップの力がトップ・マネージメントに創発的進化を起こし、これがトップダウンで事業ユニットにフィードバックされ、さらに新しい創発的進化を呼び起こした」というのである。その結果、「自由闊達な風土」が出来上がっていると評価する。

2 「法」の立場からの分析——法と道徳の拮抗

本章の研究対象となる「企業活動」は、河合教授のいう企業の「意志形成」と「実行」の部分に当たる。法律学の立場からは、この実行行為に至るまでの意志形成が民主的に行われているかどうか、また、その行為が直接法規範に違反することはないかが問題となる。そもそも、「法」というものは、強制力（主権者の意志）をその重要な要素とする。倫理は内面的な規範であるが、法は外面的な規範である。法の目から見た場合、第一にコーポレー

三　企業意志に従う企業活動

ト・ガバナンスが問題になるが、河合教授のことばを借りれば、法律は「創発的インフラを形成して、それを維持する」やり方をとっている。第二に、コンプライアンスが問題になるが、個々の法律に関わる問題であり、「実行」を一つ一つ評価する必要がある[9]。一般的にいえば、この評価によって否定される企業活動は、個人（消費者）の「生命、自由、財産」を侵害することである。

　学問上、厄介な問題は、強制力をもつ法規範と強制力をもたない法規範とをどのように使い分けるかである。とくに後者は、「公的道徳規範」とも呼ばれるものであるが、これと企業倫理と同じものであるか検討する必要がある。これは法哲学のもっとも重要な問題であり、簡単に結論を出せない[10]。企業科学研究科の講義科目の表題の付け方は、倫理も法も「道徳規範」にかかわりをもつが、倫理が内面的な規範であるのに対し、法は外面的な規範で、本人の意志にかかわらず強制されるという特色に注目している。企業の行為を規律する規範が倫理であるとすれば、その倫理に対して外部から一定の評価を与え、その行為を規律するものが法である（一般予防法学）。

　予防法学が十分な機能を果たしえなかったのは、「法」の多くが道徳規範として扱われてきたことにある。20世紀の法学では、「法」と「道徳」の分離が議論されてきた[11]。ここでいう「法」の捉え方を単純化して説明すれば、第一に、オースティンを初めとする分析法学派は、法の目的は「個人の生命、自由、財産」を守ることにあり、法が強制力をもちうるのは、その目的を実現するためにそれが必要であるからだと考えている。これに対して、いわゆる自然法を唱える法学者は、法は道徳を実現するための実定法規範であり、その目的は個人のかかる権利を守ることだけに限られるものではないと主張した。この議論の対立の意味するところは、ナチス時代のドイツ社会に当てはめてみると非常によく分かる。自然法論は全体意志の名の下に個人の法的利益を否定することがしばしばある。

11　企業倫理と法

3　法規範と企業意志の関係

　企業のトップは、自己の地位を維持することを意識して、短期間に大きな収益をあげることを第一の目標（企業意志）とする傾向をもつ。分析法学派のいう法規範は、その目標を実現するためには、しばしば障害となりうる。現実には、法規範はしばしば強制されないことがあるため、トップは法規範を侵すリスクを選択することがある。しかし、法規範は関連する数多くの利害関係を公正に扱うための秤であり、この秤にかけないで進められる企業活動は、その過程で多くのコンフリクトを生み出すことになる。たとえば、牛乳が消費者の生命を脅かすことがあれば、たとえ刑事裁判にならない場合でも、「公的道徳」からの批判によって企業の存在そのものが危機に直面させられることになる。法規範に従う企業活動は、「自由闊達な」企業を育て、長期にわたる成功を保証するものである。

　(6)　河合信彦『複雑適応系リーダーシップ』（有斐閣、1999年）第7章ないし第9章。なお、同書43ページには、「図3－1　経営革新スパイラル・モデル」を図示しているが、この図は河合の理論を理解するのに役立つ。
　(7)　河合は、カオスを「因果関係の明白な法則（決定論的法則）に従って生じているのにもかかわらず、非常に不規則な振る舞いを示し、遠い将来の状態が予測できない現象」と定義している。河合、前掲注(6)、29ページ。これは「ゆらぎ」の問題にかかわる論点であり、企業モデルに組み込むことが成功の秘訣であるという。
　(8)　河合、前掲注(6)、172ページ。
　(9)　経営学の立場から企業倫理が問題とされるとき、独占禁止法違反の防止などコンプライアンスの事例が論じられる。河合教授は、通産省『企業行動の現状と問題点（白書)』（1977年）を参考にしながら、企業支配力、問題商品、公害、労使問題、環境保全、不当表示、災害、消費者物価、その他のコンフリクト（紛争）を論じている（坂井・村本・山田・河合『経営学入門』（有斐閣、1979年）136-144ページ）。ここでいう「企業支配力」のコンフリクトはヤミカルテルや再販売価格維持などの紛争を考えている

ようであるが、これらの事例について、企業倫理と法倫理との関係は、むしろ対立している。
⑽　この論点について引用すべき文献の数は、枚挙にいとまがないほどであるが、ここでは、一般的に分かり易く説明した概説書として、David Lyons, Ethics and the Rule of Law（1984）を引用するのみにとどめる。
⑾　Devlin-Hart 論争でこれが問題とされた（Devlin, The Enforcement of Morality(Oxford, 1965)；H. L. A. Hart, Law, Liberty and Morality(1963)）。しかし、「法と道徳」の問題は、その論争の中で引用されているように、19世紀にも論じられていたし、さらに古くローマ法の時代に遡る問題である。

四　法規範による企業活動の健全化

1　「企業倫理」と法規範（コーポレート・ガバナンス）

さて、「企業倫理[12]」は、「企業活動」を行うさいの企業の心理状態をコントロールする規範を意味する。この規範は、直接強制力を伴なう法規範と同一ではない。しかも、直接強制力を伴わない「公的道徳」とも異なる。この分類を雪印牛乳の事件における企業の考え方に当てはめてみよう。ここで注目する事実は、牛乳を生産する過程で、不可抗力により停電が起こり、生産された牛乳に有害な菌が発生したと仮定しよう。企業の取締役会は、関係のある牛乳を全部廃棄すれば大きな損失が生じるので、リスクがあるにもかかわらず、再利用を実行した。結果として死者はもちろんのこと、生死にかかわる病人も出ていないので、個別的に苦情を処理するのが一番得策であるとトップは考えた（企業倫理判断）。

もし死者または病人が出ておれば、その企業は法規範の違反に対する責任（刑事責任）を問われる。これはコンプライアンスの一側面である。しかし、「公的道徳」の違反は直接法的責任に結びつかない。「公的道徳」は、結果の如何にかかわらず、人の生命を軽視する態度について責任を問うものであり、雪印牛乳は、この「公的道徳」（マスコミを含む世論の批判）に屈した。「企業倫理」は、少なくとも法規範を遵守すべしということを含んではいるが、内

部コントロールはそのようには機能しなかった。なぜこうなるのか。

コーポレート・ガバナンスの原則[13]は、企業の在り方について、個々の企業活動を個別的に価値判断するものではなく、一般的な健全性を維持することによって、結果として健全な企業活動が行われることを期待する。実際、西洋医学に対する東洋医学のアプローチに示されるように、企業の全体像を外から客観的に観察すれば、その企業が病気にかかっているか否かは、相当程度まで正確に推察することができる。例えば、ねずみ講式の販売活動を行っている会社は、決算に関わる書類を見るだけでも推察できるはずである。

2　法規範による企業活動の健全化

コーポレート・ガバナンスの原則を究明するために、大手建設会社が「環境破壊をもたらしかねないマンション建設[14]」を検討しているものと仮定しよう。これに関する取締役会の議事録は、つぎのように記録している。

取締役A：「前回の会議で詳細な資料をお配りして、説明しましたので、プロジェクトの説明は省略させていただくことにして、宿題となっておりました論点［環境破壊］について、ご討論をいただきたいと思います。」

取締役B：「前回の会議からかなり期間が過ぎているので、資料を全部説明しなおし、その上で討論に入るべきではないか。」

取締役C：「聞くところによると、前回の資料は、あなたが勝手に一部の者に押し付けたものを代弁させただけのもので、調査が本当には行われていないのではないか。」

取締役D：「あなたが提出した資料を読んでみると、誤字や脱字が多くて、そもそも信頼に値しないので、この問題の検討に入るのは早すぎるのではないか。」

取締役B、C、Dが取締役Aと競争関係にある場合には、このような議論が展開されがちであるが、B、C、Dにとっては、客観的な環境破壊の評価よりも、Aを失墜させることに最大の関心事がある。もし取締役Eが、「問題のプロジェクトが、どの程度の利益をもたらし、どの程度のリスクを含ん

四　法規範による企業活動の健全化

でいるかが重要だと思います。前回の資料をわたくしなりに検討させていただき、リスクについての分析をした結果、わたくしは優れたプロジェクトであると思います。ご提案に賛成します。」と述べ、決議がなされたとすればこの会議は民主的なものである。あるいは、「その提案にはこの部分に欠陥があります」という議論を立てて、具体的な資料を提出するべきである。しかし、実際には、A以外の取締役は、Aとの人間関係によって賛成ないし反対の屁理屈を述べることが多いという[15]。真実を明らかにして、関連する諸利益を分析し、公正に比較考量することがなされていない。

　上述のような取締役会は「人の支配」によるものであり、民主主義の基本理念である「法の支配」は否定されている。河合教授の論理的枠組みを利用して、トップの意志形成のあり方について、上記の事例を参考にしながら検討してみよう。もし問題のプロジェクトをミドルが提案したものであるとすれば、トップは、意志形成の前提となる資料が正確に作られているかどうか、検証する義務を負う。さらに、コスト・ベネフィットを検討し、関係する諸問題（法律の遵守を含む）を調査し、実施の方法を決めなければならない。「公共の福祉」は、環境利益を害することが最も少ない選択肢が最終的に選ばれることを要求する。

(12)　「他人に迷惑をかけるな」とか、「嘘をついてはいけない」というレベルの倫理が企業にも存在することは間違いない。しかし、金子晴勇『倫理学講義』（創文社、1987年）15ページによれば、「倫理は人間自身の生き方にかかわる学問である」という。社会の中に個人をとらえ、その個人を内面的に理解する。換言すれば、人と人との関係に道筋を立て、グローバルな人生の中で、愛、幸福、自由、正義、美など、人間が理想とするものをどのように追求するかを究明する学問であるという。歴史的にみれば、ソクラテス、プラトン、アリストテレスらによるギリシャ哲学、孔子や老子の思想、その他さまざまな宗教や哲学の一面にもかかわりをもってくる。佐藤俊夫著『倫理学（新版）』（東京大学出版会［49刷］1996年）113ページによれば、「近代倫理学はカントによっていちおうの完成をみる」のであり、

315

それ故に、前掲注(4)において、カント倫理学に多少注目しておいた。「法」が要求する注意義務は、良き隣人としての他人に対する生き様を示している。

(13) AMERICAN LAW INSTITUTE, PRINCIPLES OF CORPORATE GOVERNANCE (1994) がこの原則を詳細に説明している。W. L. CARY & M. A. EISENBERG, CORPORATIONS — CASES AND MATERIALS (1988) や M. A. EISENBERG, THE STRUCTURE OF THE CORPORATION (1976) でも、異なる視点からこれが説明されている。

(14) この設題は、伊豆の離れ小島にリゾート・マンションを建設する場合に「環境利益」をどのように扱うべきかを問うている。

(15) 聞くところによると、現実には、取締役Aに反対する派閥の議論は、提案されたプロジェクトに対する合理的な議論ではなく、個人攻撃に終わっていることが多いという。

五　経営責任

I　コーポレート・ガバナンスの原則

1　取締役の責任

コーポレート・ガバナンスの原則をさらに具体的に説明しよう。第一に、企業活動の責任は代表取締役にあるが、その役割は企業を代表して企業活動を推進することである。上述の「環境利益」と衝突するプロジェクト推進の戦略が決定されたとしても、これをいかに進めるかはその代表取締役のリーダーシップにかかっている。いわゆる河合教授のいうトップは、会社に対して忠実義務を負う(16)。ここでいう会社は、総体としての株主を意味し、株主一般に対して最大の利益をもたらす義務を負っている。「企業」は利益を追求するものであるが、一時的に大きな利益をもたらすとしても、次の瞬間に損失（信用の失墜を含む）を生み出すということであれば、その義務を果たしたことにはならない。そこで、コーポレート・ガバナンスの原則は、「経営判断の合理性」を要求する(17)。すなわち、これを前述のプロジェクト

五　経営責任

に当てはめるならば、実現可能な選択肢を数多く模索し、合理的に検討することを要求される（手続的正義）。

「経営判断の合理性」の法理は、アメリカ法で生まれたものであるが、日本の判例でも採用されている。たとえば、東京地方裁判所平成5年9月16日の判決[18]は、野村證券が大手顧客にたいして損失補償を行ったことが証券取引法および独占禁止法に違反するとされた事件で、取締役の責任は、経営判断の裁量のうちに含まれるならば生じないと判決した。「取締役は会社の経営に関し善良な管理者の注意をもって忠実にその任務を果たすべきであるが、企業の経営に関する判断は、不確実かつ流動的で複雑多様な諸要素を対象にした専門的、予備的、政策的な判断能力を必要とする総合的判断であるから、その裁量の幅はおのずと広い」と述べて、実際上、補填が行われたことによって、会社の損失を防いでおり、企業責任は果たされていると判示した。ただし、個々の役員のコンプライアンスの問題は別問題として扱っている[19]。

コーポレート・ガバナンスの第二原則は、公正取引の義務を負わせる（実体的正義）。法律学上「責任」を問題とする場合、第一に、取締役は「企業経営」を行う委任契約を結んでいると考えられ、この違反に対する契約理論上の「責任」が生まれる。商法はこれを「委任」と定めているので、その義務は通常の善管注意義務を意味する[20]。第二に、アメリカ法上では、取締役は信認義務を負うと理解されており、日本の会社法の解釈としても、信託法の理論を擬制して信認義務違反の責任が問われることもある[21]。さらに、個々の取締役は、企業業務執行の意志決定機関としての取締役会の構成員となり、株主総会に出席するほか、会社の経営が軌道をはずれた場合に各種の訴えを提起し、整理を申し立てることができる[22]。そのために、個々の取締役は、日常のモニタリングを行わなければならない。その反面、競業避止義務を負う外、利益相反取引は禁止され、一定の商法違反の行為に対して責任を負わされる[23]。

11　企業倫理と法

2　企業組織における一般社員の役割とその責任

　河合教授の分析においては、ミドルが企業の意志形成に大きく関わっており、ミドルの行為も俎板に乗せなければならない。たとえミドルがトップに代って行為したものとしても、ミドルの犯罪行為は個人として責任を問われる。ミドルは常にトップの道具（代理人）であるというわけではない。このことは、第一に、コンプライアンスの責任は、一般社員が負うものであり、前述のように、取締役は、コンプライアンスの情況をモニターする責任を負う(24)。換言すれば、ミドル以下の個々の社員に対し、自律の精神が存在しているかどうかが「自由闊達」の評価基準となる。次の事例におけるミドルについて、法的評価を試みることにしよう。

　(1)　会社の社員有志があつまり、上高地へ旅行にでかけたところ、その上司（河合教授のいうミドル）も参加したという。合計18人の集団旅行であり、かなり大がかりなものであったが、徳沢園で牛肉のバーベキューをやったところ、その課長が人の分まで食べてしまい、バーベキューを食べられない者がいた。この課長は取り仕切ることが好きで、バーベキューのためのラジウス（スウェーデン製の新品）に火をつける役割を自ら引き受けたのであるが、ガソリンが周りに飛び散り、小さな火事になりかけた。この事故の結果、ラジウスは故障して使えなくなった。その課長は責任を負うこともなく、何事もなかったように平然としていた。

　(2)　みんなが集まったときにこの課長は演説をはじめた。スコットランドの詩人の詩を英語で朗読し、「こころ清らかな人が好きです」と言って胸をはった。ことばの美しさとは裏腹に、その心はハイエナのごとくであり、その学生からみると、課長はジキル氏とハイド氏のような二重人格者であった。権力欲の塊であった。小さなグループの中で支配力を維持するために、いろいろな政治的な小細工をこらす人物である。部下に対して役割分担をし、固守淡々と獲物を狙っている。人事の報告書の中で悪口を書きながら当人に対してはその反対のことを平気で言う人間である。上高地のホテルでは、かね

て支配人を知っており、その弱みを握っていたことから、18人のビール代をサービスとして無料にさせた。

(3) この旅行以来、その課長はハイエナ氏と呼ばれるようになった。いつも仲間で集団行動をとり、ねらった獲物は残酷に噛み殺す。「陰湿」ということばはこの男に非常によく当てはまる。一般論として、今日の日本の会社は、このようなハイエナ氏のような人物を巧みに使うことによって、企業は成功を収めている。今日の企業法務の責任者は、このような男によって取り仕切られているという。「法の支配」の理念を尊重することはまったくなく、政治の流れにうまく乗っている。「人の支配」が規律している。

(4) ハイエナ氏は部下の3人と一緒に風呂へ入った。そこで「これは公にすべきことではないが」と断って、「君たちの昇進のことを考えている」と言った。その上でさりげなく競争相手の同僚の悪口を言った。独占禁止法でいう「共謀」のミニチュアがここに見られる。「公正」の観念が欠如している[25]。会社は業績主義をとっており、売り上げさえよければ倫理や義理人情のことなどには関心がない。会社の在り方として、これで問題はないのであろうか。

このモデル事例では、ハイエナ氏という架空の人物に登場してもらって、日本の企業のミドルの一つの実態を示した。このモデル事例は、企業生活のなかで見られる日常茶飯事を取り上げているが、企業活動の中でも同じ世界観、人生観に従って、企業活動が行われているにちがいない。このような日常生活の中にこそ、企業人の企業倫理がはっきり表れている。上記のモデル事例には次のような問題が含まれている。

第一に、企業内の法意識が欠如している。ラジウス（スウェーデン製の新品）を損壊したことに対する損害賠償の責任をハイエナ氏が負うべきであるにもかかわらず、まったく問題となっていない。もし損壊の意志があるのであれば、器物損壊罪という犯罪すら成り立つ。しかし、企業内においては、市民社会の法意識はなくなってしまっている。一体、誰がその損失を負担したか。些細な犯罪ないし発見され処罰されない犯罪は、企業社会では見過ご

されている[26]。

　第二に、ホテルの支配人に対する対処の仕方に問題はないか。人情の問題として、友人とのつきあい方は、これで問題はないのか。カントは他人を目的として見るのではなく、主体としてとらえるのが正しいとしている[27]。ハイエナ氏は、おそらく商売するときにも同窓会名簿などを利用して、同じように同窓生を道具としてみているのであり、カントの人倫に反する。このような人間関係によって生み出される社会は、実にギスギスとした、他人に信頼を置くことのできない、住み難いものとなってしまうであろう。

　第三に、上述のモデル事例は、ロゥルズが論じている「平等」の問題を提供する[28]。今日の社会の資源には限りがあり、各人に割り当てられたものを互いに判断し、他の人々の持ち分を侵害しないという配慮がなければ、現実には不公平が生じる。「共存の感情」こそ現代社会において重要なものであるが、ハイエナ氏が三人分のバーベキューを食ってしまったとき、そのコミュニティの「共存の感情」が傷つけられている。

　そこでトップ・マネージメントの観点から、トップはハイエナ氏をどのように評価すべきかが問題となる。風呂でのやりとりをはじめ、ハイエナ氏の行動は犯罪性を帯びている。しかし、日本の企業は、そのようなことは問題にせず、企業内部は一般法の適用のない世界となっている。ハイエナ氏が企業利益をもたらす人物である限り、これを巧みに利用して利益追求に走ってきた。今日のような事件が次々と起きているのは、このような企業内の体質に原因があるのではあるまいか。この問題はコンプライアンスに関係する。

3　「コンプライアンス」の定義

　ここで「コンプライアンス」という用語の定義を示しておこう。コンプライアンスは英語であるが、あえて日本語に翻訳すれば、法の「遵守」ということを意味する。このことばは専門用語として定着しているわけではないが、10原則として説明されることが多い[29]。この10原則は詳細に検討する必要のないほど自明であり、遵守を三つのレベルに分けて考えれば十分である。

五　経営責任

　第一に、法令に違反してはならないという一般市民として当然のことを意味する。第二に、それぞれに事業に関係する規制に従わなければならないことを意味する。たとえば、不動産媒介業者は、宅地建物取引業法35条によって、重要事項の説明義務を負わされているが、これはコンプライアンスの義務を法令化したものである。第三に、電力会社の環境保護の問題など、企業活動と「公的利益」の保護とのバランスから生じる法規範の問題（例えば環境保護）がある。

　上述の三つのレベルのコンプライアンス義務と法的「責任」を関連づければ、次のようになる。第一のレベルのコンプライアンス原則は、刑事責任または民事責任の問題である(30)。第二のレベルのそれは、英米法のことばを借りれば、エクイティと呼ばれる法学の領域にかかわりをもつ。「信義誠実」「良心性」「権利濫用」「公正」「公平」「平等」などのことばでそれは表現される。アメリカ法のことばを借りて言えば、デュー・プロセスの問題である。第三のレベルのそれは、「公的道徳」に基づく世論による制裁に服することになる責任問題である。

　それでは、コンプライアンスの義務は、トップ、ミドル、社員一般という立場により、異なるのであろうか。企業が大きな利益を得たとしても、このことは社員の利益と直接関係するものではない。企業に勤める個々の社員は、雇用契約により拘束され、企業に対し一定の忠実義務を負うにすぎない。その行為は、民法715条に従って、「使用者責任」が問われるものである。従って、コンプライアンスの主体は主にトップおよびミドルである(31)。第一レベルの市民としての義務は消滅するものではなく、たとえ企業秘密の守秘義務が社員に負わされているとしても、社員の自律は失われておらず、内部告発が必要とされる場合もありうる。第二レベルのコンプライアンスはミドルの問題であり、第三レベルのそれは、トップの問題である。

Ⅱ 企業活動に関わる外部者の連帯責任

1 部外専門家の責任

これまで議論してきた「責任」とは性質の異なる、もう一つの責任の問題があることも指摘しておかなければならない。これは「専門家責任」と呼ばれるもので、部外者として企業活動ないし企業経営に関わる専門家の責任である。会計士や弁護士、問題によっては建築士、医師などが関係するが、これらの専門家は企業から報酬を得ている。その意味で、もし専門家のサービスに欠陥があれば、企業がその専門家を相手に契約責任を問うことも可能である。しかし、ここで問題にする責任は、不法行為法の「過失責任」の理論によるものである。「専門家」として一定の注意義務を負わされるが、その注意義務に違反したことに対して課せられる責任である[32]。

第一に、監査役の責任がある。「監査役」は、会社法上、設けられた一つの重要な機関であり、企業経営において不正が行われないよう監視する役割を担わされている[33]。第二に、顧問弁護士である。顧問弁護士が企業の経営にどのように関わっているかは、明瞭ではない。しかし、一般論としていえば、上述の注意義務の基準は職業人の間で常識とされている判断基準であって、通常人のそれよりは多少高度のものである。第三に、その他個別的な情況と関連して、建築士、医師その他の専門家がかかわってくる。例えば、ある建物の設計を請け負う場合、建築士は危険が予測できる建築を進めることは許されない。この義務違反に対する責任は、過失責任の理論で説明される。法は注意義務の存在を推定し、この義務を尽くしていない者に対して、そのことから生じる損害の賠償を強制する[34]。

専門家の「過失責任」について、アメリカのカードウゾ裁判官は、「不確定なクラスに対し、不確定な期間、不確定な額」について責任を負わせる法理は存在しないと述べた[35]。コモン・ロー上、公認会計士は企業に対して契約上の責任を負うが、第三者との契約関係はないので、第三者に対する責

五 経営責任

任は生じないのが当然である。しかし、その報告書がどのように使われるかを知っており、それを使ったときに損害が生じることを合理的に推測できるときは、よき隣人として「当該第三者」に損害を与えない注意義務を負うと判決した。この注意義務の判断基準は、今日では相対的に高くなってきている。たとえば、医師についていえば、病院が過去の事故を研究し、それを防止するためのマニュアルを作り、研究会を開いて研修を行っており、医師に対して要求される注意義務はよりきめ細かなものになってきている[36]。医師以外の専門家についても、類似した情況がある。

2 銀行の貸付け責任

以上の外、アメリカ法には貸付責任の法理がある。これは主に連邦環境法の規定に論拠を置くものであるが、コモン・ローの一般理論ともなっている[37]。この理論によれば、銀行が多額の金額の貸付を行う場合、当然、企業のプロジェクト評価を行っているはずであり、銀行の融資は、そのプロジェクトを支援している。つまり、一種の共同事業者の立場に立っているのであり、連帯責任を負うべきであるという考え方である[38]。この考え方は、アメリカの連邦環境法の中に明記されている。

コーポレート・ガバナンスの第二原理は、公正取引の義務を負わせる（手続的正義）。先の環境破壊プロジェクトの融資について、代表取締役は、メイン・バンクに相談を持ち込んだと仮定しよう。銀行内部では、これに対して、どのような対応を示すであろうか。第一に考えるのは、銀行が関与することになる金額であり、その金額を貸し付けるに当たり、どのようなリスクがあるか検討する（その金額が少額であれば、銀行組織のミドルのレベルで処理される[39]）。上述のような大規模のプロジェクトに関連するということになれば、銀行の取締役会で取り上げられることになろう。そこで、銀行の取締役会についても、意志決定のプロセスにおけるコーポレート・ガバナンスの問題が生じることになる。

本章で問題にしているのは、コーポレート・ガバナンスの第二原理の適用

11 企業倫理と法

ではなく、この原理の遵守である。野村修他は、「金融機関に求められるコンプライアンス体制」と題する論文(40)の中で、銀行による不正融資の問題を分析している。銀行は、通常、融資のコスト・ベネフィットを計算するが、人的な関係に影響を受けた融資決定は不正である。その原則の遵守をはかるために、コンプライアンス・マニュアルが企業内部で作られ、これが守られているか否かを監視する企業内オンブズマンが設置されはじめている(41)。

ここで問題とした「銀行の貸付責任」という考え方の背後には、企業の社会一般に対する責任が存在する。銀行が貸付けを行うという行為は、国家の経済基盤を形成するという側面をもつ。従って、銀行は反社会性をもつものであってはならず、消費者利益や環境利益に対し特別な考慮を払わなければならない。土地の値段が1月に30%も上昇していたときには、プロジェクトに融資することに銀行は躊躇しなかったと思われる（不動産を担保として確保することにより、リスクをカバーできると考えた）が、マンション建築業者とは違った立場に立ってプロジェクトの健全性の評価を行わなければならない。バブルの時代には、地価の公正市場価格の統計を参考にした程度で、不良融資が行われた。しかし、その結果、現在、企業破産を含む数多くの難問が生まれている(42)。

3 公的機関の関与による免責

日本では、企業活動は公的機関の指導を受けながら行われることが少なくない。これが免罪符として使われることもある。日本経済新聞2000年2月25日の社説は、旧ミドリ十字の元社長に関する大阪地裁の判決について、次のように述べている。

「薬害エイズ事件で、制約会社・旧ミドリ十字の歴代社長3人に実刑を言い渡した大阪地裁の判決は、社会に新鮮な驚きを与えた。（中略）この裁判で3人の元社長が問われたのは、職務上の注意を怠り1人の肝臓病患者をエイズウイルス（HIV）に感染・死亡させたという業務上過失致死罪であった。（中略）判決は、旧ミドリ十字の元社長らが、HIV汚染の恐れのある非加熱

製剤を販売中止するどころか、国内原料を使用しておりエイズの危険性はないと虚偽の宣伝までしていたと述べた。こうなると過失というより故意に近い犯罪である。薬害エイズ事件は、制約会社と厚生省と医学関係者の「産・官・医」の癒着がもたらした複合薬害であると指摘されている。(以下、省略)」

この事件を法倫理の観点から抑止できる立場にあったのは、旧ミドリ十字に関係する法律家であり会計士であったはずであり、本稿の主題もそのことにかかわりがある。この事件は、企業内において法規範を守る意識が全く欠如していること（陰湿な企業倫理）をよく示している。公的機関の関与にも問題があったことをこの社説は指摘している。一般論として、企業活動に対する公的機関の関与（多くは行政指導）は、企業活動を正当化すると考えられがちであるが、「法」はこの考えを認めない。

しかし、日本のように一般国民の草の根から新案が生まれることが期待できない社会では、公的機関がイニシャティヴをとって倫理基準を明確化するのが望ましい。実際、1998年には経済企画庁経済研究所が『日本のコーポレート・ガバナンス』という報告書をまとめている。また、1999年には、通産省（KPMG）が、コーポレート・ガバナンスについて意見をまとめている。この通産省のまとめによれば、(1)金融・資本市場の在り方、(2)労働問題、(3)企業の内部組織、(4)企業間の問題の4分野に分けてとらえることができるという。これも一つの捉え方ではあるが、現在起こっている諸事件に余りにも引き寄せられすぎていて、一般的な基準が見えない。一般的には、カントがいうように、自分の利益を扱うのと同じように、他人（市民一般）の利益にも十分な配慮を払うべきである。ここにいう利益は、「個人の生命、自由、財産」がもっとも重要なものである。この観点から法的評価がくだされるのであり、責任の重さによって三つのレベルの制裁が用意されていることは、すでに説明したとおりである。

11　企業倫理と法

Ⅲ　管理者責任（企業の社員に対する責任）

　経営責任の問題として、これまで企業の外部に対する責任を問題にしてきたが、注(29)で述べたコンプライアンスの第6原則（「企業に勤務する個人の利益を保護すること」）は、内部に対する責任を問題とする。例えば、2000年5月18日（木）に広島地方裁判所は、24歳の社員が「過酷な職務と長時間労働でうつ的状態になっていたので、会社が改善措置をとらなかったこと」に責任を認め、1億1,100万円の損害賠償を認める判決を下した[43]。この事件は、まさにその第6原則違反に対する責任を問うたものであり、この事例はコーポレート・ガバナンスの第2原理が適正に機能していなかったことを示している。このような「陰湿な」状態を生み出したことについては、労働組合の責任も考えられなくもない。

　企業の社員に対する責任は、職場の安全性の維持やセクシャル・ハラスメントの排除が第一に問題となる。前者は客観的なものであって、しばしば行政が一応の基準（ガイドライン）を設定している。後者は、平等原理（男女雇用の平等）や社会的な利害のバランスが考慮されるもので、この「公的倫理」の法規範は、一般化するのが困難である[44]。しかし、銀行取引や証券取引については、シティ・コード（倫理綱領）を作成し、略式の手続で事件処理をするシステムの導入が考えられる。わが国においても、コンプライアンスのマニュアルを個々の企業（または企業グループ）が作成し、モニターをはじめている。野村修也によれば、1998年に金融監督庁が本格的なマニュアル作りにとりかかっているという[45]。アメリカ法では、法律家の法曹倫理綱領の中にこの責任が明記されている[46]。

　　(16)　商法254条の3参照。
　　(17)　AMERICAN LAW INSTITUTE, *supra* note 13, vol. 2 (1994) は、§4.04(c) [p.139] において、この法理を次のように説明している：取締役または役員が、(1) 判断の対象となるものについて利害関係をもっておらず、(2) そ

五　経営責任

の判断に必要な情報を充分に集めており、かつ(3)選択した判断が会社にとってもっとも利益となると信義誠実に信じたことが要求される。

(18)　判例時報1469号（1993年）25ページ。なお、この事件の控訴審判決、東京高等裁判所平成7年9月26日判決、判例時報1549号（1996年）11ページも見よ。

(19)　取締役の忠実義務とか「公正取引」の義務とも呼ばれる。最高裁判所昭和49年2月28日判決、判例時報735号（1974年）97ページ。

(20)　最高裁判所昭和45年6月24日判決、民集24巻6号625ページ。

(21)　たとえば、倒産状態にある企業への銀行融資が、「信頼利益」を害するようなものであれば、エクイティの救済（差止命令、払戻し、原状回復など）が認められる。

(22)　鈴木竹雄＝竹内昭夫『会社法［新版］』（有斐閣、1987年）243ページ。

(23)　商法264条-266条。東京地裁判決、平成6年12月22日、判例時報1518号（1995年）3ページ（贈賄行為）、東京高裁判決、平成7年9月26日、判例時報1549号（1996年）11ページ（独占禁止法違反）、東京地裁判決、平成8年6月20日、判例時報1572号（1996年）27ページ（関税法、外為法違反）参照。また、商法266条の3(1)は、「故意または重大なる過失」によって、第三者に損害を与えたときは、当該取締役が損害賠償の責めを負うことを規定している。

(24)　このモニタリング義務の内容として、第一に、公務員に対する贈収賄、過剰接待、独占禁止法違反などの禁止がある。「非良心性（unconscionability）」や「権利濫用」の取引もときには問題となりうる。生産部門に関しては、製造物責任や瑕疵担保の問題が考えられる。法務部門に関しては、契約書の作成やトラブルの処理の問題がある。そして、人事に関しては、労働法（職場の安全性維持、男女差別の禁止、セクシャル・ハラスメントの防止など）がある。

(25)　今日の日本の繁栄は、談合の利用により成り立っている。公式の会議の場ではなく、夜集まった派閥の「談合」のなかで重要問題が決められることに「陰湿」の根源がある。

(26)　主として「金融業務」に関する刑事責任について詳細な研究を示した文献として、西田典之編『金融業務と刑事法』（有斐閣、1993年）参照。

(27)　前掲注(4)参照。別の部分で「自律」の重要性を指摘したが、各人の自律

11 企業倫理と法

ということが民主主義の大前提となっている。

(28) J. Rawls, A Theory of Justice (Belknap Harvard, 1971) の特に社会制度 (institutions) について論じた第4章および第5章を見よ。

(29) 久保利英明＝菊池伸「事業会社におけるコンプライアンスの進め方」商事法務1527号（1999年）4-10ページ、および河村寛治「国際取引におけるコンプライアンス」JCAジャーナル46巻10号（1999年）12-19ページ。これらの論文は、1996年12月17日に作成された経団連「企業行動憲章」を参考にしている。10原則は、(1) 社会的に有用な財、サービスの開発・提供、(2) 公正、透明、自由な競争と政治、行政との健全・正常な関係維持、(3) 株主・社会とのコミュニケーション、企業情報の積極的かつ公正な開示、(4) 環境問題への取組み、(5)「良き企業市民」と社会貢献活動、(6) 従業員のゆとり、豊かさの実現、人格、個性の尊重、(7) 反社会的勢力・団体との断固たる対決、(8) 海外の文化・慣習の尊重、現地発展に貢献する経営、(9) 経営トップの率先垂範と倫理観の涵養、(10) 本憲章に反するような事態への対応と厳正な処分、である。

(30) 「詐欺」「背任」「横領」の犯罪がこの直接的違反であるが、後掲注(33)で問題にする連帯責任もその一つである。取締役であった者でも、行為時に辞任していれば、特別背任罪は成立しない。神戸地裁昭和34年5月6日、下級刑10巻5号1178ページ。

(31) 民法715条3項は、従業員に対する求償権を規定しているし、企業による懲戒という形での問題があることは言うまでもない。

(32) Jackson and Powell, Professional Negligence (Sweet & Maxwell, 1992) は、ここで取り上げた専門家責任を何千という判例を分析して、詳細に説明している。

(33) 商法260条の3、274条、277条、278条。公認会計士の監査義務は、イギリス法の場合、第一に、依頼人に対し契約法上の責任を負うことのほか、第二に、専門家として予見できる損失について、一定の法律上の義務を負わされている。第三に、会社法により、一定の義務を負わされることがある。日本の商法では、監査役の責任を「連帯責任」と規定しており、取締役の責任に類似したものと考えている。

(34) Wilson v. Bloomfield, (1979) 123 S. L. 860. 第三者に対する責任を認めた多くの事例は、遺言の受益者に対する責任を認めたもので、第三者の

328

五　経営責任

「信頼利益」を保護しようとしている。

(35) Ultramares Corporation v. Touche, 174 N. E. 441（N. Y. 1931）.

(36) Anns v. Merson London Borough Council, [1978] A. C. 728は、今日の注意義務の判断基準を説明している。この判決は、過失責任の最近の基準を示したものであるといわれるが、この事件では、凶悪犯罪者が刑務所を逃亡し、刑務所の管理者が、逃亡犯罪者が一般市民に与えた危害に対する過失責任が認められた。具体的にいえば、公認会計士が作成をした報告書を通常読むであろうと考えられる第三者（例えば、投資家）に対し、それを読んだときの結果が合理的に予測できる場合には、注意義務が認められる可能性がある。Caporo Industries plc v. Dickman, [1990] 2 A. C. 605. 日本においても、小野秀誠『専門家の責任と権能』（信山社、2000年）59ページは、関連判例を分析して司法書士は第三者に対しても責任を負うと述べている。

(37) これについて研究した文献として、飯田哲久「スーパーファンド法による潜在的当事者責任」企業法学（1996年）第5巻143-166ページ参照。

(38) 消費者取引において、金融会社に対する「抗弁権の切断」を認めない法理論もこの論理にもとづいている。

(39) 取締役会の審議を経ずに融資がなされるが、この場合には、「公正取引」コンプライアンス原則は、取締役に対し、客観的な基準を当てはめ、適正な調査後に融資することを要求し、この遵守をモニターする義務を負わせる。

(40) 野村修也「金融機関に求められるコンプライアンス体制」商事法務1527号（1999年）11-19ページ。

(41) 通常、コンプライアンス・オフィサーと呼ばれているが、その地位は社長の下に置かれており、人事、営業などの部局とは独立している。

(42) 上述のように、アメリカ法では、信認義務違反が認められれば、受益者は不正融資者に対して追求権（tracing）をもつので、個人財産から補償を受けることができる。

(43) この事例には、本章のモデルとした逸話を思わせる状況が含まれている。

(44) この領域では、略式の紛争処理機構を設置することが一つの解決策であろう。

(45) 野村修也、前掲注(40)、11ページ。ちなみに、全国銀行協会連合会も1996

11 企業倫理と法

年に「銀行のコンプライアンスについての倫理憲章」を公刊している。
(46) 綱領に違反があれば、弁護士の資格を剥奪されることになる。アメリカのロー・スクールでは、これは必修科目となっており、その教育を徹底している。

六　株　主　責　任

1　株主責任の限界

株主は、株主総会を通じて意志を表明するものであって、株主総会の決議が企業意志である。個々の株主は、投資した会社の利益の配分にあずかることを期待する権利はあっても、この企業意志を具体化するのは、取締役会である（河合教授のいう包括的戦略の決定）。企業活動の重要な実施の意志決定は、この取締役会がするのであって、企業活動に対する一次的な責任は、この取締役会が負う。株主の責任は、投資を喪失する限度に限定される。しかし、これまで論じてきた問題のトップ（取締役）は、企業の大株主である。主たる投資家と企業経営者が同一人物であるために、その株主の「利益追求」が主要目標とされがちである点に問題が起こる遠因がある。そこで、商法は企業民主主義を実現するために少数株主に対して一定の権利を付与している[47]。

2　株主代表訴訟

少数株主が訴えを起こすことは、企業民主主義における少数者利益の保護という側面をもち、コーポレート・ガバナンスの原則の促進に役立つ。これと関連して、アメリカ法は株主代表訴訟の制度を育ててきた[48]。日本の商法においても、すでにこの理論は導入されている。商法267条は、「六月前ヨリ引続キ株式ヲ有スル株主」に対し、取締役の責任を追及する権利について規定しているが、この権利はしばしば使われるようになっており、企業活動の民主化のために一定の役割を果たしている[49]。

訴訟も起きている。たとえば、東京地方裁判所判決において、株主が会社に対して第三者割当増資を求めて、会社がこれを否定したために、この株主が訴訟を起こしたことは、株主権の濫用には当たらず、「倒産を予見できるのに、十分な債権保全措置を講ずることなしに行った多額の貸付および保証は、取締役としての善管注意義務・忠実義務に違反する」と判決した⁽⁵⁰⁾。また、この貸付が危険であることを知りながら代表取締役の貸付に同意した取締役は、監視義務違反に問われた。先に取り上げた野村證券の訴訟では、原告の主張は認められなかったのであるが、これも株主代表訴訟の一つである。

(47) 竹内昭夫「株主の代表訴訟」法学協会雑誌100年論集3巻（1983年）163ページ。
(48) アメリカの判例法、Graham v. Allis-Chalmers Manufacturing Co., 188 A. 2d 125（1963）では、企業の一部門が商品の価格を決定するときに競争会社との談合を行い、この通謀に係わった従業員が独占禁止法違反に問われた。これを防止できなかったことから生じた株主への損害の賠償を求めて、原告株主が代表訴訟を起こしたものである。問題の企業は大規模の電気関係の製造者であり、商品の価格は、担当部門ごとに決められていた。
(49) 最高裁判所平成5年9月9日判決、金融法務1372号（1993年）22ページ、大阪高等裁判所平成9年12月8日判決、資料版商事法務166号（1998年）138ページ、東京地方裁判所平成7年10月26日判決、金融法務1436号（1995年）38ページ。
(50) 平成7年10月26日判決、金融法務1436号（1995年）38ページ。

七　国際取引のグローバル・スタンダード

これまで述べてきた倫理規範は、国際的にも通用するものでなければならない。しかし、今日の世界は、混沌とした状態にあり、しばしば国際基準が論じられているにもかかわらず、一般的な判断基準がない。例えば、国際法というものは国家の上に存在する一般的な法規範であると理解されてはいる

11　企業倫理と法

が、実際には、それはアメリカの国際法であったり、フランスの国際法であったりするのであり、決して一つの普遍的な国際法が存在するわけではない。最近、銀行法のグローバライゼーションがわが国の主要目的とされているが、実際には、世界において銀行間の融資を行う機関としてもっとも有利な組織が設定した基準（例えば、BIS）をいかに満たすかを問題にしているにすぎない。決して理想的な国際銀行法の法規範が存在するわけではない。

　これと関連して河合教授が取り上げたのは、日米貿易摩擦の問題であった。河合教授がいうとおり、アメリカ側が主張する国際基準にいかなる意味においても客観性があるわけではない[51]。第一に、マハティールの理論を検討し、「市場主義」は正しいという。第二に、グローバル・スタンダードを論じながら、米国が主張する「自由で公正な競争」には正当性がないという。この点に関して、日本企業に対するダンピング事件を取り上げながら、「自由競争」と「不公正取引」という二つの判断基準を二枚舌によって使い分け、不平等なスタンダードを日本に押し付けようとしていると主張している[52]。筆者は、ダンピング事件は教材としては余り適当でないと考えている。この問題は政治によって大きな影響を受けており、判例を読んでみても「公正」は貫かれていない[53]。

　国際社会において説得力のある公正基準を形成するためには、国家利益を超えたところに、いわゆる国際慣習法と呼ばれるものを置くことを考えるべきであろう[54]。本章で説明したコーポレート・ガバナンスやコンプライアンスは、国際法上、企業活動におけるデュー・プロセスの理論として説明されているものであり、一般的な法理論として既に認められている。その核心をなす部分はディスクロージャーの法理（公正、透明）であるが、企業内の在り方が外部からも見えるようにして、企業民主主義を実現することが目的とされている。数多くの制定法の中にも法文化されている法原理であり、文化的な先進国においては、裁判所による強制が可能なものであるといってよい[55]。ただし、多国籍企業の営業活動にその法原理を当てはめる段階においては、考慮すべき技術的な問題が関係してくるので、本章の議論に付加的

な考察を追加する必要があるかもしれない。しかし、その問題は別個の研究に譲りたい。

(51) 北川俊光＝柏木昇『国際取引法』(有斐閣、1999年) 383ページも、国際取引における公正・不公正の紛争の背後には、「その関係国の国内産業のビジネス戦略」が見えているという。同書は、120-148ページに反ダンピング法を詳細に説明している。

(52) 滝川敏明『貿易摩擦と独禁法』(有斐閣、1994年) は、その第9章において、アメリカ法の特殊性を説明している。アメリカ通商法 (1974年) 301条の適用がジャパン・プロブレム (政府規制と企業慣行の相違) の解決に向けられたものであり、301条の「不公正」基準に問題があると指摘している。

(53) ヨーロッパ共同体の判例 NSK v. Commission (Case 245/95 P), [1998] ECR I-401 は、ボール・ベアリングの輸出取引に関して、日本企業には反ダンピング違反はなかったと判決した。この上訴審でも、日本側の主張が認められたというだけでなく、訴訟費用までも原告 (ヨーロッパ共同体委員会) が支払うべきであると判決した。1998 ECJ CELES LEXIS 5873. この判決の基準は、アメリカ法のそれとは著しく異なっている。

(54) 国際慣習法は法源の一つと認められているが、その成立のためには、(1) 諸国間の一般的慣行となっていること、および(2) それを法と認める「法的信念」という心理的要素が必要とされる。

(55) 今日の国際法には、経済的国際協力を義務付ける条約が多く成立しているし、国際取引に関してはWTO、国際金融に関してはIMF、労働問題に関してはILOなどの紛争処理機関があり、いわゆる判例法ができている。一般的に、MUCHLINSKI, MUTLINATIONAL ENTERPRISES AND THE LAW 322-345 (1999) 参照。また、ヨーロッパ連合は主権をもつ連邦国家となりつつあり、ヨーロッパ共同体法は一つの包括的な法秩序を形成しつつある。さらに、国際仲裁によって確認された法原理もある。これらの法源の共通部分は、「文明国が認めた法の一般原則」(国際法の第3原則) となっている。国際連合国際法委員会は、「国家責任」を法典化する作業を行っているが、その内容は本章で示した「責任」の考え方と共通する。

11　企業倫理と法

八　ま　と　め

　「企業倫理と法」について、筆者が何を主張しようとしているかは、上述のことからすでに明瞭であると思われるが、結論に代えて、その意味するところを要約しておこう。「自由闊達」な企業のヴィジョンを実現することが目的とされており、企業民主主義の実現が主要な課題とされている。「陰湿」ということばは、倫理の観点からは、一つの典型的な病理現象を指している。このことばは、「裏切り」「だまし討ち」「談合」などと関連するものであり、社会的に大きなマイナスの価値をもたらすものであることから、「法」はこれらを否定する。

　ここで改めて本章の冒頭で取り上げたヨーロッパの大学の逸話を読み返してみよう。ハイエナの集団に占拠された大学は、墓場のようになっているであろう[56]。大学が「自由闊達な共同社会」でなくなれば、新しい文化的な・学術的な・精神的な価値を生み出す能力を失っており、存在意義はない。企業の目的は、大学とは違って、原則的に「利益追求」を目的とするものではあるが、企業そのものの存在が、「公共の福祉」に反しないことを条件としている。「陰湿な企業」は反社会的な価値を生み出す強い傾向をもつことを本稿で論証したが、「企業倫理と法」という大学院博士課程の科目は、このことを数多くの事例に当てはめて検証することを要求する研究領域なのである。

  (56)　修士課程の教育は一応の成功を収めることができたと思う。修士論文を提出した者は250人を超えるが、その半数が論文を公刊し、それなりの社会的評価を受けてきた。より深い高度の研究のため博士課程へと進み、大学の教師となった者も数人いる。しかし、博士課程の教育は、おそらくは失敗に終わったと思われる。

事項索引

［英文］

- ©（制度）·················· 273, 275, 277-8
- Caveat emptor→買主に警戒させよ
- CIF 契約 ································· 20
- Estoppel ······························ 200
- Estoppel by conduct ··············· 227
- freemen ······························· 17
- ICLDS ································· 7
- Livery ································· 17
- Mens rea ····························· 195
- Parish ································· 17
- Res ipsa loquitur ··················· 190
- Theft ································· 60
- TRIP 協定 ··························· 285
- Ultra vires ···························· 59
- WIPO ····················· 281, 282, 285
- WTO ·························· 281, 282

［あ行］

- アメリカ法 ···············80, 191, 226
- アメリカ著作権法 ········ 273-280, 282-3
- 埃足裁判所（piepowder court）········ 22
- イギリス法 ····························· 26
- イギリス会社法 ·········· 24-5, 56, 58, 66
- 違憲立法審査 ························ 154
- 因果関係 ······················· 188, 190
- インディアンとの取引 ·········· 143, 162
- 運　送 ··························· 179-180
- 英米法 ····························2, 79, 225
- エクイティ ····· 175, 193, 199, 279, 280, 327
- エクイティの救済方法 ············· 197-199
- 営業譲渡 ······························ 291
- 営業の自由 ·················· 202-6, 307, 308
- オンブズマン ························ 202

［か行］

- カードウゾ裁判官 ···················· 322
- 外国通商条項 ························ 152-3
- 開　示 ································· 50
- 海事裁判所 ························· 19, 20
- 買主に警戒させよ（caveat emptor）
　················ 49, 51, 148, 176-7, 181
- 買主の解除権 ··················· 230, 232
- 割賦販売 ···················· 165, 173, 194
　（→バイヤー・パーチェス）
- 過失責任 ························ 187-188
- 合　併 ································· 61
- 課税権 ························· 151-3, 185
- 株主総会 ····························· 71-2
- 株主訴訟 ···························75, 131
- 為替取引 ······························ 125
- 環境利益 ······················· 155, 156
- 監査役 ································· 73
- カント ······························ 308-9
- 完全化→担保権の完全化
- 企業責任 ······························ 305
- 企業法学 ························· 1, 141
- 企業倫理 ············· 5, 305, 311, 313, 334
- 規制緩和 ······················· 127, 130
- 基本定款 ···················· 26, 58-59
- 「基本的違反（fundamental breach）」
　の原則 ···························· 105, 179
- 強　迫 ································ 198
- 行政法 ························ 175, 176, 201
- ギルド裁判所 ························· 18
- 銀　行 ························ 138, 323, 324
- 銀行貸付 ······························ 123
- 銀行決済 ······························· 86
- 銀行取引 ························· 100-101

335

事 項 索 引

銀行法 ·················· 119-140, 332
禁反言 ············· 198（→estoppel）
金融システム改革法 ············ 135
クーリング・オフ
　··· 108, 148, 168, 170, 203, 225, 228-9, 237
クレジット・カード
　············ 171, 203, 215, 220-1, 237, 258-9
クロウザ報告書 ··················· 203
経営判断の法理 ················ 316-7
刑事責任（マルチ式販売）······ 250
刑　法 ····························· 192
契約の自由 ········ 104, 149, 154, 163, 204
契約約款 ············ 103-7, 116, 170, 189
決　済 ·········· 124-5（→銀行決済）
決済システム ················· 132-133
厳格責任 ······················ 189-190
減価償却 ············ 291, 293, 296, 300
権限踰越（ultra vires）··········· 59
コーポレート・ガバナンス
　············ 310-1, 313-4, 316-7, 323, 325-6
公共の福祉 ··················· 307, 308
公序良俗 ·························· 200
公正取引局長
　········ 9, 11, 44, 45-48, 62, 109, 202, 205-6
公正取引法
　············ 109（→Fair Trading Act 1973）
抗弁権の切断 ················ 235-6, 238
合理性の基準 ····················· 110
国際銀行取引 ····················· 125
国際法 ···························· 332
五港裁判所 ····················· 18, 19
コスト開示 ······················· 168
コモン・ロー··· 104, 105, 109, 175, 176, 182,
　　　192, 197-8, 202, 263, 279, 282, 285, 323
コンスピラシー法理 ············· 202
コンピュータ・プログラム ····· 276-8
コンプライアンス ··············· 320-1

[さ行]

財産権（property）············· 271-2

裁判管轄 ·························· 284
錯　誤 ···························· 182
詐　欺 ···························· 198
詐欺罪 ···························· 251
自主規制 ·········· 27, 39, 49, 53, 60-62, 203
市場裁判所························· 19
自然環境 ·························· 156
自然権 ···························· 265
自然法論 ·························· 311
シティ ············ 9, 10, 13-5, 40, 60-3, 203
シティ・コード
　·············· 21, 24, 29, 30, 37, 44, 49, 61-3
司法管轄権 ··················· 159-160
シャーマン法 ····················· 146
州際通商条項
　·········· 141, 142, 146-9, 151, 152, 154-163
州主権 ···························· 156
住専問題 ················ 130, 131, 134
州法銀行 ·························· 214
主要産物裁判所 ············· 18, 19, 22
自力救済 ························· 175
自由競争 ························· 201-2
人格権 ······················· 269, 274
信用状 ······················ 86, 87, 96
少額請求 ···················· 199, 200
商慣習法（→ロー・マーチャント）
　····························· 9, 18-21, 62-3
証　券 ························ 60, 62
証券取引 ················ 13, 24, 56, 60
証券取引所··················· 37, 46, 53-4
証券取引法 ························ 77
証券取引法65条 ·················· 135
証書担保 ··························· 95
商業銀行 ·························· 122
商人の自由 ························ 43
消費者
　··· 105, 109, 149, 175, 183, 192-3, 201, 258
消費者教育 ························ 204
消費者信用 ······· 108, 111, 165-166, 205, 209
消費者信用情報 ················ 255-263

事項索引

消費者破産 ……………………… 171
消費税(excise tax, or use tax) … 151, 158
商品の流通 ……………………… 147
商　法 ……………………… 75, 76, 132
準拠法 ……………………… 285
ジョッバー ……………… 28-9, 36, 38, 45, 46, 53
食品・薬品法 ……………………… 194
信義誠実義務 ……………………… 73, 99
スコットランド法 ……………………… 113-4
セールスマン …………………… 226-7, 230, 236
製造物責任 ……………………… 188
正当所持人 ……………………… 238, 239
ソーシャル・ダーウィニズム …… 142
ソフトウエア ……………………… 278
損害賠償 ……………………… 87, 192, 198

[た行]

大学院大学 ……………………… 2, 6
対抗力（第三者）→担保権の完全化
大陸法との融合 ……………………… 116
多国籍企業 ……………………… 152
担保権 ……………………… 88-9, 92-3
担保権の完全化 ……………………… 93-96
担保権の優先順位 ……………………… 98-9
担保付取引 ……………………… 92
著作権 ……………………… 265-289
著作者権（author's right） ……… 266
著作権条項（合衆国憲法） ……… 268
著作物 ……………………… 274-5
注意義務 ……………………… 188
超記憶時代 ……………………… 18, 20, 22
長期信用銀行法6条 ……………… 135
データベース ……………………… 285
適正手続条項 ………………… 157, 158, 161
鉄道運送 ……………………… 179-180
デニング裁判官 ……………………… 112, 198
電話販売 ……………………… 149
統一商事法典（UCC） …………… 3, 7, 80
統一法典 ……………………… 80
道徳規範 ……………………… 311

登録（登記） ……………………… 94
独　占 ……………………… 204
独占禁止法 …………… 146, 147, 201, 204
特　権 ……………… 10, 12-3, 43, 268
取締役会 ……………………… 72-3
取締役の責任 ……………………… 317
度量衡法 ……………………… 193

[な行]

内部者取引 ……………………… 50, 74
日本銀行 ……………………… 126
ネズミ講式販売 ……………………… 247
ノーハウ ……………………… 291, 292
農業上のリーエン ……………… 92-93
農業法 ……………………… 155
ノンバンク ……………………… 128

[は行]

場合訴訟（action upon the case） …… 181
パートナーシップ ……………… 31, 32
ハイヤー・パーチェス …………… 178, 227
破産法 ……………………… 171
ハンド裁判官（ラーニッド） ……… 280
パリ条約 ……………………… 274
万国著作権条約 ……………… 281, 283
ピアソン報告書 ………… 189-190, 192
引受訴訟（assumpsit） …………… 181
非便宜法廷（forum non conveniens） … 285
ピラミッド式販売 ………… 194, 202, 247
非良心性（unconscionability）
　……………………… 110, 179, 185, 327
フェア・ユース ………… 273, 279-280
平等保護条項 ………… 152, 157, 158-9
普通契約約款 ……… 114, 116, 179, 184, 185
物品売買 ……………………… 84
物品売買法 ……………………… 112
不公正契約条項法 ……… 112-4（→Unfair Contract Terms Act 1977）
不公正取引制限 ……………………… 204
不実表示 ……………… 193, 197-8, 235

事 項 索 引

不当威圧 …………………………… 198
不動産投資 …………………… 129, 130
不法侵害訴訟（trespass）………… 181
プライヴァシー ……………… 215, 255-263
プラグマティズム ……………… 143, 154
フランチャイズ課税 ……………… 152
ブローカー ………………… 28-9, 38, 45, 53
プロ野球リーグ制 ………………… 147
文学作品 ………………………… 277-8
分析法学 ………………………… 311-2
ベルヌ条約 ………… 266, 281, 282-4, 288
ホームズ ………………………… 271
法　源 …………………………… 22
法人格否認 …………………… 34, 59
法人の刑事責任 ………………… 194-5
法の支配 ………………………… 79
法文献学 ………………………… 3
訪問販売 ……………… 171, 194, 225-243
法律情報検索 …………………… 4, 7
保　険 ………………………… 180-181
ホテル …………………………… 180
ポリス・パワー ………… 155-6, 157, 163
翻訳権 …………………………… 275

［ま行］

マグナ・カルタ ……………… 12, 15, 201
マルチ式販売 …………………… 247
マンスフィールド ……………… 20, 23

民法 587 条，657 条，666 条 ……… 135
無形固定資産 ……………… 291, 293-4
免責条項 ……………… 113, 170, 179
目論見書 ………………………… 57, 60

［や行］

約　因 …………………………… 190
融資説明書 …………………… 94, 96-8
輸　送 ………………………… 143, 155
ヨーロッパ会社法 ……… 38, 41, 64, 66, 69

［ら行］

利息規制 …………………… 128, 238
利息制限 ………………………… 203
旅行代理店 ……………………… 180
連邦準備銀行 …………………… 214
連邦租税法 ……………………… 151
連邦の先占 ………………… 144, 163
連邦問題 …………………… 145, 159
ローマ法 ………………………… 19
ロー・マーチャント
　……………… 18, 19, 20, 22, 57, 61, 63, 64
ロー・スクール ………………… 1, 5-7
ロー・レビュー ………………… 5, 8
ロイズ保険 ……………………… 47
労働法 …………………………… 154-5
ロンドン … 9-18, 20, 37-9, 43-7, 62, 69, 203

法令索引

日本国憲法22条	*308*
貸金業の規制等に関する法律 (1993年)	*308*
銀行法 (1981年)	*120-2*
金融システム改革法	*135*
証券取引法65条	*135*
商法231条	*76*
商法249条	*75, 132*
商法260条の3	*328*
商法266条	*132*
商法266条の3(1)	*327*
商法267条	*75*
商法274条	*328*
商法277条	*328*
商法278条	*328*
商法285条の7	*294, 298*
商法290条	*75, 132*
所得税法161条7号イ	*292*
長期信用銀行法6条	*135*
法人税法2条25号	*301*
法人税法22条(4)	*294, 300*
法人税法施行令13条8号	*294*
法人税法施行令47条(1)	*300*
民法587条	*135*
民法657条	*135*
民法666条	*135*
27 Hen. VIII (1535) c. 24	*16*
2 W. & M. (1689) c. 8	*16*
22 & 23 Car. II (1670) c. 10	*16*
15 U. S. C. § 1125(a)	*278*
17 U. S. C. § 106	*278*
17 U. S. C. § 201	*279*
17 U. S. C. § 301	*272*
17 U. S. C. § 407	*278*
12 C. F. R. 226	*169*
16 C. F. R. 433 (1995)	*240*
16 C. F. R. 1D Pt. 429	*229*

法令索引

16 C. F. R. 435. 1 (1995) ······ *150*
Arizona Rev. Stat. Ann. § § 13-2310 to 13-2311, 44-1731 ······ *252*
Berne Convention Implementation Act of 1988, 17 U. S. C. § 401 ······ *286*
Building Societies Act 1962 ······ *36*
Cable Television Consumer Protection and Competition Act of 1992 ······ *150*
Carriage by Air Act 1961 ······ *186*
Carriage by Railway Act 1972 ······ *185*
Clean Air Act ······ *155*
Companies Act 1844 ······ *30, 58*
Companies Act 1867 ······ *58*
Companies Act 1900 ······ *30, 58*
Companies Act 1907 ······ *58*
Companies Act 1928 ······ *30, 58*
Companies Act 1948 ······ *24, 31-4, 58, 59*
Companies Act 1967 ······ *30, 34, 58*
Companies Act 1981 ······ *31, 33, 59*
Companies Act 1985 ······ *25, 31, 32, 33, 58*
Company Securities (Insider Dealing) Act 1985 ······ *34, 36, 47*
Comprehensive Environmental Response, Compensation and Liability Act ······ *155*
Conn. Stat. Ann. § 42-139(c) ······ *234*
Computer Maintenancing Competition Assurance Act of 1998 ······ *287*
Computer Software Rental Amendments Act of 1990 ······ *277*
Consumer Credit Act 1974 ······ *108, 110, 111, 183, 188, 197, 202-3, 205, 226, 233, 238-9, 241*
Consumer Credit Protection Act, 15 U. S. C. § § 1601 et seq. ······ *168, 215, 217, 228, 259*
Consumer Protection Act 1961 & 1971 ······ *193, 195, 197*
Consumer Protection Act 1987 ······ *207*
Consumer Safety Act 1978 ······ *193, 195, 207*
Contracts (Applicable Law) Act 1999 ······ *207*
Copyright Act 1956, 4 & 5 Eliz. c. 74 ······ *272*
Copyright Act of 1790 ······ *272*
Copyright Fees and Technical Amendments Act of 1990 ······ *277*
Copyright Renewal Act of 1992 ······ *277*
Copyright Royalty Tribunal Reform and Miscellaneous Act of 1990 ······ *277*
Copyright Royalty Tribunal Reform Act of 1993 ······ *277*
Credit Control Act, 12 U. S. C. § § 1901-9 ······ *210-214*
Data Protection Act 1984 ······ *172*
Debt Collection Practices Act, 15 U. S. C. § § 1692-1693 q ······ *170*
Defense Production Act 1950 ······ *217*
Digital Performance Right in Sound Recording Act of 1993 ······ *279*
Digital Theft Deterence and Copyright Damages Improvement Act of 1999 ······ *287*

340

法令索引

Electronic Fund Transfers Act, 15 U. S. C. § § 1693 et seq. ·····················*171*
Equal Credit Opportunity Act, 15 U. S. C. § § 1691-1691 f ·····················*170*
European Communities Act 1972··*33, 40, 64, 180*
European Council Directive 91/250 ···*286*
European Council Directive 93/98 ···*286*
European Council Directive 96/9 ··*286*
Fair Credit Reporting Act, 15 U. S. C. § § 1681-1681 t ·······················*170*
Fair Trading Act 1973 ···*109, 111, 183, 196, 205, 206*
Fairness in Music Licensing Act of 1998···*279*
Florida Stat. Ann. § § 849.09-849.091   252 ·····································*252*
Food and Drugs Act 1955 ··*196, 197*
Greater London Council (General Powers) Act 1966 ························*17*
Hawaii Rev. Stat. vol. 7 (1976) ch. 481 ··*233*
Hire-Purchase Act 1938 ··*201*
Hire-Purchase Act 1965 ···*178, 183, 227-8*
Holding Company Act of 1935, 15 U. S. C. § § 79 et seq. ·················*148, 150*
Hotel Proprietors Act 1956 ··*186*
Income and Corporation Taxes Act 1970, s. 152 ·······························*32*
Insurance Companies Act 1974 ··*186, 187*
Interstate Commerce Act 1887 ···*143*
Joint Stock Companies Act 1856 ··*30*
Lanham Act, 15 U. S. C. § § 1051 et seq.······································*272*
Limitation Act 1980 ··*201*
Limited Liability Act 1855 ··*30, 58*
Local Government Act 1972 ··*14, 196*
London City Charter (1066-75) ···*15*
London Government Act 1963 ···*17*
Marine Insurance Act 1906 ···*186*
Mass. Gen. Laws Ann. Ch. 93 ··*250*
Mass. Gen. Laws Ann. Ch. 255 D ···*227*
Misrepresentation Act 1967 ··*199*
Monetary Control Act of 1980 ··*220, 222*
Moneylenders Act 1927 ···*206*
Monopolies ad Mergers Act 1965 ··*202, 204*
National Environmental Policy Act of 1969···························*154-5, 160*
Online Copyright Infringement Liability Limitation Act of 1998··········*287*
Partnership Act 1890 ···*31*
Policyholders Protection Act 1975 ···*186*
Prevention of Frauds (Investments) Act 1939 ···························*58*
Prevention of Frauds (Investments) Act 1958 ···················*27, 35, 57*

法令索引

Prevention of Frauds (Investments) Act 1967 ··· *30, 58*
Public Telecommunications Act of 1992 ·· *150*
Record Rental Amendment Act of 1984 ·· *277*
Restatement (Second) Torts § 402 A ··· *189*
Restrictive Trade Practices Act 1956 ··· *205*
Restrictive Trade Practices Act 1976 ··· *11, 47, 48*
Restrictive Trade Practices (Stock Exchange) Act 1984 ································· *48*
Sale of Goods Act 1893 ··· *108, 110, 112, 177-8*
Sale of Goods Act 1979 ·· *112, 183*
Satellite Home Viewer Improvement Act of 1999 ······································· *286*
Securities Act of 1933 ··· *35, 148, 150*
Securities Exchange Act of 1934 ·· *35, 148, 150*
Semiconductor Chip Protection Act, 17 U. S. C. § § 901-914 ······················· *286*
Semiconductor Products (Protection of Topography) Regulations 1987, SI 1997/1497
 ·· *286*
Sex Discrimination Act 1975 ·· *196*
Statute of Anne, 8 Anne c. 19 (1710) ··· *270, 272*
Statute of Frauds Amendment Act 1828 ·· *200*
Stock Transfer Act 1963 ·· *32, 58*
Supply of Goods (Implied Terms) Act 1973 ·· *183, 184*
Supply of Goods Act and Services Act 1982 ·· *111, 207*
Telephone Consumer Protection Act of 1991, 47 U. S. C. § 277 ············ *150, 162*
Theft Act 1968 ··· *57*
Trade Descriptions Act 1968 ·· *193, 196*
Transport Act 1962 ·· *185*
Truth-in-Lending Act of 1968, 15 U. S. C. § § 1601 et seq. ············ *148, 150, 167, 225, 228*
Truth in Lending Simplification and Reform Act of 1982 ··························· *217*
Unfair Contract Terms Act 1977 ······················· *107, 108, 110-2, 113, 114, 178, 183, 184*
Uniform Commercial Code § 2-301 ··· *191*
Uniform Commercial Code § 2-302(1) ··· *239*
Uniform Commercial Code § 2-318 ·· *179, 191*
Uniform Commercial Code § 2-725 ··· *262*
Uniform Commercial Code art. 9 ··· *91-94*
Uniform Commercial Code (1978) ··· *82-83*
Uniform Commercial Code (1987, 1989) ·· *84-86*
Uniform Commercial Code (1990) ··· *86*
Uniform Commercial Code (1994, 1995) ·· *86-88*
Uniform Commercial Code (2001) ··· *88-89*
Uniform Consumer Credit Code [U 3 C] ·· *229-231, 236, 250*
United States Constitution

法令索引

Art. 1 (1)	*144*
Art. 1 (3)	*153*
Art. 1 (8)	*141, 147, 151, 154, 268*
Art. 3 (2)	*162*
Amend. 6	*157*
Amend. 10	*144*
Amend. 11	*157-8*
Amend. 14	*152, 157*
Amend. 16	*153*
Amend. 21	*159*
Unsolicited Goods and Services Act 1971	*194, 196*
Unsolicited Goods and Services (Amendment) Act 1975	*196*
Wagner Act of 1935	*154*
Weights and Measures Act 1963	*193, 195, 197*
White Slave Act of 1911, 18. U. S. A. § § 2421-2425	*150*
WIPO Copyright and Performances, and Phonograms Implementation Act of 1998	*287*
Wis. Stat. Ann. § 423. 204 (3)	*234*
Work Made for Hire and Copyright Corrections Act of 2000	*279*

343

判例索引

最高裁判所昭和 47 年 11 月 22 日判決 ……………………………………… *308*
最高裁判所昭和 49 年 2 月 28 日判決 ………………………………………… *327*
最高裁判所昭和 51 年 7 月 13 日判決 ………………………………………… *297*
最高裁判所平成 5 年 9 月 9 日判決 …………………………………………… *331*
東京高等裁判所平成 7 年 9 月 26 日判決 …………………………………… *327*
東京地方裁判所平成 5 年 9 月 16 日判決 …………………………………… *317*
東京地方裁判所平成 6 年 12 月 22 日判決 ………………………………… *327*
東京地方裁判所平成 7 年 10 月 26 日判決 ………………………………… *331*
東京地方裁判所平成 8 年 6 月 20 日判決 …………………………………… *327*
大阪地方裁判所昭和 49 年 5 月 28 日判決 ………………………………… *291*
大阪地方裁判所平成 9 年 12 月 8 日判決 …………………………………… *331*
広島地方裁判所平成 12 年 5 月 18 日判決 ………………………………… *326*
福島地方裁判所昭和 46 年 4 月 26 日判決 ………………………………… *297*
松山地方裁判所昭和 63 年 9 月 13 日判決 ………………………………… *297*
Ailsa Craig Fishing Co. Ltd. v. Malvern Fishing Co. Ltd., [1983] 1 WLR 964 ……… *115*
Allen v. Hyatt, (1914) 30 T. L. R. 444 ………………………………………………… *34*
Anderson Bros. Ford v. Valencia, 452 U. S. 205 (1981) ………………………… *256*
Anglo-African Merchants Ltd. v. Bayley, [1970] 1 Q. B. 311 …………………… *187*
Anglo-Continental Holidays Ltd. v. Typaldos Lines (London) Ltd., [1967] 2 Lloyd's Rep. 67 ……………………………………………………………………………… *186*
Anns v. Merson London Borough Council, [1978] A. C. 728 …………………… *329*
Apple Computer, Inc. v. Franklin Computer Corp., 714 F. 2d 1240 (3rd Cir. 1983) … *278*
Associated Press v. United States, 326 U. S. 1 (1945) …………………………… *145*
Atlantic Refining Co. v. Commonwealth of Virginia, 302 U. S. 22 (1937) ……… *160*
Atlas Film (ドイツ), Jan. 27 1978, Case I ZR 97/76, 10 IIC 358 (1979) ……… *286*
Attorney-General v. Great Eastern Ry., (1880) 5 App. Cas. 473 ……………… *33, 59*
Attorney-General of Australia v. Adelaide Steamship Co. Ltd., [1913] A. C. 781 … *204*
Avco Security Corp. of N. Y. v. Post, 348 N. Y. S. 2 d 409 (1973) ……………… *239*
Baker v. Selden, 101 U. S. 99 (1879) ……………………………………… *270-1, 273*
Bailey v. Drexel Furniture Co., 259 U. S. 20 (1922) …………………………… *153*
Balkis Consolidated Co. v. Tompkinson, [1893] A. C. 396 …………………… *200*
Barclays Bank PLC v. Franchise Tax Board of California, 512 U. S. 298 (1994)
 …………………………………………………………………………… *152-3, 158*
Bedford Insurance Co. v. Instituto de Resseguros, [1984] 3 WLR 726 ………… *68*
Blackburn, Low & Co. v. Vigors, (1886) 12 App. Cas. 531 …………………… *186*
Bleistein v. Donaldson Lithographing Co., 188 U. S. 239 (1903) ……………… *279*

判例索引

Boothe v. TRW Credit Data, 557 F. Supp. 66 (1982) ···260
Bowmakers Ltd. v. Barnet Instruments Ltd., [1945] K. B. 65, [1944] 2 All ER 579
　(C. A.) ···234
Broome v. Cassell & Co., [1971] 1 All ER 187 ···200
Brown v. Board of Education, 347 U. S. 483 (1954) ···161
Brown v. Maryland, 12 Wheat. 419, 2 L. Ed. 678 (1827) ·······································145
Bryant v. TRW, Inc., 689 F. 2 d 72 (1982) ···260
Bunge Corp. v. Tradax Export S. A., Panama, [1981] 1 WLR 711························115
Burrow-Giles v. Sarony, 111 U. S. 53 (1884)　 ···275, 278
Butler Machine Tool Co. Ltd. v. Ex-Cell-O Corp. (England) Ltd., [1979] 1 WLR
　401···116
Byrant v. TRW, Inc., 689 F. 2 d 72 (1982) ···261
Calico Printers' Association Ltd. v. Barclays Bank Ltd., [1931] All ER 350··············106
California v. Thompson, 313 U. S. 109 (1941) ···161
California Board of Equalization v. Chevehuevi Indian Tribe, 474 U. S. 9 (1985) ······145
Calvert Credit Corp. v. Williams, 244 A. 2 d 494 (1968) ·······································240
Campbell v. Acuff-Rose Music, 510 U. S 569 (1994)···281
Caporo Industries plc v. Dickman, [1990] 2 A. C. 605 ···329
Carlill v. Carbolic Smoke Ball Co., [1893] 1 Q. B. 256 ··184
Carter v. Carter Coal Co., 298 U. S. 238 (1936) ···160
CDN Inc. v. Kapes, 197 F. 3 d 1256 (9 th Cir. 1999) ···278
Chandelor v. Lopus, (1603) Cro. Jac. 41, 79 E. R. 3 ······································177, 182
City of Burbank v. Lockheed Air Terminal, Inc., 411 U. S. 624 (1973)············144, 146
Claire v. La Lanne-Paris Health Spa, Inc., 117 Cal. Rept. 541, 528 P. 2 d 357 (1974)
　···238
Cleveland v. United States, 329 U. S. 14 (1946) ···160
Clode v. Barnes, [1974] 2 All ER 1243, [1974] 1 WLR 1056 ·······························196
Coggs v. Barnard, (1703) 2 Ld. Ray. 909, 92 E. R. 107 ··185
Comedy III Prods., Inc. v. New Line Cinema, 53 U. S. P. Q. 2 d 1858 (9 th Cir. 2000)
　···272
Commercial Credit Corp. v. Childs, 137 S. W. 2 d 260 (1940) ·······················239-240
Commercial Credit Corp. v. Orange County Machine Works, 34 Cal. 2 d 766, 214 P.
　2 d 789 (1950) ··240
Community for Creative Non-Violence v. Reid, 490 U. S. 730 (1989) ····················279
Columbia Broadcasting System v. Melody Recording, 124 N. J. Super. 322, 306 A. 2 d
　493 (1973) ···272
Complete Auto Transit, Inc. v. Brady, 430 U. S. 274 (1977) ·································161
Cooley v. Board of Wardens, 12 How. 299 (1851) ···144, 146
Container Corp. of America v. Franchise Tax Board, 463 U. S. 159 (1983) ···········153
Cornerney v. Jacklin, The Times, 2 Feb. 1985 ··68

345

判 例 索 引

Creative Techology, Ltd. v. Aztec System PTE Ltd., 61 F. 3 d 696 (9 th Cir. 1995)
...... 284, 286
Crouch v. Credit Foncier of England, (1873) 8 Q. B. 374 23
Dakin v. Oxley, 15 C. B. N. S. 646 23
Davis Contractors Ltd. v. Foreham U. D. C., [1956] A. C. 696 106
Dellar v. Samuel Goldwyn, Inc., 104 F. 2 d 661 (2 nd Cir. 1939) 280, 281
Dellinger v. United States, 472 F. 2 d 340 (1972) 145
Denton v. Great Northern Ry. Co., (1865) 5 E. & B. 860, 119 E. R. 701 ...... 105, 107
Donoghue (or McAlister) v. Stevenson, [1932] A. C. 562 ...... 187-8, 190
Dunford & Elliott Ltd. v. Johnson & First Brown Ltd., [1977] 1 Lloyd's Rep. 505
...... 23, 44
Derry v. Peek, (1889) 14 App. Cas. 200 337
Dandridge v. Williams, 397 U. S. 471 (1970) 158, 161
Diamond Alkali Export Corp. v. Fl. Bourgeois, [1921] 3 K. B. 443 23
Dunford & Elliott Ltd. v. Johnson & First Brown Ltd., [1977] 1 Llyd R. 505 ...... 23, 44
Eales v. Environmental Lifestyles, Inc., 958 F. 2 d 876 (9 th Cir. 1992) 278
Ebrahimi v. Westbourne Gallaries Ltd., [1973] A. C. 360 ...... 34, 59
Edwards v. California, 314 U. S. 160 (1941) 144, 145
Equifax Inc. v. FTC, 678 F. 2 d 1047 (1982) 260
Escola v. Coca Cola Bottling Co., 24 Cal. 2 d 453, 150 P. 2 d 436 (1944) 191
Esso Petroleum Co. Ltd. v. Mardon, [1976] Q. B. 801 199
Federal Baseball Club v. National League, 259 U. S. 200 (1920) 147, 150
Feist Publications, Inc. v. Rural Telephone Service Co., 499 U. S. 340 (1991) 271, 273
Ferris v. Frohman, 223 U. S. 424 (1912) 277
Flood v. Kuhn, 407 U. S. 258 (1972) 150
Ford Motor Credit Co. v. Milhollin, 444 U. S. 555 (1980) 256
Fort Gratiot Sanitary Landfill, Inc. v. Michigan Department of Natural Resources, 504 U. S. 353 (1992) 156, 160
Fothergill v. Monarch Airlines Ltd., [1977] 3 All ER 616, [1978] Q. B. 108 186
Gardiner v. Gray, (1815) 4 Camp. 144 182
George Mitchell (Chesterhall) Ltd. v. Finney Lock Seeds Ltd., [1983] 2 A. C. 803
...... 111-4
Gibbons v. Ogden, 9 Wheat. 1 (1824) 142, 145
Gilmore v. Interstate/Johnson Lane Corp., 500 U. S. 20 (1991) 158, 162
Goldfard v. Virginia State Bar, 421 U. S. 773 (1975) 161
Goodwin v. Roberts, (1875) L. R. 10 Ex. 337 23
Gorden v. New York Stock Exchange, 422 U. S. 659 (1975) 150
Graham v. Allis-Chalmers Manufacturing Co., 188 A. 2 d 125 (1963) 331
Green Ltd. v. Cade Bros. Farms, [1978] 1 Lloyd's Rep. 602 114
Greenman v. Yuba Power Products, Inc., 59 Cal. 2 d 57, 377 P. 2 d 897 (1963)

判例索引

....*189-191*

Gross v. Appelgren, 171 Colo. 7, 467 P. 2 d 789 (1970) *240*
Hammer v. Dagenhart, 247 U. S. 251 (1918) *151, 153*
Hansen v. Morgan, 582 F. 2 d 1214 (1978) *261*
Hasselblad (GB) Ltd. v. Oribinson, [1985] 2 WLR 1 ....*68*
Health v. Credit Bureau of Sheridan, Inc., 618 F. 2 d 693 (1980) *261*
Heart of Atlanta Motel v. United States, 379 U. S. 241 (1964) *158, 161*
Healy v. Beer Institute, Inc., 491 U. S. 324 (1989) *161*
Hedley Bryne & Co. v. Heller & Partners, [1964] A. C. 465................*184, 199*
Heilbut, Symons & Co. v. Buckleton, [1913] A. C. 30 ....*198, 199*
Helby v. Mathews, [1895] A. C. 471 ....*183*
Henningsen v. Bloomfield Motors, Inc., 32 N. J. 358, 161 A. 2 d 69 (1960) *191*
H. P. Hood & Sons, Inc. v. De Mond, 336 U. S. 525 (1949) *146*
Hoke v. Retail Credit Corp., 521 F. 2 d 1079 (1975) *261*
Houston, East and West Texas Railway Co. v. United States (The Shreveport Case),
　234 U. S. 342 (1914) *159, 161*
Hunt v. Washington State Apple Advertising Commission, 432 U. S. 333 (1977)
　..*158, 161*
Industrie Chimiche Italia Centrale SpA v. Neo Ninemia Shipping Co. SA, The
　Emmanuel C, [1983] 1 All ER 686 ....*106*
International Sales v. Marcus, [1982] Q. B. 3 All ER 551......................*65, 67*
Jacobs v. Botavia & General Plantations Trust Ltd., [1924] 1 Ch. 287..........*107*
Japan Lines Ltd. v. County of Los Angeles, 441 U. S. 343 (1979) *153*
Javins v. First National Realty Corp., 428 F. 2 d 1071 (1970) *176*
Johnson v. Beneficial Finance Corp., 466 N. Y. S. 2 d 553 (1983) *261*
Jones v. Approved Bankcredit Corp., 256 A. 2 d 739 (1969) *239*
Jones v. Lipman, [1962] 1 WLR 832 ....*34, 197*
Karsales (Harrow) Ltd. v. Wallis, [1956] 1 WLR 936 ....*107*
Katharine Gibbs School, Inc. v. FTC, 612 F. 2 d 658 (1979) *229*
Katzenback v. McClung, 379 U. S. 294 (1964) *161*
Kendal v. Wood, (1871) L. R. 6 Ex. 243 ....*32*
Kiblen v. Pickle, 653 P. 2 d 1338 (1982) *262*
Koropoulos v. Credit Bureau, Inc., 734 F. 2 d 37 (1984) *260*
Kregos v. Associated Press, 3 F. 3 d 656 (2 nd Cir. 1993) *281*
K-S Pharmacies, Inc. v. American Home Products Corp., 962 F. 2 d 728 (7 th Cir.
　1992) *158, 161*
Lee v. Butler, [1893] 2 Q. B. 318 ....*183*
L'Estrange v. F. Graucob Ltd., [1934] 2 K. B. 394 ....*107, 187*
Lindsley v. Natural Crbonic Gas Co., 220 U. S. 61 (1991) *158, 161*
Lloyd's Bank Ltd. v. Bundary, [1975] 1 Q. B. 326 ....*110*

347

判例索引

Loch v. John Blackwood Ltd., [1924] A. C. 783 ···38, 59
London Assurance v. Mansel, (1879) 11 Ch. D. 363 ···186
London Export Corp. Ltd. v. Jubilee Coffee Roasting Co., [1958] 1 WLR 661 ······23, 108
Lottery Case, 188 U. S. 321 (1903) ···156, 160
Luke v. Lyde, 2 Burr. 882 (1759) ··22
McCrone v. Boots Farm Sales Ltd., 1981 S. L. T. 103 (1981) ······························116
Manbre Saccarine v. Corn Products, (1919) 1 K. B. 198 ···································20, 23
Maxtone-Graham v. Burtchaell, 803 F. 2 d 1253 (1986) ·································280, 281
Mercantil Credit Co. Ltd. v. Hanblin, [1965] 2 Q. B. 242 ·······································227
MiTek Holdings v. Arce Engineering Co., 89 F. 3 d 1548 (11 th Cir. 1996) ········275, 278
Morgan v. London Records, Ltd., 827 F. 2 d 180 (7 th Cir. 1987) ·························279
Mourning v. Family Publications Service Inc., 411 U. S. 356 (1974) ···············148, 150
Muirhead v. Industrial Tank Ltd., [1986] 1 Q. B. 507 ·····································113, 115
National Bellas Hess, Inc. v. Department of Revenue of Illinois, 386 U. S. 753
  (1967) ··161
National Labor Relations Board v. Jones and Laughlin Steel Corp., 301 U. S. 1
  (1937) ···154-5, 160
National League of Cities v. Usery, 426 U. S. 833 (1976) ·······························157, 160
National Westminster Bank plc v. Morgan, [1985] 2 WLR 588 ·····························110
New Mexico v. Mescalero Apache Tribe, 462 U. S. 324 (1983) ···························145
Newsholme Brothers v. Road Transport and General Insurance Co., [1929] 2 K. B.
  356 ··186
Nihon Keizai Shinbun v. Comline Business Data, Inc., 166 F. 3 d 56 (1999) ···········281
Nocton v. Ashburn, [1941] A. C. 932 ···200
Nordenfelt v. Maxim Nordenfelt Gunns and Ammunition Co., [1894] A. C. 535 ········204
NSK v. Commission (Case 245/95 P) [1998] ECR I-401 ·······································233
Oscar Chess Ltd. v. Williams, [1957] 1 WLR 370, [1957] 1 All ER 325 ··············199
Pao On v. Lau Yiu Long, [1980] A. C. 614 ···110
Paul v. Virginia, 75 U. S. 168 (1869) ··160
Pearce v. Ove Arup Partnership Ltd., [2000] Ch. 403 ··287
Pennsylvania v. Nelson, 350 U. S. 497 (1956) ···146
Phonogram Ltd. v. Lane, [1982] Q. B. 938 ··65, 67
Photo Production Ltd. v. Securicor Transport Ltd., [1980] A. C. 827··············115, 116
Piper Aircraft Co. v. Reyno, 454 U. S. 235 (1981) ··287
Prince v. Easton, (1833) 4 B. & Ad. 433 ··190
Quill Corp. v. North Dakota By and Through Heitkamp, 504 U. S. 298 (1992) ···158, 161
R. v. Lord Kylsant, [1932] 1 K. B. 442···34
Railway Express Agency v. New York, 336 U. S. 106 (1949) ·····················158, 161
Randall v. Newson, (1877) 2 Q. B. D. 102 (C. A.) ··182
Re Smith & Fawcett Ltd., [1942] Ch. 304 ···562

判例索引

Re Yenidje Tobacco Co., [1916] 2 Ch. 426 ·· *32*
Rolled Steel Products Ltd. v. British Steel Corp., [1982] 3 WLR 715 ················ *33, 59*
Rookes v. Barnard, [1964] A. C. 1192 ·· *200*
Royal British Bank v. Turguand, (1858) 6 E. & B. 327································ *33, 59*
Salmon v. Salmon & Co. Ltd., [1897] A. C. 22······································· *33, 59*
Schechter Poultry Corp. v. United States, 295 U. S. 495 (1935) ······················ *160*
Schroeder Music Publishing Co. Ltd. v. Macaulay, [1974] 1 WLR 1308 ············· *30, 111*
Sears Roebuck & Co/v. Stiffel Co., 376 U. S. 225 (1964) ·························· *272*
SEC v. Glen W. Turner Enterprises, Inc., 474 F. 2 d 476 (1973) ···················· *250*
SEC v. Koscot Interplanetary, Inc., 497 F. 2 d 473 (1974) ························ *249, 250*
SEC v. W. J. Howey Co., 328 U. S. 293 (1946) ··································· *62*
Slade's Case, (1602) 4 Co. Rep. 92 b, 76 E. R. 1074 ······························ *181*
Smith v. Wilson, 3 B. & Ad. 728, 110 E. R. 266 (1832) ·························· *23*
Solman Distributors, Inc. v. Brown-Forman Corp., 888 F. 2 d 170 (1989) ············· *161-2*
Sony v. Universal City Studios, 464 U. S. 417 (1984) ···························· *271, 273*
Spiliade Maritme Corp. v. Cansulex Ltd., [1987] 1 A. C. 460 ······················ *285, 287*
Stafford v. Wallace, 258 U. S. 495 (1922) ·· *147, 150*
Stern Electronics, Inc. v. Kaufman, 669 F. 2 d 852 (2 nd Cir. 1982) ················ *278*
Stevens v. Rock Springs National Bank, 577 P. 2 d 1374 (1978) ··················· *239*
Stewart v. Credit Bureau, Inc., 734 F. 2 d 47 (1984) ····························· *260*
Stewart v. Oriental Insurance Co., [1984] 3 WLR 741 ···························· *68*
Suisse Altantique Societe d'Armenient Maritime S. A. v. N. V. Rotterdamsche Kolen
  Centralt, [1967] 1 A. C. 361 ··· *107*
Swift and Company v. United States, 196 U. S. 375 (1905) ························ *150*
Swiss Bank Corp. v. Brink's-MAT Ltd., [1986] 2 Lloyd's Rep. 79 ·················· *113, 115*
Thomas v. Equifax, Inc., 236 S. E. 2 d 154 (1977) ································ *261*
Thompson v. London Midland and Scottish Ry. Co., [1930] 1 K. B. 41········ *105, 107, 184*
Thompson v. San Antonio Retail Merchants Ass'n, 682 F. 2 d 509 (1982) ············· *261*
Thornley v. Tuckwell (Butchers) Ltd., [1964] Crim. L. Rev. 127····················· *196*
Toolson v. New York, 346 U. S. 356 (1953) ····································· *147, 150*
Topos v. Caldeway, 198 F. 2 d 991 (9 th Cir. 1983) ······························· *272*
Trow v. Ind Coope (West Midlands) Ltd., [1967] 2 Q. B. 899 ······················ *233*
Trinova Corp. v. Michigan Department of Treasury, 498 U. S. 358 (1991) ············ *153*
Tweddle v. Atkinson, (1861) 1 B. & S. 393 ······································· *190*
Twin Books Corp. v. Walt Disney Co., 183 F. 3 d 1162 (9th Cir. 1996 ············· *283, 286*
Tyburn Production v. Conan Doyle, [1990] 1 All ER 909 ·························· *285, 287*
Ultramares Corporation v. Touche, 174 N. E. 441 (N. Y. 1931) ····················· *329*
Unico v. Owen, 50 N. J. 101, 232 A. 2 d 405 (1967) ····························· *237*
Union Transport Finance Ltd. v. British Car Auctions Ltd., [1978] 2 All ER 385······ *234*
United States v. B. C. Knight Co., 156 U. S. 1 (1895) ·························· *146-7, 150*

349

判例索引

United States v. Carolene Products Co., 304 U. S. 144 (1938) ·················160
United States v. Butler, 297 U. S. 1 (1936) ·····························153
Ward v. Hobbes, (1878) 4 App. Cas. 13 ·····························177, 182
WGN Continental Broadcasting Co. v. United Video, Inc., 693 F. 2 d 622 (7 th Cir. 1982) ···278
Wheaton v. Peters, 33 U. S. 591 (1834) ····························269-270, 272
Whelan Associates, Inc. v. Jaslow Dental Laboratory, Inc., 609 F. Supp. 1307 (1986) ···278
White v. Massachusetts Council of Construction Employeees, Inc., 460 U. S. 204 (1983)
White-Smith Music Publishing Co. v. Apollo Co., 209 U. S. 1 (1908) ·········270-1, 273
Wickard v. Fulburn, 317 U. S. 111 (1942) ····························155, 160
Wigglesworth v. Dallison, 1 Dougl. 201 (1779) ·····························23
Williams v. Walker-Thomas Furniture Co., 350 F. 2 d 445 (1965) ·················176
Williams v. Weisser, 273 Cal. App. 2 d 726, 78 Cal. Rptr. 542 (1969) ·············279
Williams Electronics, Inc. v. Artic International, Inc., 685 F. 2 d 870 (3rd Cir. 1982) ···278
Wilson v. Black Bird Creek Marsh Co., 27 U. S. (2 Pet.) 245 (1829) ·········156, 160
Wilson v. Bloonfield, (1979) 123 S. L. 860 ·····························328
Wilson Holgate v. Belgian Gain and Produce Co., [1920] 2 K. B. 1 ·············21, 23
Wood v. Santa Barbara Chamber of Commerce, 507 F. Supp. 1128 (1980) ···········281

〈著者紹介〉

田島　裕（たじま　ゆたか）

昭和15年4月30日、愛知県に生まれる。東京大学大学院博士課程終了後、昭和49年4月より平成2年3月まで、大阪市立大学法学部に勤務（助教授、教授）
平成2年4月より、筑波大学大学院ビジネス科学研究科企業法学専攻教授
平成17年4月より、独協大学教授
ケンブリッジ大学（ブリティッシュ・カウンシル・フェロー）、ハーバード・ロー・スクール、キャリフォーニア大学（バークレー）、バーミンガム大学など、客員教授

[著書・訳書]
『議会主権と法の支配』（有斐閣・1981年、第2刷・1991年）
スカーマン『イギリス法―その新局面』（東京大学出版会、1981年）
ダイシー『憲法序説』（学陽書房・1983年）[伊藤正己氏と共訳]
『英米法』（筑摩書房・1985年）[伊藤正己氏と共著]
『イギリス法入門』（有斐閣・1991年）
ポパー『確定性の世界』（信山社・1996年、文庫版・1998年）
『比較法の方法』（信山社・1998年）
『イギリス法入門』（信山社・2001年）
『UCC 2001－アメリカ統一商事法典の全訳』（商事法務、2002年）など

英米企業法　　　　　　　　　　　田島裕著作集6

2006（平成18）年2月28日　第1版第1刷発行
1776-01010-P376-￥11000-050-010

著　者	田　島　　　裕	
発行者	今　井　　　貴	
発　行	株式会社信山社	
編　集	信山社出版株式会社	

〒113-0033　東京都文京区本郷6-2-9-102
TEL 03-3818-1099　FAX 03-3818-1411

販　売　信山社販売株式会社
〒113-0033　東京都文京区本郷6-2-10-101
TEL 03-3818-1019　FAX 03-3818-0344
出版契約No. 1776-01010　order@shinzansha.co.jp

印刷　松澤印刷／製本　大三製本

©2006、田島　裕, Printed in Japan. 禁コピー、信山社制作
落丁・乱丁本はお取替えいたします。

ISBN 4-7972-1776-6 C3332
1776-0101-012-050-015
NDC分類 325.150-a000

田島　裕　著作集（全8巻・別巻）　A5変上製

1 アメリカ憲法──連邦憲法の構造と公法原理　本体一〇,〇〇〇円
2 イギリス憲法──議会主権と法の支配　予価八,〇〇〇円
3 英米の裁判所と法律家　予価八,〇〇〇円
4 コモン・ロー（不法行為法と契約法）　予価八,〇〇〇円
5 英米の土地法と信託法　予価八,〇〇〇円
6 英米企業法　本体一一,〇〇〇円
7 英米諸法の研究（刑法・仲裁法・国際法）　予価八,〇〇〇円
8 英米法判例の法理論　本体六,〇〇〇円

——信山社——

＊別巻＊

1 比較法の方法　四六判上製
2 イギリス憲法典──一九九八年人権法　本体二,二〇〇円
3 イギリス法入門　本体二,九八〇円
4 アメリカ法入門　続刊
5 法文献学入門　続刊

ISBN4-7972-1771-5 NDC分類322.911アメリカ法
獨協大学法学部教授 田島 裕 著
アメリカ憲法の体系書

アメリカ憲法
［著作集1］
——合衆国憲法の構造と公法原理——
A5判変上製554頁 本体10,000円（税別）

イギリス憲法——議会主権と法の支配　（著作集2）　**続刊**
英米の裁判所と法律家　（著作集3）　**近刊**
コモン・ロー（不法行為法：契約法）（著作集4）　**続刊**
英米の土地法と信託法　（著作集5）　**続刊**

ISBN4-7972-1776-6 C3332分類325.150-a000

英米企業法
［著作集6］
A5判変上製箱入り　376頁　本体11000円

英米諸法の研究（刑法・国際法）（著作集7）　**続刊**

英米法判例の法理論
［著作集8］
A5判変上製254頁 本体6,000円（税別）

****

比較法の方法　［別巻1］
四六判型上製カバー付　240頁　2,980円

イギリス憲法典　［別巻2］
——19998年人権法の制定
四六判型上製カバー付　144頁　2,200円

イギリス法入門　［別巻3］
四六判型上製カバー付　312頁　3,000円

K．ポパー著　田島 裕訳
確定性の世界——付・ポパー研究目録——
四六判上製カバー　3,600円

K．ポパー著　田島 裕訳
文庫・確定性の世界
——附・ポパーと私（ゴンブリック）——　680円

信山社
〒113-0033　東京都文京区本郷6-2-9-102
TEL 03-3818-1019　FAX 03-3818-0344　FAX注文制

― 既刊・新刊 ―

広中俊雄編著 **日本民法典資料集成1**

第1部 民法典編纂の新方針

46倍判変形 特上製箱入り 1540頁 本体10万円 18年3月まで特価

①民法典編纂の新方針 ②修正原案とその審議:総則編関係 ③修正原案とその審議:物権編関係 ④修正原案とその審議:債権編関係上 ⑤修正原案とその審議:債権編関係下 ⑥修正原案とその審議:親族編関係上 ⑦修正原案とその審議:親族編関係下 ⑧修正原案とその審議:相続編関係 ⑨整理議案とその審議 ⑩民法修正案の理由書:前三編関係 ⑪民法修正案の理由書:後二編関係 ⑫民法修正の参考資料:入会権資料 ⑬民法修正の参考資料:身分法資料 ⑭民法修正の参考資料:諸他の資料 ⑮帝国議会の法案審議―附表 民法修正案条文の変遷

信山社

―― 既刊・新刊 ――

新堂幸司監修 **日本裁判資料全集 1・2**

判例研究の方法論で夙に指摘されているように事実の精確な認識の上にたって、法の適用ひいては判決の結論が妥当かどうか判断されなければならない。ロースクール時代を迎えて、実務教育の重要性が言われるようになったが、そのための裁判資料は十分であったか。判例研究が隆盛を極めている今日、ここに、日本裁判資料全集を刊行を企図する所以である。

中平健吉・大野正男・廣田富男・山川洋一郎・秋山幹男・河野 敬編

東京予防接種禍訴訟 上 三〇〇〇〇円
東京予防接種禍訴訟 下 二八〇〇〇円

信山社

―― 既刊・新刊 ――

債権総論	潮見佳男 著	五六三一円
債権総論〔第2版〕Ⅰ 債権関係・契約規範／履行障害	潮見佳男 著	四八〇〇円
債権総論〔第3版〕Ⅱ 債権保全・回収／保証・帰属関係	潮見佳男 著	四八〇〇円
契約各論Ⅱ 総論・財産移転型契約	潮見佳男 著	四二〇〇円
不法行為法	潮見佳男 著	四七〇〇円
不当利得法	藤原正則 著	四五〇〇円
イギリス労働法	小宮文人 著	三八〇〇円
プラクティス民法債権総論（第三版）	潮見佳男 著	三三六〇円
プラクティスシリーズ 債権総論	平野裕之 著	三八〇〇円

信山社